微观经济学

主　编　彭春燕

副主编　邓宏亮　郭兰平

黄太洋　郑　勇

北京理工大学出版社
BEIJING INSTITUTE OF TECHNOLOGY PRESS

图书在版编目（CIP）数据

微观经济学/彭春燕主编. —北京：北京理工大学出版社，2016.1
ISBN 978-7-5682-1762-0

Ⅰ. ①微…　Ⅱ. ①彭…　Ⅲ. ①微观经济学—高等学校—教材　Ⅳ. ①F016

中国版本图书馆CIP数据核字（2016）第011498号

出版发行／北京理工大学出版社有限责任公司
社　　址／北京市海淀区中关村南大街5号
邮　　编／100081
电　　话／（010）68914775（总编室）
（010）82562903（教材售后服务热线）
（010）68948351（其他图书服务热线）
网　　址／http：//www. bitpress. com. cn
经　　销／全国各地新华书店
印　　刷／三河市华骏印务包装有限公司
开　　本／787毫米×1092毫米　1/16
印　　张／14
字　　数／329千字
版　　次／2016年1月第1版　2016年1月第1次印刷
定　　价／41.00元

责任编辑／王俊洁
文案编辑／王俊洁
责任校对／周瑞红
责任印制／李志强

前言

《微观经济学》是国家教育部确定的高等院校经济、管理类专业的一门核心课程，是经济与管理学院所有专业的学科基础课程，是经济学专业的主干课程之一。

学生通过学习《微观经济学》课程，一方面可以掌握微观经济学的基本原理、基本理论和基本方法，为进一步学习经济类和管理类专业知识及将来从事经济与管理工作奠定基础；另一方面可以用微观经济学的知识分析问题和解决问题，即根据实际情况把这些微观经济学知识运用于实际工作之中。

本教材定位为一本适合普通综合性本科院校大学生的《微观经济学》教材。它既包括目前主流《西方经济学》中微观部分的所有知识点，同时也融入了与有中国特色的社会主义市场经济相关的经济学原理。

本教材的创新之处在于，教材既具备了全球最发达国家美国各大高校普遍使用的曼昆的《经济学》教材的优点，通俗易懂、理论联系实际、寓理论于实例之中，同时，又将教材中的经济热点问题与我国经济运行实情密切结合，章节和知识点的结构也完全按照目前中国主流相关教材的章节特点设置。

本教材的特色在于，教材改变了以往经济学教育体系的沉闷性，旨在强化经济学原理和实践的结合，帮助学生把简单的经济学原理理解透，让经济学原理走出象牙塔，贴近身边的生活。

参加本教材编写的是彭春燕（第1、2章）、邓宏亮（第3、4章）、黄太洋（第5、6章）、郑勇（第7、8章）、郭兰平（第9、10章）。彭春燕负责全书的总纂和统稿工作。

由于编者水平有限，再加时间仓促，书中难免有疏漏、不足之处，敬请专家和读者批评指正、不吝赐教，我们会在以后修订时使其不断地完善。

彭春燕

2015年8月于江西宜春

目　录

第1章

引　论

本章介绍现代西方经济学的由来和演变，现代经济学的研究对象、基本内容和研究方法，以及微观经济学的研究对象、基本内容和研究方法，这些内容都是学习微观经济学后续内容的必要准备。

1.1　现代西方经济学的由来和演变

1.1.1　现代西方经济学的由来和演变

西方经济学起源于古希腊的家政管理，但公认的经济理论始于亚当·斯密。现代西方经济学经历了重商主义、古典经济学、新古典经济学和现代经济学四个阶段。现代的微观经济学和宏观经济学，我们一般通称为西方经济学，直接来源于马歇尔创立的微观理论和凯恩斯创立的宏观理论。

1. 重商主义

时间：15—17 世纪中叶，这是当时受到普遍推崇的一种经济哲学。

早期代表：意大利的伽斯巴罗·斯加卢匪、法国的安冬尼·德·梦克列钦、英国的马林斯等。

晚期（16 世纪下半叶—17 纪中叶）代表：意大利的安冬尼奥·塞拉、英国的米塞尔顿和英国的托马斯·梦、法国的柯尔培尔、奥地利的霍尼克等。

这些经济学家以流通领域为研究中心，主张重视发展对外贸易，把金银看作财富的唯一形式，认为对外贸易是获得货币财富的真正源泉，只有在对外贸易中多卖少买，才能给国家带来货币财富。政策主张：保护贸易。

2. 古典经济学

时间：在 1750—1870 这段时间，政治经济学创立（除马克思主义政治经济学之外所有的政治经济学）。以亚当·斯密（Adam Smith）的代表作《国民财富的性质和原因的研究》（简称为《国富论》）的出版（1776 年）为标志。

《国富论》的问世，标志着古典经济学的出现。研究中心从流通领域转向生产领域，建立了以自由放任为中心的经济学体系。在这一时期，英国形成了一个所谓的“斯密—李嘉图—穆勒的古典体系”。当然，从更宽泛的意义上来说，属于这个“古典体系”的除了斯密、李嘉图、穆勒之外，还应该包括像马尔萨斯、马克思等这些伟大的经济学家。

大卫·李嘉图是英国古典经济学的完成者。他的代表著作是 1817 年出版的《政治经济学及财税原理》，他提出了以劳动价值论为基础，以分配论为中心的严谨的理论体系。

3. 新古典经济学

时间：19 世纪 70 年代—20 世纪 30 年代

1870 年后，资产经济经济学进入了新古典经济学阶段。形成了一整套论证如何实现资源合理配置的微观经济理论和自由放任的政策主张。英国学派的杰文斯、奥地利学派的门格尔、洛桑学派的瓦尔拉斯分别创立了边际效用理论。1890 年，英国剑桥大学教授马歇尔将边际效用价值论和当时资产阶级经济学的一些其他说法，如供求论、节欲论、生产费用论等，构成了一个折中理论体系。以马歇尔的折中理论体系为基础，再加上庇古、克拉克、威克斯迪特等人提出的新论点，构成了一个新的理论体系，出版了他的代表作《经济学原理》，这是经济学的第一代教科书。另一个最主要的代表人物是法国著名的经济学家洛桑学派的瓦尔拉斯，其代表作是 1874 年出版的《纯粹政治经济学纲要》，这是运用边际分析法创立的一般均衡理论。

在这里，我们不得不讲到边际革命的先驱者德国人戈森。戈森研究人类的功利、消费和享受。戈森定律有两个：第一定律是提出了边际效用递减原则。通俗地讲，指的是当人们饥饿时吃馒头，第一个馒头效用最大，第二个馒头效用次之，依次递减，如果吃完第三个馒头刚好吃饱了，那么，第四个馒头就是负效用了。第二定律是享乐均等或享乐最大定律，即最大限度地满足来自对满足需要的各种消费物的均等享受。作为这两个定律的一个推论，即在原有欲望已经被满足的情况下，要取得更大的享受，必须发现新的享乐和扩充旧的享乐。而使戈森思想得以发扬光大，使边际效用广为人知的，是杰文斯、门格尔和瓦尔拉斯。

杰文斯：英国经济学家，他在 1871 年出版的《政治经济学原理》中提出了一个“最后效用程度”的概念，即增加一个最后消费量对人的满足程度。

门格尔：奥地利经济学家，他从人们对财物满足欲望的强度的主观评价中引申出价值，提出所谓欲望满足递减率。

瓦尔拉斯：法国经济学家，他承袭了其父的价值决定于稀少性的思想，并把稀少性解释成人们消费一定量消费品时最后的欲望所感受到的满足程度，实际上就是后来的边际效用。

后来，英国经济学家马歇尔、奥地利经济学家庞巴维克、意大利经济学家帕累托都采用了边际分析。再后来，边际分析成为现代经济学分析的基本思想与基本概念，被极为广泛地使用于经济学教科书和经济论文，以至于如果离开“边际”，现代经济学教科书将不知如何撰写。

4. 现代经济学

时间：20 世纪 30 年代以后。

20世纪30年代以后，经济学进入了现代经济学阶段。1936年凯恩斯出版《就业、利息和货币通论》标志着现代经济学形成，这一阶段的中心是宏观经济学的形成与发展。

第二次世界大战后，凯恩斯主义的流行使西方经济学体系内部产生了干预和反干预，以及由此而造成的各种矛盾和不调和之处。一方面，传统经济学以个量研究为主，主张自由放任不干预；另一方面，凯恩斯偏重总量分析，主张国家干预经济，有鉴于此，以萨缪尔森为代表的经济学者创立了新古典综合派。1948年萨缪尔森出版了《经济学》，包括微观经济学和宏观经济学。新古典综合派从第二次世界大战后一直处于正统地位。

（1）当代西方主流经济学

美国麻省理工学院教授萨缪尔森是当代西方主流经济学的代表学者。他于1948年编写了作为里程碑的《经济学》教科书，是世界上最畅销的经济学教授书，共有40多种文字的译本。

以萨缪尔森为代表的经济学家所提出的“新古典综合”，在坚持新古典学派基本原则的基础上，做到了与凯恩斯经济学的较好结合。其《经济学》涵括了当代经济学的最前沿领域，因而成为当代西方的主流经济学。

萨缪尔森自己也说：“星期一、三、五我可以是萨伊定律的侍从，而星期二、四、六、我却可以是一名凯恩斯分子。”

萨缪尔森于1915年生于美国印第安纳州的加里城。20岁时，毕业于芝加哥大学，获文学学士学位；翌年，又获得哈佛大学文学硕士学位；5年后获得哈佛大学博士学位。此外，萨缪尔森还曾获得多所大学的名誉学位。在1947年的美国经济学年会上，保罗·道格拉斯以学会会长的身份把美国第一届克拉克（John Bates Clak）奖章授予当时未满40岁的萨缪尔森，并预言萨缪尔森在经济学领域将有无可限量的前途。果然，萨缪尔森不负众望，23年后便获得了诺贝尔经济学奖。从1940年起，萨缪尔森先后担任美国计量经济学会会长、美国经济学会会长、国际经济学会会长和终身荣誉会长，并在一系列政府机构和公司任经济顾问和研究员。

萨缪尔森的著作颇丰，主要著作有《经济分析的基础》（1947年）、《经济学》（1948年）、《线性规划与经济分析》（1958年），以及独自撰写或与多夫曼、索罗等合著的大量文章，这些文章被编入《保罗·A·萨缪尔森科学论文集》第一、二、三、四、五集。

（2）新剑桥学派

这个学派坚持和发展凯恩斯的理论观点，批判传统的新古典派经济理论，力图建立与之相对立的新理论体系，也称为英国后凯恩斯经济学。其主要代表人物有琼·罗宾逊（罗宾逊夫人）（Joan Robinson，1903—1983年），她是新剑桥学派的领袖和最重要的代表人物，英国著名的女经济学家。她是迄今为止所有伟大经济学家中唯一的女性；但是伟大经济学家中唯一没能获得诺贝尔经济学奖的人。

罗宾逊夫人出生于英国一个具有独立思想传统的家庭，本姓莫里斯，祖父是一个基督教社会主义者，父亲是皇家陆军少将，后任伦敦大学玛丽王后学院院长。

罗宾逊夫人于1921年10月入剑桥大学学习经济学，1925年毕业。次年与剑桥的经济学家A·罗宾逊结婚。从1931年起，在剑桥大学经济系先后任助理讲师、讲师、副教授，1965年被选为教授。1971年退休，转为名誉教授后，仍然活跃于西方经济理论界，直至病逝。罗宾逊夫人对中国人民怀有深厚的感情。自20世纪50年代起，她曾多次访问中国，发表不少论著称颂中国革命和建设的成就。

罗宾逊夫人的论著很多，内容涉及经济理论的各个方面，从不完全竞争理论到就业理论，从国际贸易理论到资本理论、分配理论、经济增长理论，并对马克思经济理论提出自己的看法。

（3）美国新自由主义经济学

20世纪70年代出现的恶性通货膨胀，再加上停滞的产出水平和不断上升的失业水平，为弗里德曼和卢卡斯所宣扬的反凯恩斯思想提供了丰富的土壤。“正如30年代的大萧条为凯恩斯革命提供了有利的环境，70年代的大滞胀引导经济学家和公众迎接反凯恩斯革命的到来。”

（4）新凯恩斯主义与新古典宏观经济学

20世纪70年代以来，在宏观经济学研究上出现了一种试图把宏观经济学与微观经济学相结合的探索力量，即理性预期学派，其代表人物是芝加哥大学的教授卢卡斯（Robert Lucas），理性预期学派使宏观经济学的研究方法向古典主义复归，因此又称为新古典主义。

新凯恩斯主义是指20世纪70年代以后在凯恩斯主义基础上吸取非凯恩斯主义的某些观点与方法形成的理论。其基础是凯恩斯主义：一是坚持非市场出清假设；二是坚持货币非中性理论；三是坚持短期均衡分析方法。新凯恩斯主义继承凯恩斯主义，同时吸取了一些非凯恩斯的东西，如黏性工资与黏性价格理论、预期理论等。

新凯恩斯主义认为：理性预期是一个有用的假设，但是，由于工资与价格有刚性，妨碍工资和价格完全随预期价格水平变动，价格与工资不具有完全弹性，而是有黏性的。

总之，新凯恩斯主义承认理性预期，承认预期有作用；但不承认工资与价格有完全弹性，认为工资和价格具有黏性。

1.1.2　亚当·斯密——西方经济学的鼻祖

亚当·斯密（Smith Adam，1723—1790），是经济学集大成者和公认的西方经济学鼻祖。他是英国伦理学家、经济学家，是集重农学派和重商主义理论之大成者，是古典政治经济学理论体系的创立者，主要著作为《国民财富的性质和原因的研究》（又名《国富论》）。亚当·斯密研究经济问题的出发点是“经济人”，即人的利己本性。他既继承了英法古典经济学家把研究的重点从流通领域转向生产领域的传统，同时又批判了重商主义认为对外贸易是致富源泉的错误观点，也摒弃了“只有农业才创造财富”的重农主义的片面看法。他系统地阐述了劳动价值论的基本原理，并提出了利润和地租是劳动创造的价值的一部分。他反对国家干预经济，主张自由放任，其“看不见的手”的著名论断至今仍是经济学家们热烈争论的话题之一。

亚当·斯密对“看不见的手”是这样论述的：“当每一个人企图尽可能地使用他的资本去支持本国工业，从而引导那些工业使它的产品可能有最大的价值时，每一个人必然要为使社会的每年收入尽可能大而劳动。的确，他一般既无心去促进公共利益，也不知道他对之正在促进多少。他宁愿支持本国工业而不支持外国工业，只是想要确保他自己的安全；他指导这种工业去使其产品能具有最大的价值，只是为了他自己的利益，也像在许多其他场合一

样，他这样做只是被一只看不见的手引导着，去促进一个并不是出自他本心的目的。”（《国富论》，第4卷，第456页）

“……人差不多总有机会去获得他的兄弟们的帮助，然而只是期望从他们的善意去获得这种帮助，那是徒劳的。但是他如果能激起他们的利己心，使之倾向于他，并向他们表明，正是为了他们本身的利益才去做他们要做的事情，那他就很可能达到目的……我们不能期望从屠夫、酿酒师和面包师的慈善心得到我们的晚餐，而是从他们关怀他们自己的利益去得到。”（《国富论》，第1卷，第26页）

当亚当·斯密写完《国富论》的时候，他在书的封面上写道：“献给女王陛下的一本书。”他说：“女王陛下，请你不要干预国家经济，回家去吧，就做个守夜人，当夜晚来临的时候，你就去敲钟，入夜了，再看看有没有偷盗行为，这就是国家的任务，绝对不要干预经济，经济自然就会发展起来。”

亚当·斯密非常伟大，他最先创立系统的经济学理论，直到今天还在为经济学界使用。斯密三岁丧父，和母亲相依为命，终生未娶。斯密小的时候，有一天妈妈带他到舅舅家去，把他放到门前，让他自己玩耍，然后就进到院子里去和舅舅说话。没想到这时来了一群吉卜赛流浪汉，抱起他就跑。舅舅听到哭声追了出来，一直追到20英里以外的一片森林，这些吉卜赛流浪汉才把斯密放下，逃走了。

当亚当·斯密奠定了经济学体系，成为伟大的经济学家时，他在传记中写道：“他的舅舅幸运地为世界挽救了一个天才，正是这样一个天才创造了经济学，否则，这个社会将多了一名算命先生，少了一个经济学家。”

亚当·斯密之所以能够成为经济学家，与他从小生长在一个小渔村里不无关系，那里有一个码头。由于贸易的发展，这个小渔村变成了一个中等城市。船员们出海回来就坐在那里一边喝着啤酒，一边谈论着国际经济贸易，以及他们在世界各地的所见所闻。斯密发现了贸易对于一个国家、一个地区经济发展的重要性。

亚当·斯密14岁就进入了格拉斯哥大学，17岁获得硕士学位。1746年毕业于牛津大学。他先在爱丁堡大学当讲师，1751年担任格拉斯哥大学逻辑学教授，第二年改任道德哲学教授。他因高超的教学水平和极富智慧的思辨而远近闻名。后来皇家发现了他，就问斯密说：“先生，您是否愿意带我们的儿子去周游一下欧洲？两年的时间，报酬为很多英镑。”亚当·斯密想了一下：“我做一个大学教授，挣这么少的钱，到退休的时候都不能养活自己，要是接了这孩子，两年以后我将终生不用干活，这些英镑够我使用一生。”所以他决定不做大学教授。带着年轻的公爵离开英国，一边走一边讲学。当他走到欧洲大陆才发现，原来英国这么落后，欧洲却如此发达。他们去了法国、德国，游历了欧洲，看到了一切。在游历期间，他结识了很多研究经济的学者。他拜访重商学派，重商学派说商业创造价值；他拜访重农学派，重农学派说农业创造价值。

两年后，亚当·斯密回到了英国，并在1776年带着丰厚的报酬回到了家乡。回到家后，十年时间闭门就在家里思考：这个社会究竟是怎么运转的呢？究竟是怎么发展的呢？最后他发现，原来这个社会的运转靠的是一只“看不见的手”。每个人在做事的时候，都不会首先想到社会利益，想到的都是如何最有利于自己，所追求的是个人利益。但当他真正这样做的时候，实际上有只“看不见的手”在拉着他，其效果要比他想促进社会利益要好得多，斯密认为他发现了这个社会运作的内核，非常兴奋。

亚当·斯密主张国家不要干预经济，而是让经济自由发展，让价格机制自发地发挥作用。每个人自动按照价格机制根据自己的利益去做事，这样经济自然就会发展。在他的思想指引下，英国的经济首先得到了发展，然后是西欧，之后是美国。

亚当·斯密的思想统治了资本主义世界达150年之久，人们用他的思想来管理自己的国家，政府不干预经济，让经济自由发展，政府只做守夜人。

1.1.3 凯恩斯——宏观经济学的创始人

到今天人们还在争论，政府该不该干涉经济？

事实上，到了1929年，一场空前的世界经济危机爆发了。危机首先从美国开始，股市大崩盘，企业破产，银行倒闭，工人失业，经济陷入大萧条，然后波及整个资本主义世界，各国经济都陷入了大萧条之中。

有这样一个故事：有一个银行家，一天，他在路上擦皮鞋的时候，擦鞋人一边给他擦鞋，一边大谈股市如何赚钱。回到家后他就想，连一个擦皮鞋的人都能想到股市赚钱了，这股市不是太热了吗？所以他当机立断，卖出手中所有的股票，在这场灾难中，只有他这样的极少数人幸存下来，其他人都在这场股市大崩盘中血本无归，甚至很多人跳楼自杀。

当时纽约饭店还流传着这样一个黑色幽默故事：一位先生来饭店开房间，工作人员看都不看就问："先生，您是住宿，还是跳楼？如果是后者，请您最好住一楼。我们这里每天都有人跳下去。"当时这场风暴太大了，没有哪一个资本主义国家可以幸免。那么人们就会问：亚当·斯密那只"看不见的手"到哪儿去了？不是说国家不管，经济就能发展吗？怎么现在经济不能发展了呢？怎么失业都解决不了，银行都倒闭了？股市都崩盘了？到底该怎么恢复经济呢？

此时，英国出现了一个大经济学家，名叫凯恩斯，他在1936年写了一本书，书名叫《就业、利息和货币通论》，也就是我们现在所说的《通论》。这本书是经济学历史上的一个里程碑。凯恩斯说："亚当·斯密，你那只'看不见的手'解决不了这些问题，你们不都没招儿了吗，经济这么萧条，股市这么低迷，所有都发展不起来了吗？我有招儿，我这一招叫'看得见的手'。"

所谓"看得见的手"，就是国家干预经济生活。凯恩斯说："我'这只手看得见'，政府没钱，可以发国债，拉动经济，刺激经济回升。"他的书中有一个典故，叫"挖坑理论"，他说，雇两百人挖坑，再雇两百人把坑填上，这就叫创造就业机会。那么，这到底创造就业机会了没有呢？事实上，雇两百人挖坑的时候，是不是需要发两百铁锹？当买铁锹的时候，生产铁锹的企业开工了，钢铁企业也生产了；当发铁锹的时候，还得给工人开工资，那么，这时是不是拉动了消费？而当雇两百人去把坑埋上的时候，是不是还得发两百个铁锹？还得开工资？

凯恩斯举这个浅显的例子，是为了说明当一国经济萧条的时候，政府不是没有办法，政府应该出来干涉，用这只"看得见的手"，通过发国债的方式把经济拉动起来。

说到凯恩斯，有很多传奇故事。他是个数学神童，获得剑桥大学奖学金，1902年进入剑桥大学国王学院数学系读书，可是学期结束的时候，他没有考上第一，才发现自己并不是什么神童。原来这个班里都是神童。他就想，既然不能成为第一，就不做数学家。做什么比较好呢？去当一个文官吧，可以周游世界。

当时英国的文官考试非常严格，要去旁听很多课，要通过考试，才能取得文官资格。他有幸旁听了英国另一个伟大的经济学家马歇尔的课程，马歇尔是微观经济学集大成者、著名的教授。凯恩斯坐在后面旁听，同学们和教授都没有注意到他。但是当他把考试卷交上去之后，马歇尔教授非常惊讶，他怎么能写出这样的答卷来呢？马歇尔在凯恩斯的答卷上写道："这是一份非常有说服力的答卷，深信你今后的发展前途，绝不只是一个经济学家而已！而且，是一个伟大的经济学家，如果你能成为那样大的经济学家，我将深感欣慰！"

当时他才 18 岁，一个大经济学家，竟然对一个初出茅庐的年轻人作出这样的评价："如果你能成为那样大的经济学家，我将深感欣慰！"颇具有讽刺意味的是，当他去参加文官考试的时候，所有的考试都是 A，只有经济学不及格，只是名列第二，他最后非常生气地说："以考官的经济学水平，怎么能看出我经济思想的光辉呢？"

由于经济学成绩不及格，文官考试他还只名列第二，所以他没有到英国财政部，而是被派到了印度事务部去工作。没想到正是第二名造就了他。他亲眼看到第一次世界大战爆发的时候，政府在没有钱的情况下是如何去打仗的。他目睹了发债券的整个过程：他看到债券是怎么产生的、债券是怎么发行的、战争怎么打完了、钱又怎么回来的。

战争结束以后，马歇尔还记得这个非常有经济学天赋的年轻人，于是把凯恩斯请回剑桥大学，让他做经济学讲师。凯恩斯从事经济学教学和研究工作，目睹了 1929 年席卷整个资本主义世界的经济危机。当时，所有的经济学家都没有办法，凯恩斯说："我这有只'看得见的手'，'这只看得见的手'就是国家宏观调控：当经济不景气的时候，国家可以加大财政赤字、发行公债，把经济刺激起来，政府运用宏观调控手段解决经济问题。"

今天政府做的所有事情，从经济学理论上都源于 1935 年凯恩斯提出的观点，凯恩斯认为，供给不会自动创造需求，政府要去刺激需求、拉动经济，靠"看得见的手"，也就是国家干预来解决社会的经济问题。

正是从凯恩斯开始，西方国家的经济开始在他的理论之下复苏。美国从罗斯福总统开始采用了凯恩斯的国家宏观调控理论，建了很多基础设施，修了很多铁路，铺了很多公路，使美国从经济大萧条中走了出来。

正是从凯恩斯开始，人们看经济问题，从微观转向了宏观，从个量转向了总量，国家大规模干预经济生活的历史由他而产生，他的思想带来了资本主义社会三十年的繁荣，美国的经济发展了，英国的经济从这种衰退中走了出来，出现了从 20 世纪 40 年代到 70 年代经济的蓬勃发展。"二战"以后，西方各国政府都开始对经济进行宏观调控。

1.2 现代经济学的研究对象、基本内容和研究方法

1.2.1 经济学概念的由来

经济，英文是 Economy，来源于希腊语 Oikovouia，原意是家务或家政管理，后来被引申为节俭的意思。古希腊历史学家、经济学家色诺芬所著的《经济论》论述了奴隶主"经

济”。古希腊哲学家亚里士多德在其著作《政治学》中也应用了“经济”。

在古汉语中，周秦之际就出现过与经济有关的词句，如“识局经济”。

在19世纪，日本学者借用古汉语中“经济”一词，翻译西方书籍。

在17世纪的法国，公共事业管理的范围扩大，出现了“政治经济学”。18世纪70年代之后，政治经济学专指与国家资源相联系的财富生产和分配。19世纪以后，英国经济学家麦克劳德（Macleod）提出“经济学”，之后马歇尔也将其论著命名为《经济学原理》。

1.2.2 经济学的含义

萨缪尔森在《经济学》中这样写道：“经济学研究的是如何利用稀缺的资源来生产有价值的商品，并将它们分配给不同的人。”

所以，经济学是研究稀缺资源的配置与利用，在有限资源的各种可供利用组合中进行选择的科学。

1.2.3 如何理解经济学的含义

1. 稀缺性——经济学的出发点

在社会生产和消费之间，消费是目的，生产则是实现目的的手段。如果说在一个社会中，人们的消费欲望（Wants）以及由这种欲望引起的对物品（Goods）和劳务（Service）的需要（Needs）是有限的，而满足需要所需的资源是取之不尽，用之不竭的，那就不存在需要由经济学来探索研究的问题。事实上，人的欲望和由此引起的对物品和劳务的需要，是无限多样永不饱和的。而用来满足这些无限需要的手段，也就是用来提供这些物品和劳务的生产资源却是有限的。这样就产生了一个问题：怎样使用相对有限的生产资源来满足无限多样化的需要，这就是经济学所要研究并需要回答的问题。

相对于人类社会的无穷欲望而言，经济物品，或者说生产这些物品所需要的资源总是不足的。在经济学中，这种资源的相对有限性被称为稀缺性（Scarcity）。

这里要注意的是，经济学上所说的稀缺性是指相对的稀缺性，即从相对的意义上来谈资源的多寡，它产生于人类欲望的无限性与资源的有限性这一矛盾。这也就是说，稀缺性强调的不是资源的绝对数量的多少，而是相对于无限欲望的有限性。

但是，这种稀缺性的存在又是绝对的。这就是说，它存在于人类历史的各个时期，存在于一切社会。稀缺是人类社会永恒的问题，只要有人类社会，就会有稀缺。

物质生活资料是人类社会赖以生存和发展的基础。但人们所生产的物质生活资料，相对于人们的欲望来说是有限的或稀缺的，不能充分满足人们各种各样的需求。因此，客观存在的物质生活资料稀缺性的事实，是经济问题产生的根源，也是经济学研究的出发点。

稀缺性（Scarcity）指生产的产品资源（经济物品）不能满足人们需要的情况。这是一个永恒的问题。

2. 选择——经济学的产生

经济学家认为，由于稀缺性的普遍存在而引起选择的必要性，就必然产生经济学。

一切经济问题都来源于稀缺性。由于稀缺性，怎样使有限的物品和劳务在有限的时间内满足人们最急需和最迫切的欲望，就成为人类社会经济生活的首要问题。要解决这个问题，人们只有去“选择”。选择，是为最大限度地满足人们的欲望和需求，怎样利用现有资源去生产经济物品的一种行为。

选择包括这样三个相关的问题：

（1）生产什么（What）物品与生产多少

如前所述，人的需要是无限的、永不饱和的，而生产资源是稀缺的。首先，目的与达到目的的手段之间的矛盾迫使人们在各种需要之间权衡比较，有所取舍。其次，人们还必须决定每种产品的产量应该是多少。当我们把权衡取舍的范围归结为消费品与资本财货两大类时，生产可能性边界上的每一点代表了这个问题各种可能的答案。那么，到底那一点是最合理的？这就要选择。

（2）如何（How）生产，采用什么生产方法

每种生产要素一般有多种用途，而任何一种产品一般也可采用多种生产方法。例如，同一种产品，既可采用多用劳动、少用资本的生产方法，也可采用多用资本、少用劳动的生产方法。这里有一个生产效率的问题，即如何组织生产才能使生产要素最有效率地被使用的问题。

（3）被生产出来的产品怎样在社会成员之间进行分配

即经济学所说的收入分配问题，也就是为谁（For Whom）生产的问题。

人是社会的人，每个人总是生活在由一定社会形式组成的人群之中，所以生产总是社会生产。就是说，社会的人作为劳动的主体，在有目的地作用于劳动的客体——自然物质时，总是在一定的社会形式下进行劳动的。所以，经济分析必然包括生产出来的产品归谁享用以及享用多少的问题。

以上三个方面的问题，即生产什么、怎样生产和为谁生产，就是人类社会所必须解决的基本问题。这三个问题被称为资源配置问题。

经济学是为解决稀缺性问题而产生的，因此，经济学所研究的对象就是由稀缺性而引起的选择问题，即资源配置问题。也正是在这种意义上，许多经济学家把经济学定义为“研究稀缺资源在各种可供选择的用途之间进行分配的科学”。有的还加上一个问题，即现在生产还是将来（When）生产，从而形成第四个问题。

3. 资源的配置和利用

资源，大体上分为经济资源和自由资源两大类。

经济资源：也叫经济物品，是指不可免费得到的产品和生产要素。生产要素包括：土地（指一切自然资源）、劳动、资本和企业家才能。

自由资源：是指可以免费得到的物品，也叫自由物品、免费品或非经济物品。

前面说明了经济学是研究相对稀缺经济资源（劳动、土地、资源、企业家才能）如何分配给各种不同用途的问题，也就是生产资源的合理配置问题。

但实际上，在现实的经济社会中，还有另一方面的问题，就是劳动者失业、生产设备和自然资源闲置。这就给经济学提出另一个问题，经济学必须进一步研究造成这种状况的原因是什么，用什么办法来改进这种状况，从而实现充分就业，使实际的国民收入接近或等于潜在的国民收入，这就需要研究稀缺经济资源的充分利用问题。

资源利用包括这样三个相关的问题：

①为什么资源得不到充分利用？换句话说，也就是如何能使稀缺的资源得到充分利用，如何使各种消费品和资本财货的产量达到最大。这就是一般所说的“充分就业”问题。

②在资源既定的情况下，为什么产量有时高有时低？这也就是经济中为什么会有周期性波动。与此相关的是，如何用既定的资源生产出更多的消费品和资本财货，即实现经济增长。这就是通常所说的“经济波动与经济增长”问题。

③现代社会是一个以货币为交换媒介的商品社会，货币购买力的变动对由稀缺性问题所引起的各种问题的解决都影响甚大。这样，解决经济问题就必然涉及货币购买力的问题。这也就是通常所说的“通货膨胀（或通货紧缩）”问题。

当前世界上解决资源配置和资源利用问题的经济体制基本有两种：一种是市场经济体制。即通过市场价格的调节来决定生产什么、如何生产和为谁生产，资源的优化配置和充分利用依靠价格的调节与刺激来实现。另一种是计划经济体制。即通过中央计划来决定生产什么、如何生产和为谁生产。资源的优化配置和充分利用依靠计划来实现。当然，在现实中，许多国家的经济制度都是市场与计划不同程度的结合，但这种结合并不是一半对一半，总是以一种经济制度为主，另一种为辅的。越来越多的人认识到，市场经济从总体上看比计划经济效率高，更有利于经济的发展。

既然稀缺性问题的解决离不开具体的经济制度，所以经济学的定义就应该是：研究一定制度下稀缺资源配置和利用的科学。我们现在所讲的经济学，是研究在市场经济制度下，稀缺资源配置与利用的科学。西方经济学是市场经济的经济学。

1.2.4　现代经济学的基本内容：理论经济学体系和应用经济学体系

理论经济学体系包括微观经济学、宏观经济学、产业经济学、国际经济学、制度经济学、比较经济学、数理经济学和计量经济学等。这些学科偏重于资源配置及其利用的原则、方式和条件的理论分析。

应用经济学体系研究资源的配置与利用。主要包括部门经济学（工业经济学、农业经济学、商业经济学等）、消费经济学、家庭经济学、区域经济学和城市经济学等。这些学科以理论经济学为基础，侧重于分析理论应用和经济政策实践的条件、结果和问题。

1.2.5　西方经济学的组成：微观经济学和宏观经济学

现代经济学把经济学原理或经济理论，即有关经济问题的知识体系的全部内容，分为两大部分或两大分支学科：微观经济学（Micro-Economics）和宏观经济学（Macro-Economics）。

1. *微观经济学*

微观经济学实际上要解决两个问题：

一是考察消费者对各种产品的需求与生产者对产品的供给怎样决定每一种产品的产销数量和价格。

二是作为生产要素提供者的居民与作为生产要素需求者的厂商对生产要素的供给与需求怎样决定生产要素的使用量和生产要素价格（工资利息与地租）。

对于上述问题的理论分析，实际上涉及一个社会既定的生产资源被用来生产哪些产品，每种产品的产量和采用的生产方法，以及生产出来的产品怎样在社会成员中进行分配。所以我们可以把微观经济学要解决的问题，看作是考察既定的生产资源总量如何被分配使用于各种不同用途的问题，即前面所说的资源配置问题。鉴于市场经济的资源配置，归根到底涉及价格问题，因而微观经济理论可以统称为价格理论，这包括产品的价格和生产要素的价格。

萨缪尔森说："微观经济学是关于经济中单个因素——诸如一种产品价格的决定或单个消费者或企业的行为——的分析"。

2. 宏观经济学

把一个社会作为一个整体的经济活动作为考察对象，称为宏观经济学。

如果说微观经济学是考察被使用的生产资源总量为给定的条件下，这些资源怎样被分配使用于各种不同途径，因而微观经济学考察的是生产哪些产品和每种产品的产销数量以及它们的相对价格，那么，宏观经济学恰恰是要考察微观经济分析中被假定为已知和既定的被使用的生产资源总量的大小是怎样决定的。

同微观经济学比较，对宏观经济学可以做以下四个方面的规范：

（1）研究的对象是整个经济

宏观经济学所研究的不是经济中的各个单位，而是由这些单位所组成的整体。

（2）解决的问题是资源利用

宏观经济学把资源配置作为既定的，研究现有资源未能得到充分利用的原因。

（3）中心理论是国民收入决定理论

宏观经济学研究经济的整体，它所要考察的内容包括：国民收入的大小、一般物价水平的高低及其变化、全社会就业和失业人数、经济增长和经济周期等问题，因而诸如国民收入理论和就业理论、货币理论、通货膨胀理论、经济增长理论和经济周期理论，等等，还有在经济科学的国际贸易与国际金融等分支学科中，有关进出口贸易额和国际收支的大小以及外汇率的高低怎样决定的问题，都是宏观经济学所要研究的问题。而宏观经济学的中心理论则是国民收入决定理论。国民收入决定理论是宏观经济学的核心，其他理论则运用这一理论来解释整体经济中的各种问题。

（4）研究方法是总量分析

在宏观经济分析中，使用的一些经济变量一般都是由微观的个量加总而成的。

宏观的总量或总量的平均数，如由各个家庭一定时期（如一年）的消费和储蓄加总而成的全社会的消费支出和储蓄总额，各个厂商一年期间的投资加总而成的全社会的投资支出，政府在预算年度的收入和支出，一个国家一年期间的进口和出口总额，国际收支总额，货币供应量和货币流通量（货币供应量和货币流通速度之乘积），国民收入和各行各业的就业人数加总而成的全社会就业量以及由各种产品的价格汇总计算出来的一般物价水平，等等，都是把一个社会作为一个整体进行考察时的经济变量的总量或平均数，所以宏观经济分析和宏观经济学也可以叫做总量分析和总体经济学。与此相对应，微观经济分析和微观经济学也可以叫做个量分析和个体经济学。

同微观经济学不同，宏观经济学是以市场机制是不完善的和政府应该、可以调节经济为假设条件的。宏观经济学是在此假设条件下，以整个国民经济为研究对象，通过研究经济中各有关总量的决定及其变化，来说明资源如何才能得到充分利用的经济理论。

3. 微观经济学和宏观经济学的关系

微观经济学与宏观经济学各有其研究的课题和相应的分析工具，存在着区别。但它们作为一门科学的理论体系或知识体系的两大组成部分又是密切联系的。

（1）它们之间是整体与整体构成的个体之间的关系

（2）微观经济学与宏观经济学是互为前提、互相补充的

微观经济学以经济资源的最佳配置为目标，采取个量分析方法，假定资源利用已经解决；宏观经济学以资源的有效利用为目标，采取总量分析的方法，假定资源配置已经解决。二者都把对方所考虑的对象作为自己的理论前提，而把对方的理论前提作为自己的研究对象。作为一个经济社会，不仅有资源配置问题，也有资源利用问题，只有把这两方面都解决了，才能解决整个社会的经济问题。

（3）微观经济学是宏观经济学的基础

宏观经济行为的分析总是要以一定的微观分析为其理论基础。如就业或失业理论以及通货膨胀理论等宏观经济理论，必然涉及劳动的供求与工资的决定理论，以及商品价格如何决定的价格理论。例如，从西方经济理论发展史来看，以消费者效用极大化和生产者利润极大化为前提，在产品市场和生产要素市场完全竞争的条件下，以传统的一般均衡微观经济分析的产品价格理论和工资理论为理论基础，经济学家可以合乎逻辑地建立起充分就业的宏观经济模型。另外，假如以垄断价格的价格刚性和工资刚性的微观经济行为方式为基础，用调整产量代替传统分析的调整价格来描述社会经济运行机制，经济学家也可以对非自愿失业和20世纪70年代出现的“滞胀”等现象给出合乎逻辑的解释。

1.2.6 现代经济学的研究方法、边际分析和均衡分析

1. 个量分析与总量分析

微观经济学以单个经济单位为研究对象，其方法属于个量分析法。

宏观经济学以国民经济总体为研究对象，其方法属于总量分析法。

2. 实证分析方法与规范分析方法

（1）实证分析

实证分析即说明经济现象“是什么”以及社会经济问题“实际上是如何解决的”。这种方法首先要提出对经济现象给予解释的理论，然后用事实来验证理论，并依据理论对未来作出预测。当经济理论把自己局限于表述经济活动的原因与结果以及各经济变量的函数关系时，这种理论就称为实证经济学。

（2）规范分析

规范分析即研究经济活动“应该是什么”或社会经济问题“应该是怎样解决的”。这种方法就是依照经济事物的社会价值判断，规范经济政策措施和经济行为后果的是否可取性。当经济学的研究把因果分析与价值判断结合在一起时，这种经济学就叫作规范经济学。

（3）实证分析与规范分析的关系

前者从“量”的角度分析；后者从“质”的方面考察。例如对经济增长问题的分析。

3. 成本—收益分析和边际分析

成本—收益分析是经济学分析的基本方法。经济学中总把微观经济个体看作是追求自身利益最大化的经济主体。生产者追求成本最小、收益最大。这样，成本—收益分析就成了经济学家分析经济主体行为的有效切入点。

边际分析是现代经济学最主要、最常用的一种方法。

4. 均衡分析

(1) 均衡与经济均衡

均衡本是一种力学概念，这里是把力学概念引入经济学。

经济均衡是经济体系中各种相互对立或相互联系的力量在变动中处于相对平衡而不再变化的状态。

(2) 局部均衡

局部均衡即指某一时间、某一市场的某种商品（或生产要素）的价格或供求所达到的均衡，是一个市场一种商品的均衡。

(3) 一般均衡

一般均衡是研究整个经济体系的价格和产量结构的一种分析方法，也称总均衡分析。即研究整个经济体系中各个市场、各种商品、每种要素在相互影响、相互作用的条件下，供给和需求同时达到的均衡状态。

5. 静态分析、比较静态分析与动态分析

(1) 静态分析

静态分析就是分析经济现象的均衡状态以及有关经济变量达到均衡状态所必须具备的条件，静态分析完全抽象掉了时间因素和具体变化的过程，是一种静止地、孤立地考察某些经济事物的方法。静态分析时通常假定资本数量、技术水平、人口规模、生产组织和制度体制等因素固定不变。

(2) 比较静态分析

比较静态分析不考虑经济变化过程中所包含的时间阻滞，而只考察静止状态时假定不变的因素发生变化后所引起的新的均衡。它是比较一个经济变动过程的起点和终点，而不涉及转变期间和具体变动过程本身的情况，实际上只是对两种既定自变量和各自相应的因变量的均衡值加以比较。

(3) 动态分析

动态分析是对经济事物变化的实际过程进行分析。动态分析的根本特征是引入了时间因素，从时间序列上对社会经济活动做时点分析和期间分析、事前分析和事后分析，试图说明经济活动怎样从一种均衡状态到另一种均衡状态。动态分析着重考察在静态分析中假定不变的因素在时间过程中发生变化时，怎样影响一个经济体系的运动。

6. 经济模型

经济模型（Economic Model）是指用来描述与所研究的经济现象有关的经济变量之间的依存关系的理论结构。简单地说，把经济理论用变量的函数关系来表示就叫作经济模型。一个经济模型是指论述某一经济问题的一个理论，如前已指出，它可用文字说明（叙述法），也可用数学方程式表达（代数法），还可用几何图形表达（几何法、画图法）。

由于任何经济现象不仅错综复杂，而且变化多端，如果在研究中把所有的变量都考虑进去，这在实际研究中不可能。所以任何理论结构或模型，必须运用科学的抽象法，舍弃一些影响较小的因素或变量，把可以计量的复杂现象简化和抽象为为数不多的主要变量，然后按照一定函数关系把这些变量编成单一方程或联立方程组，构成模型。由于建立模型时，选取变量的不同及其对变量的特点假定不同，因此，即使对于同一个问题，也会有多个不同的模型。

7. 定性分析与定量分析

定性分析也就是质的分析，对某个经济现象的定性分析也就是分析它的内涵、性质、特征、内在联系、因果关系，定性分析解决的是经济现象“是什么”的问题。

定量分析也就是量的分析，对某个经济现象的定量分析是分析它的数量比例及变动关系，解决的是该经济现象“是多少”的问题。

8. 现代经济学与数学

现代经济学研究方法的主要工具是数学，21 世纪被称为是“经济学数学化”的时代。

1.2.7 为什么要学习经济学

为什么要学习经济学？主要有以下几个原因：

（1）学习经济学有助于了解你生活的世界

比如有许多经济问题会引起你的好奇心：为什么市中心的房价高？为什么航空公司往返机票低？为什么明星得到的报酬高？为什么有时通货膨胀、有时通货紧缩？为什么现在工人下岗失业的多？……这些问题恰恰是经济学课程可以帮助你回答的问题。

（2）经济学将使你精明地参与经济

比如在日常生活中，你要做出许多经济抉择：是升学，还是就业？多少收入用于支出？多少收入用于储蓄？多少收入用于投资？如果你是一个公司老板，你决定对你的产品收取多高的价格？学习经济学本身不会使你富有，但它将给你一些有助于努力致富的手段。

（3）它将使你更加理解经济政策的潜力与局限性

比如我们国家为什么要加入世界贸易组织（WTO）？为什么我们要实行再就业政策？……这些问题不仅是决策者的事，也是我们老百姓牵挂的事。因此，经济学可以运用到生活中的许多方面。无论以后你是经营个人资产还是管理企业、政府机关，或者你只是一个普通的消费者，你都会为你学习过经济学而感到欣慰。

当然，经济发展和对外开放的不断扩大也要求人们研究经济学。经济学作为基本理论，是各经济专业学科的基础课程。

学习经济学，有助于培养我们新的思维方式，让我们用理性的、边际的、实证的思维方式观察和分析人类行为，理解各种社会制度和组织的性质，对我们生活中的各种社会现象从经济学的角度做出科学的解释，从而使我们的辩证思维、发散思维、求异思维、创新思维能力得到提高。同时，学习经济学除要注意明辨可用的、有价值的成果外，还要结合具体国情。

1.3　微观经济学的研究对象、基本内容和研究方法

1.3.1　微观经济学的研究对象

微观经济学以单个经济单位（作为消费者的单个家庭，单个厂商或企业，以及单个产品市场）的经济行为作为考察对象。

单个经济单位的经济行为包括：家庭（居民户）如何支配收入，怎样以有限的收入获得最大的效用和满足，即实现效用最大化；单个企业（厂商）如何把有限的资源分配在各种商品的生产上以取得最大利润，即实现利润最大化。

1.3.2　微观经济学的基本内容

随着生产的发展，资源显得日益稀缺，使用资源支付的代价也越来越大。

稀缺是人类社会各个时期和各个地区所面临的永恒问题。所以，“生产什么”“如何生产”和“为谁生产”的问题，也就是人类社会必须解决的基本问题。以上三个问题称为资源配置问题，这正是微观经济学研究的主要内容。

微观经济学的主要内容包括供给与需求的基本理论、消费者行为理论、生产理论、成本理论、厂商均衡理论、要素价格与收入分配理论、福利经济学和一般均衡分析、微观经济政策等。

福利经济学虽以一个社会的经济福利问题为研究对象，而一般均衡分析同时考察所有各种产品的供求关系的相互作用以及所有各种生产要素的供求关系的相互作用，但由于二者都以单个消费者行为和单个厂商的行为作为出发点来考察社会经济行为，有别于宏观经济学，因而也被放在微观经济学中分析。

微观经济学的基本内容包括三个层次：

第一个层次是经济个体的经济行为，即经济个体如何实现自身利益的最大化。

第二个层次是单个市场的均衡价格的决定（局部均衡）。

第三个层次是所有单个市场均衡价格的决定（一般均衡）。

1.3.3　微观经济学的基本假设

微观经济学的理论是以以下三个基本假设条件为前提的：

1. 市场出清

即坚信在价格可以自由而迅速升降的情况下，市场上一定会实现充分就业的均衡（Equilibrium）状态。在这种状态下，资源可以得到充分利用，不存在资源闲置或浪费问题。

2. 完全理性

即消费者和厂商都是以利己为目的的理性人（Rational Man），他们自觉地按利益最大化的原则行事，既能把最大化作为目标，又知道如何实现最大化。

3. 完全信息

即消费者和厂商可免费而迅速地获得各种市场信息（Information）。

只有在上述假定条件下，微观经济学关于价格调节实现资源配置最优化，以及由此引出

的自由放任的经济政策才是正确的。

“理性人”或“经济人”的假设是微观经济学非常重要的一个假设，即每一个经济个体在任何经济活动中的经济行为都是追求自身利益最大化，也即用最小的经济代价去获得最大的经济收益。

1.3.4 微观经济学鸟瞰

1. 市场机制作用下实现经济人的利益最大化

通过图 1 - 1 可以清楚地看到：在完全竞争条件下，无论是在产品市场还是在生产要素市场，单个消费者和单个厂商都在市场机制的作用下各自追求自身经济利益最大化。每个产品市场和每个生产要素市场乃至所有的市场，都实现了供求相等的均衡状态——每一种产品都以最低的成本被生产出来，并都以最低的价格在市场上出售，消费者获得最大的满足，厂商获得最大的利润。

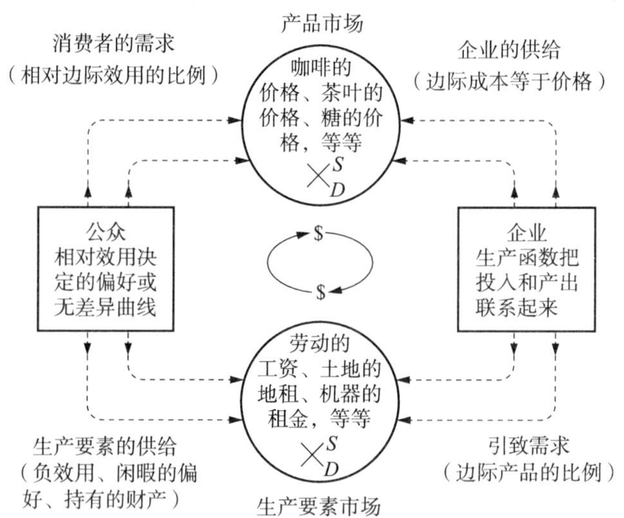

图 1 - 1 微观经济学鸟瞰

2. 微观经济学要论证的核心思想

微观经济学中的一般均衡理论进一步证明，在完全竞争条件下所有单个市场同时均衡的状态是可以存在的。福利经济学则以一般均衡理论为出发点，进而论述一般均衡状态符合“帕累托最优①状态”。这样，整个资本主义经济就实现了有效率的资源配置。这就是微观经济学所要论证的核心思想。

1.3.5 学习微观经济学的方法

1. 认真听课，先听听老师在课堂上究竟讲了些什么

---

① 帕累托最优（Pareto Optimality），也称为帕累托效率（Pareto Efficiency），是指资源分配的一种理想状态。帕累托最优是公平与效率的“理想王国”。

①注意听教师讲解课程的基本框架（课程的逻辑主线、课程与课程的关系、课程内各章节的关系）。

②注意听教师讲解课程的主要知识点，掌握各知识点之间的连接关系。

③学会运用西方经济学的思想、方法与主要知识点来分析社会经济现象。

2. 完成大量的课外作业

只有完成大量的课外作业，才能消化、巩固课堂中教师所讲的教学内容。

3. 经常、有意识地对社会经济活动进行观察

丰富多彩的社会实践可以增强你的感性认识，培养你的创造力。

4. 系统地读书、读报，上网查资料

读书可以让你对教师的观点产生反思；读报能开阔视野，激发新思维。网上有最新的东西可让你获得最新的经济动向。

小 结

1. 西方经济学起源于古希腊的家政管理，但公认的经济理论始于亚当·斯密。现代西方经济学经历了重商主义、古典经济学、新古典经济学和现代经济学四个阶段。现代的微观经济学和宏观经济学，我们一般通称为西方经济学，直接来源于马歇尔创立的微观理论和凯恩斯创立的宏观理论。

2. 经济学是为解决稀缺性问题而产生的，因此，经济学所研究的对象就是由稀缺性而引起的选择问题，即资源配置问题。也正是在这种意义上，许多经济学家把经济学定义为“研究稀缺资源在各种可供选择的用途之间进行分配的科学”。

3. 理论经济学体系包括微观经济学、宏观经济学、产业经济学、国际经济学、制度经济学、比较经济学、数理经济学和计量经济学等。这些学科偏重于资源配置及其利用的原则、方式和条件的理论分析。

4. 应用经济学体系研究资源的配置与利用。包括部门经济学（工业经济学、农业经济学、商业经济学等）、消费经济学、家庭经济学、区域经济学、城市经济学等。这些学科以理论经济学为基础，侧重于分析理论应用和经济政策实践的条件、结果和问题。

5. 现代经济学把经济学原理或经济理论（有关经济问题的知识体系的全部内容），区分为两大组成部分或两大分支学科：微观经济学和宏观经济学。

6. 萨缪尔森认为微观经济学是“关于经济中单个因素——诸如一种产品价格的决定或单个消费者或企业的行为——的分析”。

微观经济学的主要内容包括供给与需求的基本理论、消费者行为理论、生产理论、成本理论、厂商均衡理论、要素价格与收入分配理论、福利经济学和一般均衡分析、微观经济政策等。

7. 把一个社会作为一个整体的经济活动作为考察对象，称为宏观经济学。

微观经济学是宏观经济学的基础。宏观经济行为的分析总是要以一定的微观分析为其理论基础。

8. 微观经济学的理论是以以下三个基本假设条件为前提的：第一，市场出清。第二，

完全理性。第三，完全信息。

“理性人”或“经济人”的假设是微观经济学中非常重要的一个假设，即每一个经济个体在任何经济活动中的经济行为都是追求自身利益最大化的，也就是以最小的经济代价去获得最大的经济收益。

9. 微观经济学中的一般均衡理论进一步证明，完全竞争条件下所有单个市场同时均衡的状态是可以存在的。福利经济学则以一般均衡理论为出发点，进而论述一般均衡状态符合“帕累托状态最优”状态。这样，整个资本主义经济就实现了有效的资源配置。这就是微观经济学所要论证的核心思想。

思考题

一、名词解释

1. 经济人（Economic Agent）；
2. 稀缺（Scarcity）；
3. 微观经济学（Microeconomics）；
4. 均衡与非均衡（Equilibrium，Non-equilibrium）；
5. 经济模型（Economics Model）；

二、选择题（单选）

1. 提出“看不见的手”原理的是（　　）。

A. 凯恩斯　　B. 希克斯　　C. 亚当·斯密　　D. 马歇尔

2. 凯恩斯主义主张（　　）。

A. 实行自由放任的经济政策　　B. 实行市场自发调节的经济政策

C. 实行国家干预的经济政策　　D. 实行市场与国家干预相结合的经济政策

3. 西方经济学中的“边际革命”发生于（　　）。

A. 18 世纪 70 年代　　B. 19 世纪 70 年代

C. 20 世纪 20 年代　　D. 20 世纪 40 年代

4. 新古典综合派的代表是（　　）。

A. 马歇尔　　B. 亚当·斯密　　C. 希克斯　　D. 萨缪尔森

5. 标志着现代经济学形成的是（　　）的出版。

A.《国富论》　　B.《不完全竞争经济学》

C.《价值与资本》　　D.《就业、利息和货币通论》

三、简答题

1. 什么是微观经济学？微观经济学的研究以哪些假设条件为前提？
2. 请解释西方经济学的基本假设条件之一：“经济人”假设。
3. 阐述微观经济学的基本内容。
4. 简述西方经济学的研究对象。

第2章

需求、供给和均衡价格

本章介绍需求、供给、需求函数、供给函数、均衡价格、需求量的变动和需求的变动、供给量的变动与供给的变动、弹性、弧弹性、点弹性、需求的价格弹性、供给的价格弹性、需求的交叉价格弹性、需求的收入弹性、替代品、互补品、恩格尔定律等基本概念及供求理论、均衡价格理论、需求弹性理论等基本理论。

2.1 需求曲线

2.1.1 需求函数

1. 需求

(1) 需求的定义

一种商品的需求是指消费者在一定时期内在各种可能的价格下愿意而且能够购买的商品的数量。

"需要"是一个自然概念，表示人们在生理和心理上对物品或感情的要求；"需求"是一个经济概念，表示和购买能力有关的消费欲望。

"需求"必须是指消费者既有购买欲望又有购买能力的有效需求。"需要"对应的是"满足"，而"需求"对应的是"供给"。

[案例] "想上天"与"能上天"

2009年9月30日，第7位太空游客——盖·拉利伯特乘俄罗斯"联盟TMA-16"进入太空。他为这10多天的行程共付出了3 500万美元。他说："在我的生命中，曾干过不少有趣、疯狂、冒险的事，但这将是我有生以来最大的一次冒险。"

(2) 一种商品需求量的影响因素

①商品自身的价格。

②消费者的收入水平。

与消费者收入水平有关的物品可以分为正常物品和低档物品两种。

正常物品：如果当收入增加（减少）时，一种物品的需求增加（减少），这种物品就被称为正常物品。

低档物品：如果当收入减少（增加）时，一种物品的需求增加（减少），这种物品就被称为低档物品。

③相关商品的价格。

相关商品间的关系有互补关系和替代关系两种。

互补关系：是指两种商品共同满足一种欲望，它们之间是互相补充的。

替代关系：是指两种商品可以相互代替来满足同一种欲望，它们之间是可以相互替代的。

④消费者的偏好。

⑤消费者对商品的价格预期。

⑥消费者的信息等。

2. 需求函数

需求函数表示一种商品的需求数量和影响该需求数量的各种因素之间的相互关系。

根据以上对一种商品需求量的影响因素的分析，可以建立需求函数如下：

$$Q^d = f(P, T, I, Y, P^s, P^c, P^e)$$

函数式中：Q^d——需求量；

P——价格；

T——偏好；

I——消费者的信息；

Y——收入；

P^s——替代品的价格；

P^c——互补品的价格；

P^e——预期价格。

为了简化分析，我们假定其他条件保持不变，仅分析一种商品的价格变化对该商品需求量的影响，即把一种商品的需求量仅仅看成是这种商品价格的函数，于是，需求函数就可以用下式表示：

$$Q^d = f(P)$$

在微观经济分析中，我们通常使用线性需求函数，其通常形式为：

$$Q^d = \alpha - \beta P$$

其中，常数 α、$\beta > 0$。该函数对应的需求曲线为一条直线，它向右下方倾斜，即它的斜率为负值。

2.1.2 需求表、需求曲线和需求定理

1. 需求表

商品的需求表是一张表示某种商品的各种价格和与各种价格相对应的该商品的需求数量

之间关系的数字序列表。表 2－1 所示为凯瑟琳对冰激凌的需求。

表 2－1　凯瑟琳对冰激凌的需求

冰激凌的价格/美元	冰激凌的需求量/个
0.00	12
0.50	10
1.00	8
1.50	6
2.00	4
2.50	2
3.00	0

2. 需求曲线

商品的需求曲线是根据需求表中商品的不同的价格—需求量的组合在平面坐标图上所绘制的一条曲线。如图 2－1 所示为凯瑟琳的需求曲线。

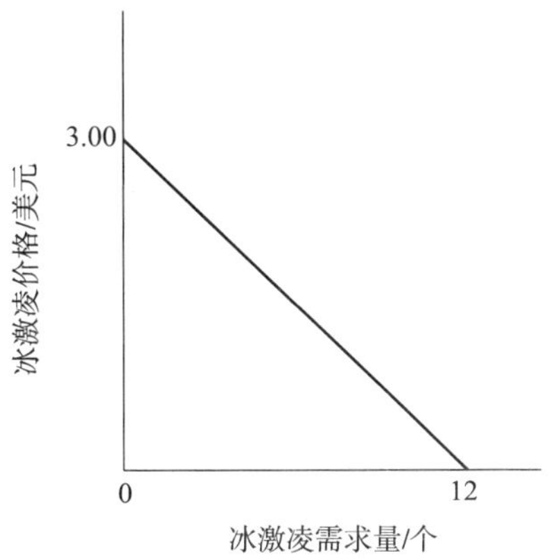

图 2－1　凯瑟琳的需求曲线

实际上，需求曲线可以是直线，也可以是曲线。当需求函数为线性函数时，相应的需求曲线是一条直线，直线上各点的斜率是相等的。当需求函数为非线性函数时，相应的需求曲线是一条曲线，曲线上各点的斜率是不相等的。

3. 需求定理

在其他条件不变的情况下，某商品的需求量与价格呈反方向变动，即需求量随着商品本身价格的上升而减少，随商品本身价格的下降而增加。

需求定理以一定的假设条件为前提，这个假设条件就是“其他条件不变”。所谓“其他条件不变”，是指除了商品本身的价格之外，其他影响需求量的因素都是不变的。

2.1.3　市场需求与个人需求

市场需求表示在某一特定市场和某一特定时期内，所有购买者在各种可能的价格下将要购买的某种商品的数量。市场需求是个人需求的加总。市场需求量不仅取决于一种物品的价格，而且取决于买者的收入、偏好、信息、预期以及相关物品的价格，也取决于买者的人数。

只需把个人需求曲线相加，便可以得出市场需求曲线。个人与市场需求如表 2－2 所示。

表 2－2　个人与市场需求

冰激凌价格/美元	凯瑟琳/个	尼古拉/个	市场/个
0.00	12	7	19
0.50	10	6	16
1.00	8	5	13
1.50	6	4	10
2.00	4	3	7
2.50	2	2	4
3.00	0	1	1

2.1.4　需求量的变动和需求的变动

需求量的变动：是指在其他条件不变时，由某商品的价格变动所引起的该商品的需求数量的变动。在几何图形中，需求量的变动表现为商品的价格—需求数量组合点沿着同一条既定的需求曲线的运动。

需求的变动：是指在某商品价格不变的条件下，由于其他因素变动所引起的该商品的需求数量的变动。在几何图形中，需求的变动表现为需求曲线的位置发生移动。

图 2－2 为需求量的变动，即商品的价格—需求数量组合点沿着同一条既定的需求曲线的运动。

［**分析**］假定美国医学协会突然宣布一个新发现：经常吃冰激凌的人更长寿，也更健康。这个布告对冰激凌市场有什么影响呢？图 2－3 为需求的变动，表现为需求曲线的位置发生移动。

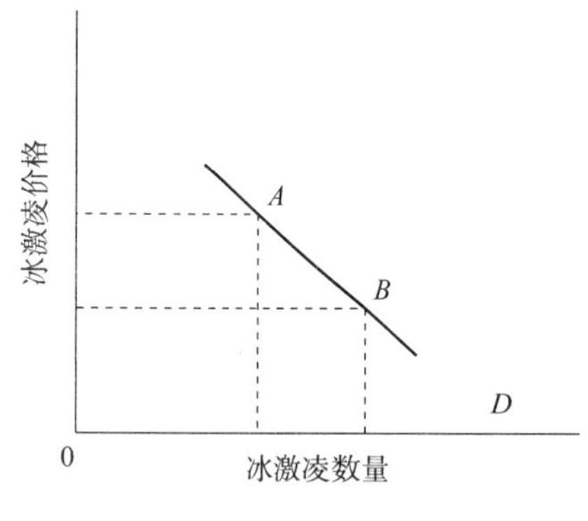

图 2－2　需求量的变动

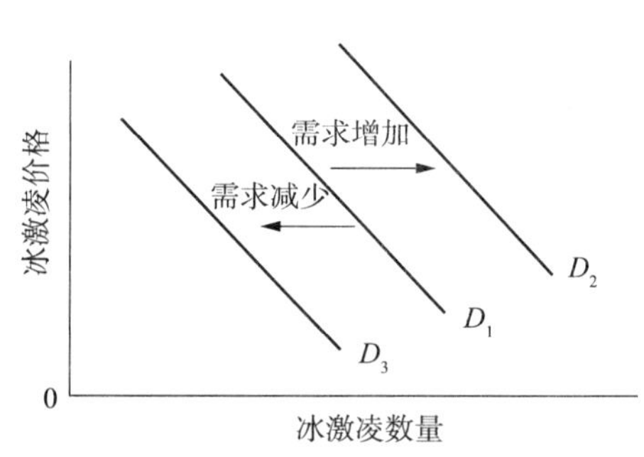

图 2－3　需求的变动

需求的决定因素如表 2－3 所示。

表 2-3　需求的决定因素

影响需求量的变量	这些变量的变动将
商品自身的价格	表现为沿着需求曲线的变动
消费者的收入水平	表现为需求曲线的移动
相关商品的价格	表现为需求曲线的移动
消费者的偏好	表现为需求曲线的移动
消费者对商品的价格预期	表现为需求曲线的移动
消费者的信息	表现为需求曲线的移动
买者数量	表现为需求曲线的移动

［**案例**］　如何减少香烟需求量?

方案一：考虑除香烟价格因素外的其他因素，如加大戒烟宣传力度等方式，引起需求的减少，从而减少香烟需求量。如图 2-4 所示。

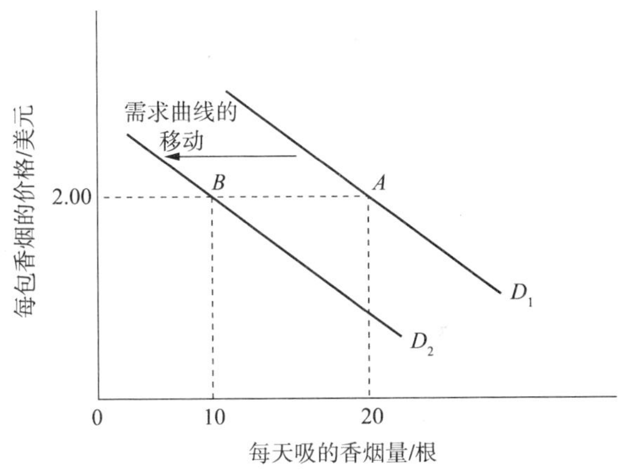

图 2-4　需求的变化

方案二：考虑提高香烟售价，引起需求量的变化，从而减少香烟需求量。如图 2-5 所示。

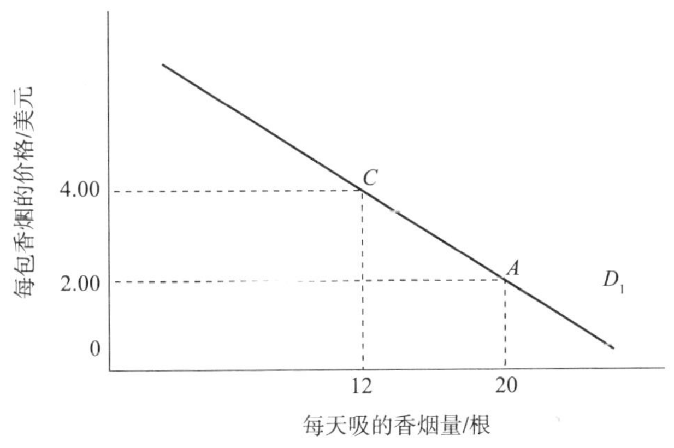

图 2-5　需求量变化

2.2 供给曲线

2.2.1 供给函数

1. 供给

(1) 供给的定义

一种商品的供给是指生产者在一定时期内在各种可能的价格下愿意而且能够提供出售的该种商品的数量。

(2) 影响一种商品供给量的主要因素

①商品自身的价格。

②生产的成本。

③生产的技术水平。

④相关商品的价格。

⑤生产者对未来的预期。

⑥政府税收政策等。

2. 供给函数

供给函数表示一种商品的供给量和影响该商品供给因素之间的关系。

一种商品的供给量是所有影响该商品供给量的因素的函数。如果假定其他因素均不发生变化，仅考虑一种商品的价格变化对其供给量的影响，即把一种商品的供给量只看成是这种商品价格的函数，则供给函数就可以表示为：

$$Q^s = f(P)$$

在微观经济分析中，我们通常使用线性供给函数，其通常形式为：

$$Q^s = -\delta + rP$$

其中，常数 δ，$r>0$。该函数对应的需求曲线为一条直线，向右上方倾斜，即它的斜率为正值。

2.2.2 供给表、供给曲线和供给定理

1. 供给表

商品的供给表是一张表示某种商品的各种价格和与各种价格相对应的该商品的供给数量之间关系的数字序列表。本的供给表如表 2-4 所示。

表 2-4 本的供给表

冰激凌的价格/美元	冰激凌的供给量/个
0.00	0
0.50	0
1.00	1
1.50	2

续表

冰激凌的价格/美元	冰激凌的供给量/个
2.00	3
2.50	4
3.00	5

2. 供给曲线

商品的供给曲线是根据供给表中商品的不同价格—供给量的组合在平面坐标图上所绘制的一条曲线。本的供给曲线如图 2－6 所示。

供给曲线可以是直线，也可以是曲线。如果供给函数是线性函数，则相应的供给曲线为直线；如果供给函数是非线性函数，则相应的供给曲线就是曲线。直线型的供给曲线上每点的斜率是相等的，曲线型的供给曲线上每点的斜率则不相等。

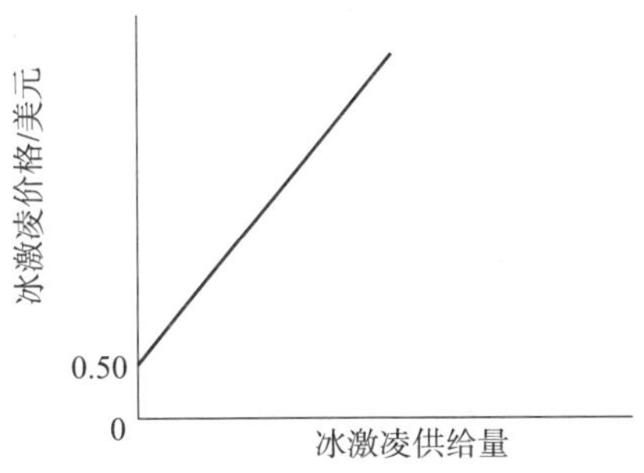

图 2－6　本的供给曲线

3. 供给定理

在其他条件不变的情况下，商品的价格和供给量呈同方向变动的关系，这种现象被称为供给定理。

供给定理以一定的假设条件为前提，这个假设条件就是“其他条件不变”。所谓“其他条件不变”，是指除了商品本身的价格以外，其他影响供给量的因素都是不变的。

2.2.3　市场供给与个人供给

市场供给：是指在某一特定的时期内，在各种可能的价格下，生产某种商品的所有生产者愿意并且能够提供的该种商品的数量。市场供给是单个厂商供给量的加总。如表 2－5 所示。

表 2－5　个人与市场供给

冰激凌价格/美元	本/个	杰瑞/个	市场/个
0.00	0	0	0
0.50	0	0	0
1.00	1	0	1
1.50	2	2	4
2.00	3	4	7
2.50	4	6	10
3.00	5	8	13

市场供给量取决于个别卖者供给量的因素：商品自身的价格、生产的成本、生产的技术水平、相关商品的价格、生产者对未来的预期。

此外，市场供给量还取决于卖者的人数。水平地把个人供给曲线相加，便可以得出市场供给曲线。

2.2.4 供给量的变动和供给的变动

供给量的变动：是指在其他条件不变时，由某商品的价格变动所引起的该商品的供给数量的变动。在几何图形中，供给量的变动表现为商品的价格—供给数量组合点沿着同一条既定的供给曲线的运动。

供给的变动：是指在某商品价格不变的条件下，由于其他因素变动所引起的该商品的供给数量的变动。在几何图形中，供给的变动表现为供给曲线的位置发生移动。

图 2 –7 为供给量的变动，即商品的价格—供给数量组合点沿着同一条既定的供给曲线的运动。

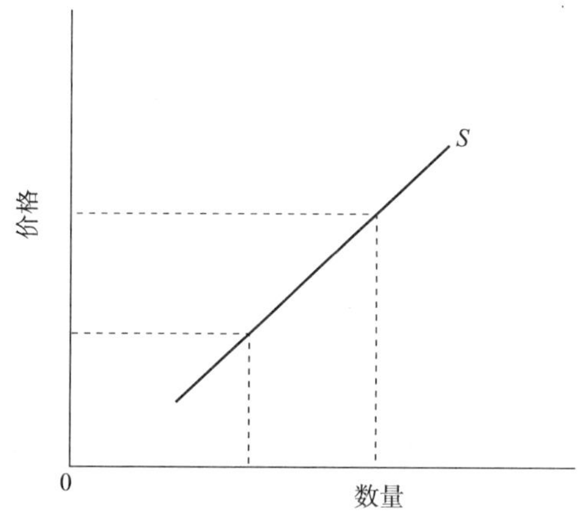

图 2 –7　供给量的变动

图 2 –8 为供给的变动，表现为供给曲线的位置发生移动。

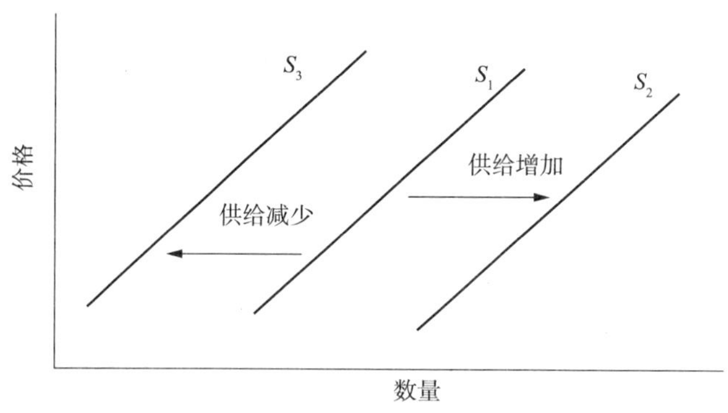

图 2 –8　供给的变动

思考：假设糖的价格下降了，这种变动如何影响冰激凌的供给呢？

供给的决定因素如表 2－6 所示。

表 2－6　供给的决定因素

影响供给量的变量	这些变量的变动将
商品自身的价格	表现为沿着供给曲线的变动
生产的成本	表现为供给曲线的移动
生产的技术水平	表现为供给曲线的移动
相关商品的价格	表现为供给曲线的移动
生产者对未来的预期	表现为供给曲线的移动
卖者数量	表现为供给曲线的移动

2.3　供求曲线的共同作用

2.3.1　均衡的含义

微观经济学中的商品价格是指商品的均衡价格。商品的均衡价格是在商品的市场需求和市场供给这两种相反力量的相互作用下形成的。

均衡最一般的意义是指经济事物中有关的变量在一定条件的相互作用下所达到的一种相对静止状态。

在微观经济分析中，市场均衡可以分为局部均衡和一般均衡。

局部均衡是就单个市场或部分市场的供求与价格之间的关系和均衡状态进行分析。

一般均衡是就一个经济社会中的所有市场的供求与价格之间的关系和均衡状态进行分析。

2.3.2　均衡价格的决定

1. 均衡价格和均衡数量

一种商品的均衡价格是指该种商品的市场需求量和市场供给量相等时的价格。在均衡价格水平下的相等的供求数量被称为均衡数量。

市场上需求量和供给量相等的状态，也称为市场出清的状态。均衡价格也称为市场出清价格。

从几何意义上说，一种商品市场的均衡出现在该商品的市场需求曲线和市场供给曲线相交时，二者的交点称为均衡点。均衡点上的价格和相等的供求量分别称为均衡价格和均衡数量。

供给与需求的均衡如图 2－9 所示。

2. 非均衡的市场

超额供给如图 2－10 所示。

3. 非均衡的市场

超额需求如图 2－11 所示。

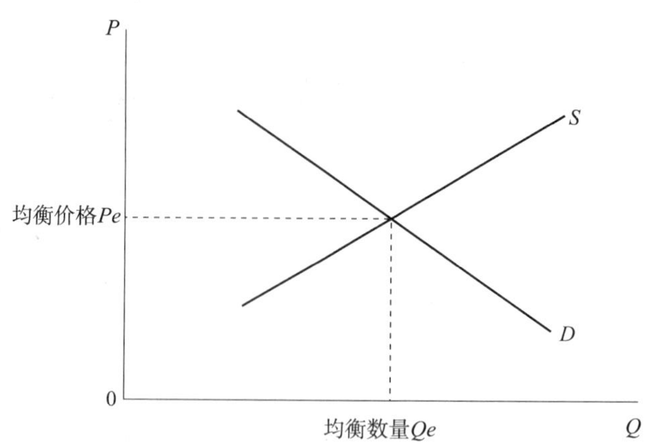

图 2－9　供给与需求的均衡

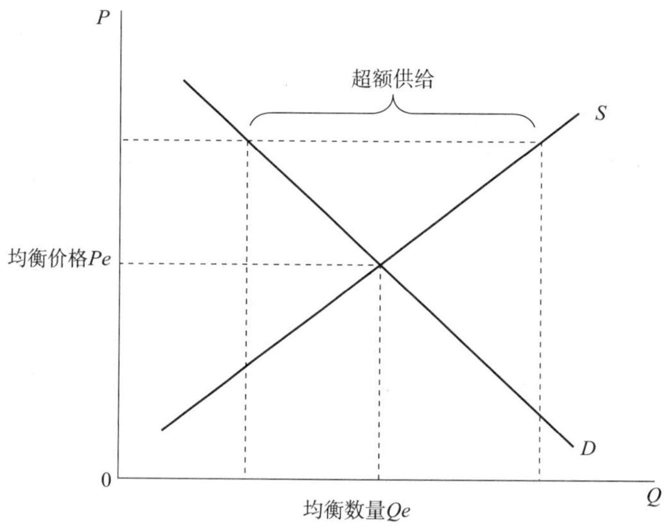

图 2－10　非均衡的市场（超额供给）

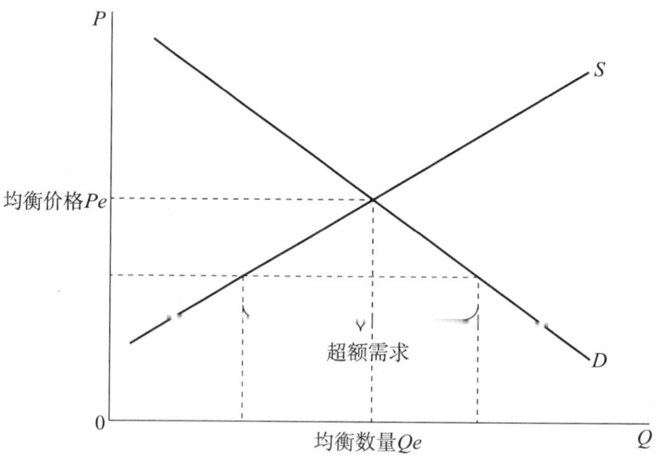

图 2－11　非均衡的市场（超额需求）

在不同市场上达到均衡的快慢是不同的，这取决于价格调整的快慢。但是，在大多数自由市场上，由于价格最终要变动到均衡水平，所以，过剩与短缺都只是暂时的。

供求规律：任何一种物品价格的调整都会使该物品的供给与需求达到平衡。

4. 均衡价格与均衡数量的求解

①令供给函数与需求函数相等来求解；

②将市场需求曲线与市场供给曲线移动到同一个坐标图上，找到两条曲线的交点即可得。

［**案例**］　已知某一时期某商品的需求函数 $Q^d = 800 - 100P$，供给函数 $Q^S = -400 + 200P$，求均衡价格 Pe 和均衡数量 Qe。

解：将供求函数代入均衡条件得：

$$800 - 100P = -400 + 200P$$

解得均衡价格 $Pe = 4$，将 $Pe = 4$ 代入需求函数或供给函数，得均衡数量 $Qe = 400$。

2.3.3　均衡价格的变动

1. 需求的变动：需求曲线的移动

前面已经介绍过，需求的变动是指在商品自身价格不变的条件下，由于其他因素变动所引起的该商品的需求数量的变动。在几何图形中，需求的变动表现为需求曲线的移动。而需求量的变动则是指在其他条件不变时，由某商品自身的价格变动所引起的该商品需求数量的变动。

在供给不变的情况下，需求增加，会使需求曲线向右平移，从而使均衡价格和均衡数量都增加；需求减少，会使需求曲线向左平移，从而使均衡价格和均衡数量都减少。

思考：假设某一年天气特别热，这种情况如何影响冰激凌市场呢？

分析均衡变动有以下三个步骤：

（1）确定该事件是移动供给曲线还是需求曲线（或者两者都移动）；

（2）确定曲线移动的方向；

（3）用供求图说明这种移动如何改变均衡。

由此，可得均衡变动图如图 2－12 所示。

2. 供给的变动：供给曲线的移动

前面已经介绍过，供给的变动是指在商品自身价格不变的条件下，由于其他因素变动所引起的该商品的供给数量的变动。在几何图形中，供给的变动表现为供给曲线的移动。而供给量的变动是指在其他条件不变时，由某商品自身的价格变动所引起的该商品的供给数量的变动。

在需求不变的情况下，供给增加，会使供给曲线向右平移，从而使均衡价格下降，均衡数量增加；供给减少，会使供给曲线向左平移，从而使均衡价格上升，均衡数量减少。

思考：假设在另一个夏季，地震摧毁了几家冰激凌工厂。这个事件如何影响冰激凌市场呢？

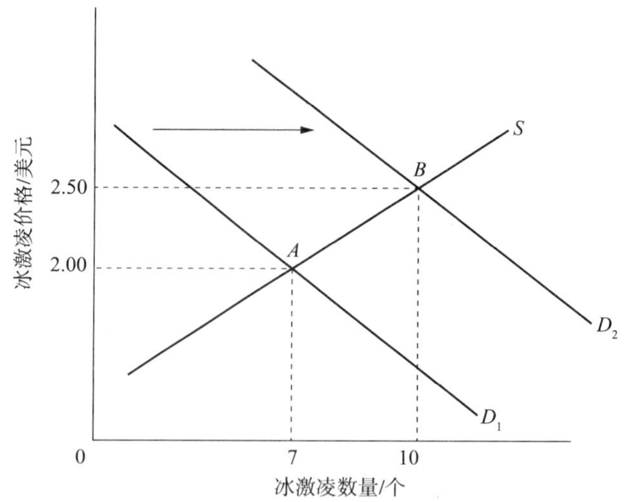

图 2-12　天气炎热对冰激凌市场的影响

结论：

供求定理：在其他条件不变的情况下，需求变动分别引起均衡价格和均衡数量的同方向的变动；供给变动分别引起均衡价格的反方向的变动和均衡数量的同方向的变动。

需求曲线和供给曲线移动的影响如表 2-7 所示。

表 2-7　需求曲线和供给曲线移动的影响

供求变化	对均衡价格的影响	对均衡数量的影响
需求增加	上升	上升
需求减少	下降	下降
供给增加	下降	上升
供给减少	上升	下降

3. 需求和供给同时变动的影响

需求和供给同时发生变动时，均衡价格和均衡数量的确定比较复杂，要取决于需求和供给移动的相对大小。

思考：假设天气炎热和地震同时发生，这种情况如何影响冰激凌市场呢？

第一种情况：供给和需求同时移动，使均衡价格上升，均衡数量增加。如图 2-13 所示。

第二种情况：供给和需求同时移动，使均衡价格上升，均衡数量减少。如图 2-14 所示。

思考：还有没有第三种或第四种情况？如果有，又是如何影响冰激凌市场的均衡的？

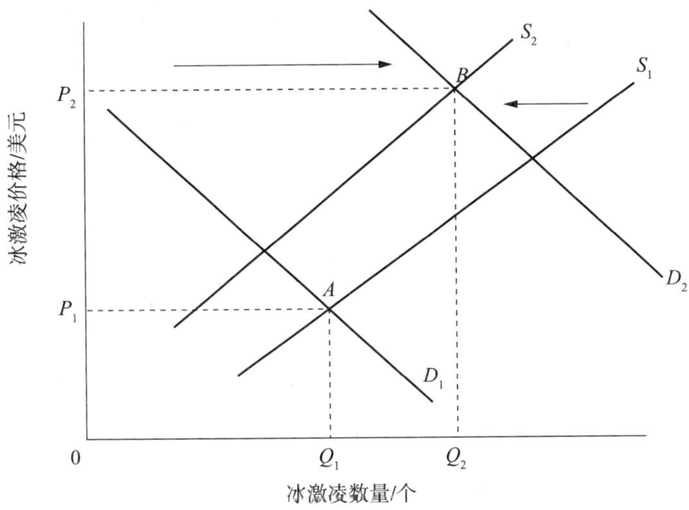

图2-13　供给和需求同时移动Ⅰ

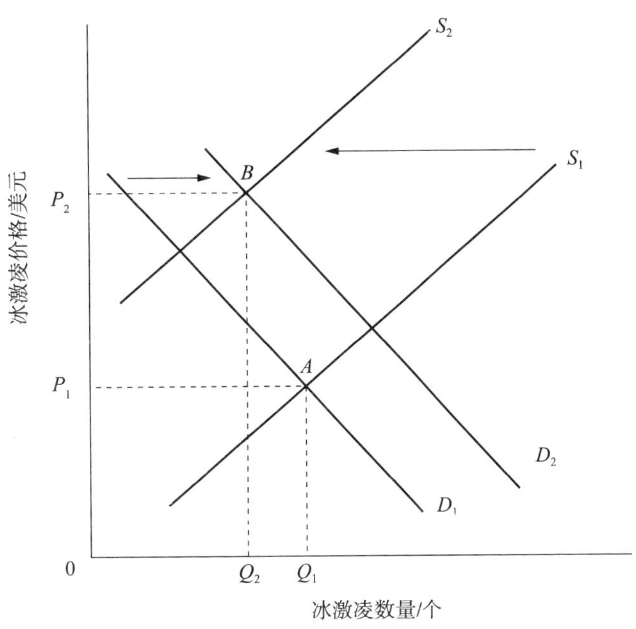

图2-14　供给和需求同时移动Ⅱ

2.4　需求弹性和供给弹性

2.4.1　弹性的一般定义与表达式

1. 弹性的一般定义

当两个经济变量之间存在函数关系时，可以用弹性（Elasticity）表示因变量对于作为自变量变化的反应程度。或者说，是因变量变动的百分比和自变量变动的百分比之比。

2. 弹性的一般表达式

$$弹性系数=\frac{因变量的相对变动}{自变量的相对变动}$$

3. 弧弹性与点弹性

（1）弧弹性（Arc Elasticity）

设两个经济变量之间的函数关系为 $Y=f(x)$，以 ΔX、ΔY 分别表示变量 X、Y 的变动量，以 e 表示弹性系数，则弹性公式为：

$$e=\frac{\frac{\Delta X}{Y}}{\frac{\Delta X}{X}}=\frac{\Delta Y}{\Delta X}\cdot\frac{X}{Y}$$

（2）点弹性（Point Elasticity）

若经济变量的变化量趋于无穷小，则弹性就等于因变量的无穷小的变动率与自变量的无穷小的变动率之比。弹性公式为：

$$e=\lim_{\Delta X\to 0}\frac{\frac{\Delta Y}{Y}}{\frac{\Delta X}{X}}=\frac{\frac{dY}{Y}}{\frac{dX}{X}}=\frac{dY}{dX}\cdot\frac{X}{Y}$$

2.4.2 需求的价格弹性的含义

在西方经济学中，需求弹性包括需求的价格弹性、需求的交叉弹性和需求的收入弹性等。其中，需求的价格弹性（Price Elasticity of Demand）又通常简称为需求弹性。

1. 需求的价格弹性

需求的价格弹性用来表示在一定时期内一种商品的需求量变动对于该商品的价格变动的反应程度。或者说，表示在一定时期内当一种商品的价格变化百分之一时所引起的该商品的需求量变化的百分比。它是商品需求量的变动率与价格的变动率之比的相反数。即：

$$需求弹性系数=-\frac{需求量变动率}{价格变动率}$$

2. 在理解需求价格弹性的含义时要注意的问题

①在需求量与价格这两个经济变量中，价格是自变量，需求量是因变量。所以，需求价格弹性就是指价格变动所引起的需求量变动的程度，或者说是需求量变动对于价格变动的反应程度。

②需求弹性系数是需求量变动的比率与价格变动的比率之比的相反数，而不是需求变动的绝对量与价格变动的绝对量的比。

③弹性系数的数值可以是正值，也可以是负值。如果两个变量为同方向变化，则是正值，如果两个变量为反方向变化，则是负值。但在实际运用时，为了方便起见，一般都取其绝对值。

④同一条需求曲线上不同点的弹性系数大小并不相同。

2.4.3　需求的价格弹性：弧弹性

需求的价格弹性可以分为弧弹性与点弹性，因此也就有两种公式：弧弹性公式与点弹性公式。

需求的价格弧弹性用来表示某商品需求曲线上两点之间的需求量的变动对于价格变动的反应程度。简单地说，它表示需求曲线上两点之间的弹性。

假定需求函数为 $Q=f(p)$，则需求的价格弧弹性的公式为：

$$e_d=-\frac{\frac{\Delta Q}{Q}}{\frac{\Delta P}{P}}=-\frac{\Delta Q}{\Delta P}\cdot\frac{P}{Q}$$

对于弧弹性来说，要注意的一个问题是，对需求曲线上任意一段弧的起点、终点的不同选择而计算出来的弧弹性的结果是不同的。在需求曲线的同一条弧上，涨价和降价产生的需求弹性系数值不相等。

例：图 2－15 是需求函数 $Q^d=2\ 400-400P$ 的几何图形。

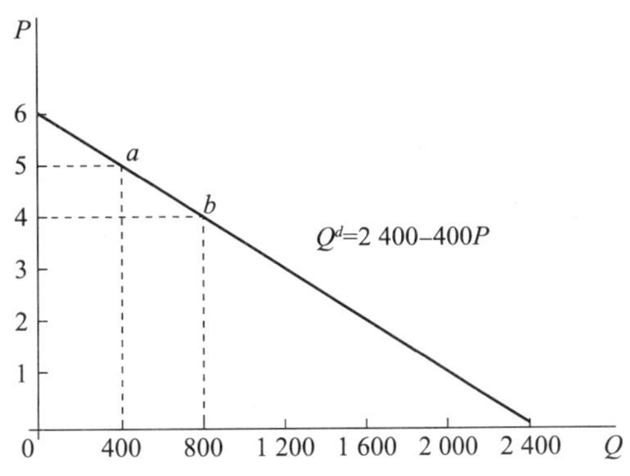

图 2－15　需求的价格弧弹性

图中需求曲线上 a、b 两点的价格分别为 5 和 4，相应的需求量分别为 400 和 800。当商品的价格由 5 下降为 4 时，或者当商品的价格由 4 上升为 5 时，应该如何计算相应的弧弹性值呢？根据公式，相应的弧弹性分别计算如下：

由 a 点到 b 点（即降价时）：

$$e_d=-\frac{\Delta Q}{\Delta P}\cdot\frac{P}{Q}=-\frac{Q_b-Q_a}{P_b-P_a}\cdot\frac{P_a}{Q_a}=-\frac{800-400}{4-5}\times\frac{5}{400}=5$$

由 b 点到 a 点（即涨价时）：

$$e_d=-\frac{\Delta Q}{\Delta P}\cdot\frac{P}{Q}=-\frac{Q_a-Q_b}{P_a-P_b}\cdot\frac{P_b}{Q_b}=-\frac{400-800}{5-4}\times\frac{4}{800}=2$$

显然，由 a 点到 b 点和由 b 点到 a 点的弧弹性系数值是不相同的。其原因在于：尽管在上面两个计算中，ΔQ 和 ΔP 的绝对值都相等，但由于 P 和 Q 所取的基数值不相同，所以，两种计算结果便不相同。这样一来，在需求曲线的同一条弧上，涨价和降价产生的需求的价格弹性系数值便不相等。所以，要根据涨价和降价的具体情况来求得不同的 e_d 值。

需求的价格弧弹性的中点公式：如果仅仅是一般地计算需求曲线上某一段的需求弧弹性，而不是具体地强调这种需求弧弹性是作为涨价还是降价的结果，则为了避免不同的计算结果，通常采用需求的价格弧弹性的中点公式：

$$e_d = -\frac{\Delta Q}{\Delta P} \cdot \frac{\frac{P_1 + P_2}{2}}{\frac{Q_1 + Q_2}{2}}$$

需求的价格弧弹性的五种类型如表 2－8 所示。

表 2－8　需求的价格弧弹性的五种类型

弹性系数	弹性程度	表示	形状
>1	富有弹性	需求量的变动率大于价格的变动率	一条较为平缓的曲线
<1	缺乏弹性	需求量的变动率小于价格的变动率	一条较为陡直的曲线
=1	单一弹性	需求量的变动率等于价格的变动率	正双曲线
=∞	完全弹性	相对于无穷小的价格变动率，需求量的变动率是无穷大的	一条平行于横轴的直线
=0	完全无弹性	无论价格如何变化，需求量的变化量总是为零	一条垂直于横轴的直线

尽管在经济学中把富有弹性的需求绘制成一条相对平坦的曲线，把缺乏弹性的需求描绘成一条相对陡峭的曲线已成为一种习惯，这种绘制方法通常也是可行的。但是，在有些场合，这种绘制方法也会成为一种不好的甚至是错误的方法。

2.4.4　需求的价格弹性：点弹性

1. 需求的价格点弹性

当需求曲线上的两点之间的变化量趋于无穷小时，需求的价格弹性要用点弹性来表示。也就是说，它表示的是需求曲线上某一点上的需求量变动对于价格变动的反应程度。

需求的弧弹性和点弹性的本质是相同的。它们的区别在于：前者表示的是价格变动量较大时的需求曲线上的两点之间的弹性，而后者表示的是价格变动量无穷小时的需求曲线上某一点的弹性。

假定需求函数为 $Q=f(p)$，则需求的价格点弹性的公式为：

$$e_d = -\frac{\frac{dQ}{Q}}{\frac{dP}{P}} = -\frac{dQ}{dP} \cdot \frac{P}{Q}$$

2. 需求的价格点弹性的几何意义

下面从线性需求曲线的角度来分析需求的价格点弹性的几何意义。用图 2－16 来说明。

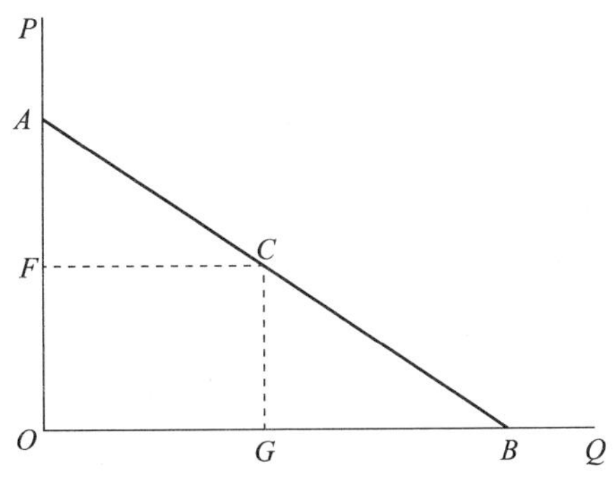

图 2－16　线性需求曲线的点弹性

从几何图形看，根据点弹性的定义，C 点的需求的价格弹性可以表示为：

$$e_d = -\frac{dQ}{dP} \cdot \frac{P}{Q} = \frac{GB}{CG} \cdot \frac{CG}{OG} = \frac{GB}{OG} = \frac{BC}{AC} = \frac{OF}{AF}$$

由此可得到这样一个结论：线性需求曲线上任何一点的弹性，都可以通过该点出发向价格轴或数量轴引垂线的方法来求得。

从线性需求曲线上点弹性的几何意义中可以得到一个明显的特征，即在线性需求曲线上点的位置越高，相应的点弹性系数值就越大；相反，位置越低，相应的点弹性系数值就越小。从而得出线性需求曲线点弹性的五种类型，如图 2－17 所示。

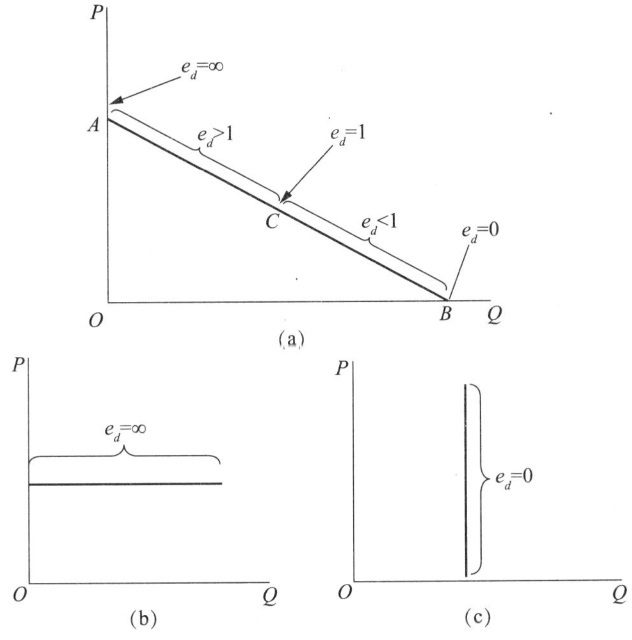

图 2－17　线性需求曲线点弹性的五种类型

而在图 2－17（b）和图 2－17（c）中，分别有一条特殊形状的线性需求曲线。图 2－17（b）中一条水平的需求曲线上的每一点的弹性均为无穷大，即 $e_d = \infty$。图 2－17（c）中一条垂直的需求曲线上的每一点的弹性均为零，即 $e_d = 0$。可见，对于线性需求曲线上的每一点的点弹性都不相等的结论来说，水平的需求曲线和垂直的需求曲线是两种例外。

对于非线性需求曲线上某一点的需求点弹性的几何求法，可以先过该点作需求曲线的切线，然后用与求需求曲线的点弹性相类似的方法来求得。需要注意的是，在非线性需求曲线中，直角双曲线的每点都有 $e_d=1$。

3. 需求曲线的斜率和需求弹性

在考察需求弹性问题时，需求曲线的斜率和需求弹性是两个紧密联系却又不相同的概念，必须严格加以区分。根据弹性的计算公式，需求弹性不仅取决于需求曲线在某一点或某一段弧上的斜率的倒数值，还取决于相应的价格—需求量的比值。

2.4.5 商品的需求价格弹性和厂商的销售收入

厂商的销售收入等于商品的价格乘以商品的销售量。假定厂商的商品销售量等于市场上对其商品的需求量，需求函数为 $Q=f(P)$。那么，厂商的销售收入就可以表示为商品的价格乘以商品的需求量，即厂商销售收入 $Y=P\cdot Q$，其中，P 表示商品的价格，Q 表示商品的需求量。则有：

$$\frac{dY}{dP}=\frac{d(P\cdot Q)}{dP}=Q+P\cdot\frac{dQ}{dP}=Q\left(1+\frac{P}{Q}\cdot\frac{dQ}{dP}\right)=Q(1-e_d)$$

由此可知：

$$当\ e_d>1\ 时，有\frac{dY}{dP}<0$$

$$当\ e_d=1\ 时，有\frac{dY}{dP}=0$$

$$当\ e_d<1\ 时，有\frac{dY}{dP}>0$$

具体地，可将需求弹性和销售收入的关系总结列表，如表 2－9 所示。

表 2－9　需求弹性和销售收入的关系

收入 弹性 价格	$e_d>1$	$e_d=1$	$e_d<1$	$e_d=0$	$e_d=\infty$
降价	增加	不变	减少	同比例于价格的下降而减少	既定价格下，收益可以无限增加。因此，厂商不会降价
涨价	减少	不变	增加	同比例于价格的上升而增加	收益会减少为零

由表 2－9 分析可知，当需求弹性大时，厂商宜采用薄利多销的方式来增加销售收入；当需求弹性小时，则可考虑以提高价格的方式来达到增加销售收入的目的。

在西方经济学中，也可以反过来根据表 2－9 中商品的价格变化所引起的厂商的销售收入的变化来判断商品的需求弹性的大小。

同时，因为厂商的销售收入等于消费者的购买支出，所以，以上关于需求的价格弹性和厂商的销售收入之间关系的分析和结论，对于需求的价格弹性和消费者的购买支出之间的关系同样也是适用的。

2.4.6　影响需求的价格弹性的因素

1. 商品的可替代性

一般来说，一种商品的可替代品越多，相近程度越高，则该商品的需求的价格弹性往往就越大；相反，该商品的需求的价格弹性往往就越小。例如，在苹果市场，当国光苹果的价格上升时，消费者就会减少对国光苹果的需求量，增加对相近的替代品如香蕉苹果的购买。这样，国光苹果的需求弹性就比较大。

2. 商品用途的广泛性

一般来说，一种商品的用途越广泛，它的需求的价格弹性可能就越大；相反，用途越是狭窄，它的需求的价格弹性可能就越小。这是因为，如果一种商品具有多种用途，当它的价格升高时，消费者只购买较少的数量用于最重要的用途上。当它的价格逐步下降时，消费者的购买量就会逐渐增加，将商品越来越多地用于其他的各种用途上。

3. 商品对消费者生活的重要程度

一般来说，生活必需品的需求的价格弹性较小，非生活必需品的需求的价格弹性较大。例如，馒头的需求的价格弹性是较小的，而电影票的需求的价格弹性是较大的。

4. 商品的消费支出在消费者预算总支出中所占的比重

消费者在某商品上的消费支出在预算总支出中所占的比重越大，该商品的需求的价格弹性可能越大；反之，则越小。例如，火柴、盐、铅笔、肥皂等商品的需求的价格弹性就是比较小的。因为，消费者每月在这些商品上的支出是很小的，消费者往往不太重视这类商品价格的变化。

5. 所考察的消费者调节需求量的时间

一般来说，所考察的调节时间越长，则需求的价格弹性就可能越大。因为，在消费者决定减少或停止对价格上升的某种商品的购买之前，他一般需要花费时间去寻找和了解该商品的替代品。例如，当石油价格上升时，消费者在短时期内通常不会较大幅度地减少需求量。但设想在长期内，消费者可能找到替代品，那么，石油价格上升就会导致石油的需求量较大幅度地下降。

需要指出的是，一种商品的需求的价格弹性的大小是各种影响因素综合作用的结果。所以，在分析一种商品的需求的价格弹性的大小时，要根据具体情况进行全面的综合分析。

2.4.7　弹性概念的扩大——供给弹性、需求的交叉价格弹性等

1. 供给的价格弹性

（1）含义

在西方经济学中，供给弹性包括供给的价格弹性、供给的交叉弹性和供给的预期价格弹性等。在此考察的是供给的价格弹性（Price Elasticity of Supply），它通常简称为供给弹性。

供给的价格弹性表示在一定时期内一种商品的供给量的变动对于该商品的价格的变动的

反应程度。或者说，表示在一定时期内当一种商品的价格变化百分之一时所引起的该商品的供给量变化的百分比。它是商品的供给量变动率与价格变动率之比。

供给的价格弹性分为供给的价格弧弹性和供给的价格点弹性。

供给的价格弧弹性表示某商品供给曲线上两点之间的弹性。

供给的价格点弹性表示某商品供给曲线上某一点的弹性。

（2）公式

①供给的价格弧弹性公式。

假定供给函数为 $Q=f(P)$，则供给的价格弧弹性的公式为：

$$e_s=\frac{\frac{\Delta Q}{Q}}{\frac{\Delta P}{P}}=\frac{\Delta Q}{\Delta P}\cdot\frac{P}{Q}$$

②供给的价格点弹性公式为：

$$e_x=\lim_{\Delta P\to 0}\frac{\frac{\Delta Q}{Q}}{\frac{\Delta P}{P}}=\lim_{\Delta P\to 0}\frac{\Delta Q}{\Delta P}\cdot\frac{P}{Q}=\frac{\mathrm{d}Q}{\mathrm{d}P}\cdot\frac{P}{Q}$$

③供给的价格弧弹性的中点公式为：

$$e_x=\frac{\Delta Q}{\Delta P}\cdot\frac{\frac{P_1+P_2}{2}}{\frac{Q_1+Q_2}{2}}$$

④供给弹性的五种类型如表 2－10 所示。

表 2－10　供给弹性的五种类型

供给弹性系数	弹性程度
$e_s>1$	富有弹性
$e_s<1$	缺乏弹性
$e_s=1$	单一弹性
$e_s=\infty$	完全弹性
$e_s=0$	完全无弹性

（3）供给的价格点弹性的几何意义

①线性供给曲线供给点弹性系数值的推导如图 2－18 所示。

供给曲线上 A 点的点弹性为：

$$e_s=\frac{\mathrm{d}Q}{\mathrm{d}P}\cdot\frac{P}{Q}=\frac{CB}{AB}\cdot\frac{AB}{OB}=\frac{CB}{OB}$$

②线性供给函数价格弹性的三种基本情况。

设线性供给函数表达式为：

$$Q_s=a+bP(b>0)$$

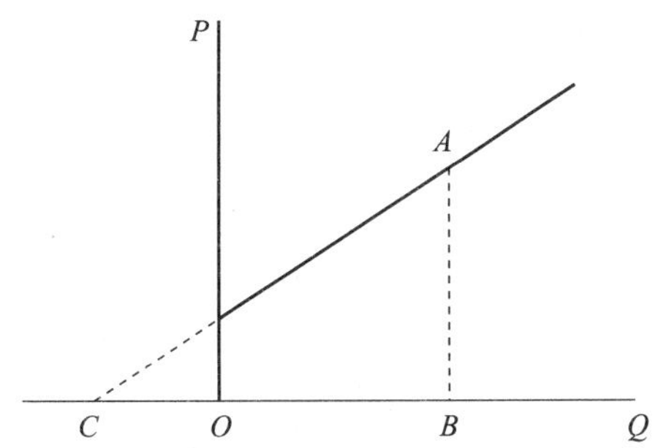

图 2－18　线性供给曲线供给点弹性几何推导

则有：

$$e_s = \frac{dQ_s}{dP} \cdot \frac{P}{Q_s} = b \cdot \frac{P}{a + bP} = \frac{bp}{a + bP}$$

故：当 $a = 0$ 时，$e_s = 1$；

当 $a > 0$ 时，$e_s < 1$；

当 $a < 0$ 时，$e_s > 1$。

由此，得出如下规律：

若线性供给曲线的延长线与坐标横轴的交点位于坐标原点的左边，则供给曲线上所有的点弹性都是大于 1 的。若交点位于坐标原点的右边，则供给曲线上所有的点弹性都是小于 1 的。若交点恰好就是坐标原点，则供给曲线上所有的点弹性都为 1。水平的供给曲线上所有的点弹性均为无穷大，垂直的供给曲线上所有的点弹性均为零。

关于非线型供给曲线的点弹性的几何意义，可以过所求点作供给曲线的切线，其后的过程推导与线性供给曲线是相同的。

可以根据非线型供给曲线上所求点的切线与坐标横轴的交点是位于坐标原点的左边，还是位于坐标原点的右边，或者恰好就是坐标原点，来判断该点的供给是富有弹性的，还是缺乏弹性的，或者是单一弹性的。

（4）影响供给弹性的因素

在影响供给的价格弹性众多因素中，时间是一个很重要的因素。当商品的价格发生变化时，厂商对产量的调整需要一定的时间。在短期内，厂商若要根据商品的涨价及时地增加产量，或者根据商品的降价及时地缩减产量，都存在不同程度的困难，相应地，供给弹性是比较小的。但是，在长期内，生产规模的扩大与缩小，甚至转产，都是可以实现的，供给量可以对价格变动作出较充分的反应，供给的价格弹性也就比较大了。

除此之外，在其他条件不变时，生产成本随产量变化而变化的情况及产品的生产周期长短，也是影响供给的价格弹性的另外两个重要因素。就生产成本来说，如果产量增加只引起边际成本轻微的提高，则意味着厂商的供给曲线比较平坦，供给的价格弹性可能是比较大的；相反，如果产量增加引起边际成本较大的提高，则意味着厂商的供给曲线比较陡峭，供给的价格弹性可能是比较小的。就产品的生产周期来说，在一定时期内，对于生产周期较短的产品，厂商可以根据市场价格的变化较及时地调整产量，供给的价格弹性相应就比较大；相反，生产周期较长的产品的供给的价格弹性就往往比较小。

［**案例**］　禁毒是增加还是减少了与毒品相关的犯罪?

［分析］

①毒品的需求弹性小（对某些人是必需品），而供给弹性大。

②禁毒方式分为查毒禁毒和禁毒教育。

③查毒禁毒是控制供给。如图 2－19（a）所示。

④禁毒教育是控制需求。如图 2－19（b）所示。

结论：加强禁毒教育能真正减少与毒品相关的犯罪。可见，控制需求更为重要。

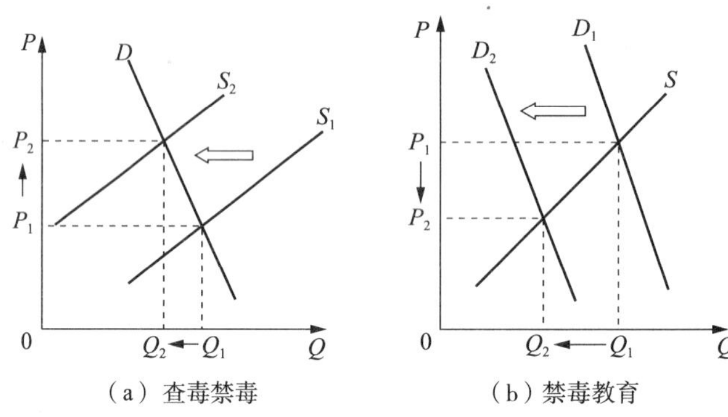

（a）查毒禁毒　　（b）禁毒教育

图 2－19　禁毒方式

2. 需求的交叉价格弹性

（1）含义

需求的交叉价格弹性（Cross-price Elasticity of Demand）简称为需求交叉弹性，它表示在一定时期内一种商品的需求量的变动对于它的相关商品的价格的变动的反应程度。或者说，表示在一定时期内当一种商品的价格变化百分之一时，所引起的另一种商品的需求量变化的百分比。它是该商品的需求量的变动率和它的相关商品的价格的变动率的比值。

（2）公式

假定商品 X 的需求量 Q_X 是它的相关商品 Y 的价格 P_Y 的函数，即 $Q_X=f(P_Y)$，则：

商品 X 的需求的交叉价格弧弹性公式为：

$$e_{XY}=\frac{\frac{\Delta Q_X}{Q_X}}{\frac{\Delta P_Y}{P_Y}}=\frac{\Delta Q_X}{\Delta P_Y}\cdot\frac{P_Y}{Q_X}$$

商品 X 的需求的交叉价格点弹性公式为：

$$e_{XY}=\lim_{\Delta P\to 0}\frac{\frac{\Delta Q_X}{Q_X}}{\frac{\Delta P_Y}{P_Y}}=\frac{\frac{\mathrm{d}Q_X}{Q_X}}{\frac{\mathrm{d}P_Y}{P_Y}}=\frac{\mathrm{d}Q_X}{\mathrm{d}P_Y}\cdot\frac{P_Y}{Q_X}$$

（3）需求的交叉弹性系数值的符号决定

需求的交叉弹性系数的符号取决于所考察的两种商品的相关关系。

两种商品的相关关系为互补和替代。

①互补商品（Complements）：两种商品共同满足一种愿望。

如：汽车与汽油，一种的 P 与另一种的 Q 呈反方向变动。

②替代商品（Substitutes）：两种商品可以互相代替满足同一种愿望。

如：牛肉与羊肉，一种的 P 与另一种的 Q 呈同方向变动。

互补商品之间价格与需求成反向变动；

替代商品之间价格与需求成正向变动。

［思考］当咖啡的价格急剧上升时，茶叶的需求量将怎样？

③关于需求的交叉弹性系数值的符号决定的结论。

若两种商品之间存在着替代关系，则一种商品的价格与它的替代品的需求量之间呈同方向变动，相应的需求的交叉价格弹性系数为正值。

若两种商品之间存在着互补关系，则一种商品的价格与它的互补品的需求量之间呈反方向变动，相应的需求的交叉价格弹性系数为负值。

若两种商品之间不存在相关关系，则其中任何一种商品的需求量都不会对另一种商品的价格变动作出反应，相应的需求的交叉价格弹性系数为零。

同理，反过来，可以根据两种商品之间的需求的交叉价格弹性系数的符号，来判断两种商品之间的相关关系。若两种商品的需求的交叉价格弹性系数为正值，则这两种商品为替代关系。若为负值，则这两种商品为互补关系。若为零，则这两种商品无相关关系。即：

若 $e_{xy}<0$，则两种商品是互补品。

若 $e_{xy}>0$，则两种商品是替代品。

若 $e_{xy}=0$，则两种商品是独立无关的商品。

3. 需求的收入弹性

（1）定义

需求的收入弹性（Income Elasticity of Demand）表示消费者在一定时期内对某种商品的需求数量的变动对于消费者收入量的变动的反应程度。或者说，表示在一定时期内当消费者的收入变化百分之一时，所引起的商品需求量变化的百分比。它是商品的需求量的变动率和消费者的收入量的变动率的比值。

如：收入增加10%，引起需求量增加5%，则需求收入弹性是0.5。

假定某商品的需求量 Q 是消费者收入水平 M 的函数，即 $Q=f(M)$。则：

需求的收入弧弹性为：

$$e_M=\frac{\frac{\Delta Q}{Q}}{\frac{\Delta M}{M}}=\frac{\Delta Q}{\Delta M}\cdot\frac{M}{Q}$$

需求的收入点弹性为：

$$e_M=\lim_{\Delta M\to 0}\frac{\Delta Q}{\Delta M}\cdot\frac{M}{Q}=\frac{\mathrm{d}Q}{\mathrm{d}M}\cdot\frac{M}{Q}$$

（2）商品的分类

根据商品的需求的收入弹性系数值给商品分类。

首先，商品大致可以分为两类，分别是正常品和劣等品（亦称低档品）。其中，正常品是指消费者对该商品的需求量与收入成同方向变化的商品；劣等品是指消费者对该商品的需求量与收入成反方向变化的商品。具体如下：

①正常品，即 $e_M > 0$ 的商品，有以下三种情况：

A. 奢侈商品，收入富有弹性，即 $e_M > 1$，其需求增加的百分比大于收入增加的百分比。

B. 收入具有单位弹性，即 $e_M = 1$，其需求量随收入变动相同的百分比。

C. 必需品，收入缺乏弹性，即 $0 < e_M < 1$，其需求变动的百分比小于收入变动的百分比。

②收入中性品，即 $e_M = 0$ 的商品，其收入无弹性。消费者收入变化后，消费量完全没有变化。如食盐。

③劣等品，即 $e_M < 0$，其收入负弹性。消费者收入增加时，对这种商品的需求量反而减少。

当然，将商品分为这几类是有时间性的。随着时间的推移、收入的增加，奢侈品可能变为必需品，必需品可能变为劣等品。

2.4.8 恩格尔定律

1857 年，世界著名的德国统计学家恩格尔根据统计资料，得出一个关于消费结构的变化规律的表。如表 2-11 所示。

表 2-11 恩格尔 1857 年对比利时家庭经费支出统计表 %

家庭	食物	衣	住	燃料	文化	累计
劳动家庭	62	16	12	5	5	100
中等家庭	55	18	12	5	10	100
富裕家庭	50	18	12	5	15	100

（1）恩格尔定律（Engel's Law）

在一个家庭或在一个国家中，食物支出在收入中所占的比例随着收入的增加而减少。食物支出的比重即恩格尔系数，从一个侧面反映了生活水平的高低。

恩格尔定律主要表述的是食品支出占总消费支出的比例随收入变化而变化的一定趋势。揭示了居民收入和食品支出之间的相关关系，用食品支出占消费总支出的比例来说明经济发展、收入增加对生活消费的影响程度。众所周知，吃是人类生存的第一需要，在收入水平较低时，其在消费支出中必然占有重要地位。随着收入的增加，在食物需求基本满足的情况下，消费的重心才会开始向穿、用等其他方面转移。因此，一个国家或家庭生活越贫困，恩格尔系数就越大；反之，生活越富裕，恩格尔系数就越小。

关于恩格尔定律的理解：

【静态】不同收入水平的家庭，其食品支出在总的消费支出中的比重不同：

收入水平越低的家庭，其食品支出比重越高，

收入水平较高的家庭，其食品支出比重较低。

【动态】在其他条件不变的情况下，随着收入水平的提高，食品支出占消费总支出的比重有逐渐下降的趋势。

或者：对于一个家庭或国家，富裕程度越高，食品支出的收入弹性越小；反之，则越大。

(2) 恩格尔系数

恩格尔系数 = 食品支出总额 ÷ 消费支出总额。

(3) 判断标准

联合国判别生活水平的标准如表 2－12 所示。

表 2－12　联合国判别生活水平的标准

恩格尔系数/%	生活水平
30 以下	最富裕
30 ~ 40	富裕
40 ~ 50	小康
50 ~ 60	勉强度日
60 以上	绝对贫困

2.5　供给、需求和弹性的实例应用

2.5.1　易腐商品的售卖

有些商品，尤其是一些食品，由于具有易腐的特点，必须在一定的时间内销售出去，否则，销售者会蒙受经济损失。那么，对于这类商品的销售者来说，应该如何定价，才能保证全部商品既能在规定的时间内卖完，又使自己获得尽可能多的收入呢？下面以夏天鲜鱼的销售为例来分析这类问题。

夏天的鲜鱼要求在当天卖掉。如果鲜鱼的销售者能够准确地知道消费者在一天内的各个价格水平上对其鲜鱼的需求数量，或者说，如果销售者能准确地了解市场一天内鲜鱼的需求曲线，那么，他就可以根据这一需求曲线以及准备出售的全部鲜鱼的数量，来决定能使其获得最大收入的最优价格。以图 2－20 来具体说明。

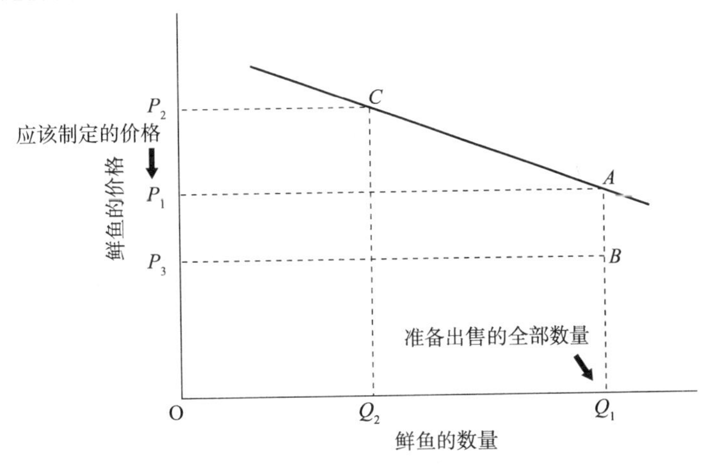

图 2－20　鲜鱼的需求曲线

图2－20表示的是某鲜鱼销售者所面临的鲜鱼的需求曲线。从图2－20中既定鲜鱼的需求曲线上可以了解一天内在每一个价格水平上的鲜鱼需求数量。假定销售者在一天内能卖掉的鲜鱼数量为 Q_1，则他应该根据需求曲线将价格定在 P_1 的水平。这样，他就能卖掉全部鲜鱼，并得到他所能得到的最大收入。

这是因为，根据鲜鱼的需求曲线，如果价格定得过低为 P_2，销售者将有 Q_2Q_1 数量的鲜鱼卖不出去。此外，由于鲜鱼的需求一般是富有弹性的，销售者还会因为定价过高导致销售量大幅度减少而使总收入减少。总收入的减少量相当于图中矩形 OP_1AQ_1 和 OP_2CQ_2 的面积之差。相反，如果价格定得过低为 P_3，销售者虽然能卖掉全部鲜鱼，但总收入却因单位价格过低而减少，减少量相当于图中矩形 P_3P_1AB 的面积。由此可见，对于准备出售的鲜鱼量 Q_1 而言，唯有 P_1 的价格水平是能给销售者带来最大收入的最优价格。

2.5.2 价格放开

为了增加那些在市场上供给数量相对缺乏的政府限价商品的生产，只要把政府的限价取消，这类商品的供给量就会增加。这适用于供给的价格弹性系数大于零的商品，如图2－21（a）所示；但不适用于供给的价格弹性系数等于零的商品，如图2－21（b）所示。

在图2－21（a）中，政府原先对某商品的限价为 P_1，在这个价格上供给量 Q_1 小于需求量 Q_2，则在市场上该商品是短缺的。政府的限价取消后，随着市场实际价格的上升，供给量会逐步地提高，需求量会逐步地减少，最后在价格 P_e 和数量 Q_e 的水平上实现供求相等的均衡状态。

在图2－21（b）中，供给曲线为一条垂直线，其供给的价格弹性系数等于零。政府原先的限价为 P_1，政府的限价取消后，实际的市场价格上涨到 P_e 的均衡水平，而供给量却没有得到任何的增加。所以，在这种情况下，要增加那些原先由政府限价生产的商品数量，除了取消政府限价外，还应该根据具体情况作出综合分析，从根本上消除制约产量增长的因素。

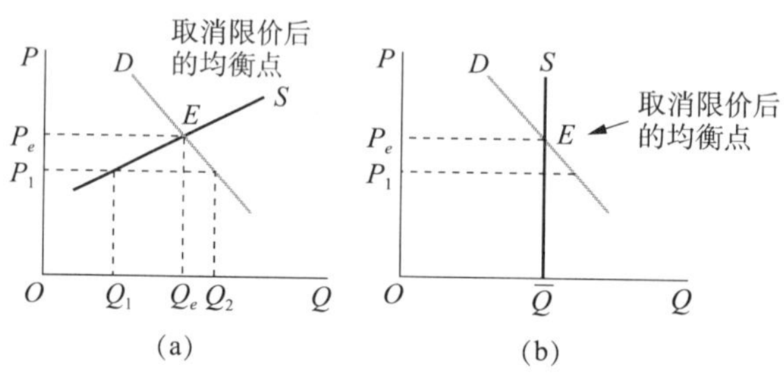

图2－21　价格放开

2.5.3 最高限价和最低限价

1. 最高限价

（1）最高限价的概念

最高限价也称为限制价格，它是政府所规定的某种产品的最高价格。最高价格总是低于市场的均衡价格。

（2）实行最高限价的目的

政府实行最高限价往往是为了抑制某些产品的价格上涨，尤其是为了对付通货膨胀，有时也为了限制某些行业特别是限制一些垄断性很强的公用事业的价格。

（3）实行最高限价的后果

最高限价的做法也会带来一些不良的影响，比如产品供不应求，进而出现消费者排队抢购、黑市交易等现象，生产者也可能粗制滥造，以降低产品质量，从而形成变相涨价。在这种情况下，政府又会建立配给制度。最高限价如图 2－22 所示。

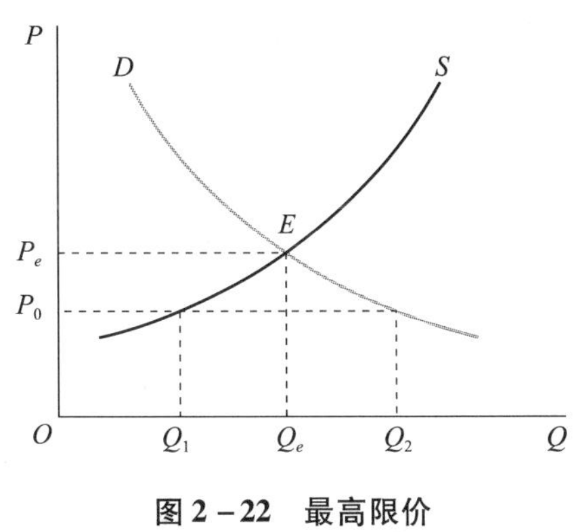

图 2－22　最高限价

2. 最低限价

（1）最低限价的概念

最低限价也叫支持价格，它是政府所规定的某种产品的最低价格。最低价格总是高于市场的均衡价格。

（2）实行最低限价的目的

政府实行最低限价通常是为了扶植某些行业的发展。

（3）实行最低限价的后果

最低限价政策会使市场上出现产品过剩的情况，这时政府通常会收购市场上过剩的产品。最低限价如图 2－23 所示。

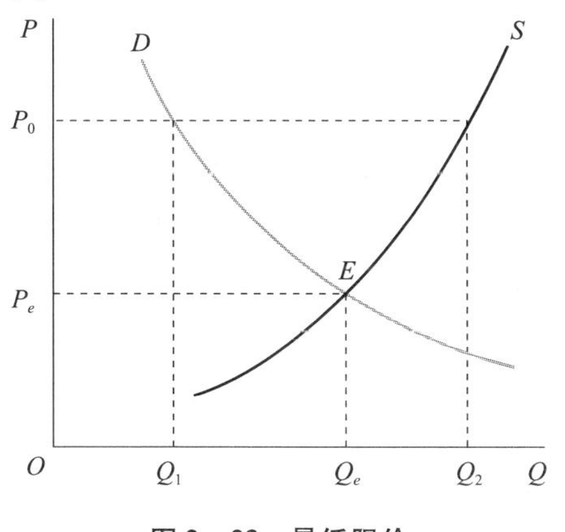

图 2－23　最低限价

2.5.4 关于农产品的支持价格——谷贱伤农的解释

1. 谷贱伤农的含义

谷贱伤农是指在丰收的年份，农民的收入反而减少的现象。

2. 造成谷贱伤农的原因

农产品属于需求缺乏弹性的商品，即农产品的需求的价格弹性系数是小于1的，农产品的丰收使农产品供给增加，进而使农产品的均衡价格下降，且农产品均衡价格的下降幅度大于农产品的均衡数量的增加幅度，最后导致农民总收入量减少。缺乏弹性的需求曲线如图2－24所示。

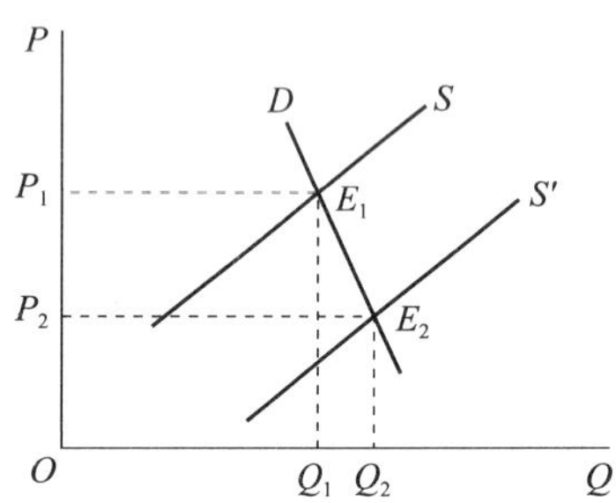

图2－24 缺乏弹性的需求曲线

在图2－24中，农产品的需求曲线D是缺乏弹性的。农产品的丰收使供给曲线由S的位置向右平移至S'的位置，在缺乏弹性的需求曲线的作用下，农产品的均衡价格由原先的P_1大幅度地下降到P_2。由于农产品均衡价格的下降幅度大于农产品均衡数量的增加幅度，最后导致农民总收入量减少。总收入的减少量相当于图中矩形$OP_1E_1Q_1$和$OP_2E_2Q_2$的面积之差。

类似地，在歉收年份，同样由于缺乏弹性的需求曲线的作用，农产品均衡数量减少的幅度将小于它所引起的均衡价格的上升幅度，最后致使农民的总收入量增加。在图2－24中，只需要先假定农产品的歉收使供给曲线由S'的位置向左平移至S的位置，随后便可以具体地说明这种与丰收年份相反的情况。

3. 解决谷贱伤农的办法

基于以上的经济事实及其经验，一些国家为了保护农场主和农民的利益，为了保护和支持农业的发展，纷纷采取支持农产品价格的一些做法，其一般做法是：在一定条件下，通过适当减少某些农产品的种植面积来减少这些农产品的供给，从而将这些农产品的价格维持在一定的水平，以保证农场主和农民的收入。

2.6 蛛网理论——动态模型的一个例子

蛛网模型将引进时间变化的因素，通过对属于不同时期的需求量、供给量和价格之间的相互作用的考察，用动态分析的方法论述诸如农产品、畜牧产品这类周期较长的产品的产量和价格在偏离均衡状态以后的实际波动过程及其结果。

1. 蛛网模型基本假设

（1）生产周期较长

（2）本期产量决定本期价格

（3）本期价格决定下期产量

2. 蛛网模型的三种情况

蛛网模型分析了商品的价格和产量波动的三种情况，取决于供求弹性的大小。

（1）收敛型蛛网

条件：相对于价格轴，供给曲线的斜率绝对值小于需求曲线斜率的绝对值，有：$\left|\frac{dQ_s}{dP}\right| < \left|\frac{dQ_d}{dP}\right|$，即供给的价格弹性小于需求的价格弹性。如图 2－25 所示。

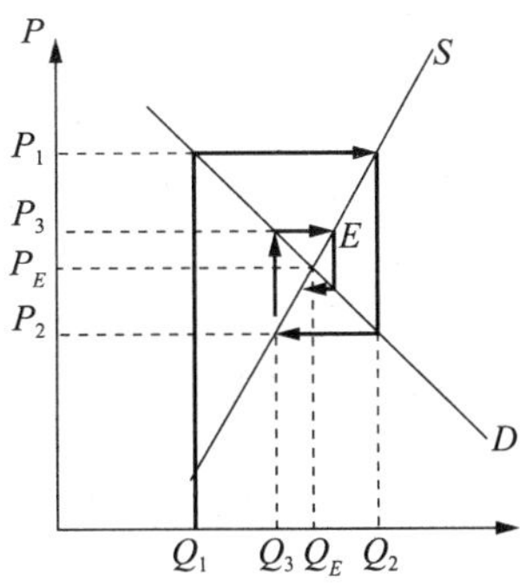

图 2－25　收敛型蛛网

当市场受到干扰而偏离原有的均衡状态后，实际价格和实际产量会围绕均衡水平上下波动，但波动幅度越来越小，之后会回复到原来的均衡状态。

（2）发散型蛛网

条件：相对于价格轴，供给曲线斜率的绝对值大于需求曲线斜率的绝对值，有：$\left|\frac{dQ_s}{dP}\right| > \left|\frac{dQ_d}{dP}\right|$，即供给的价格弹性大于需求的价格弹性。如图 2－26 所示。

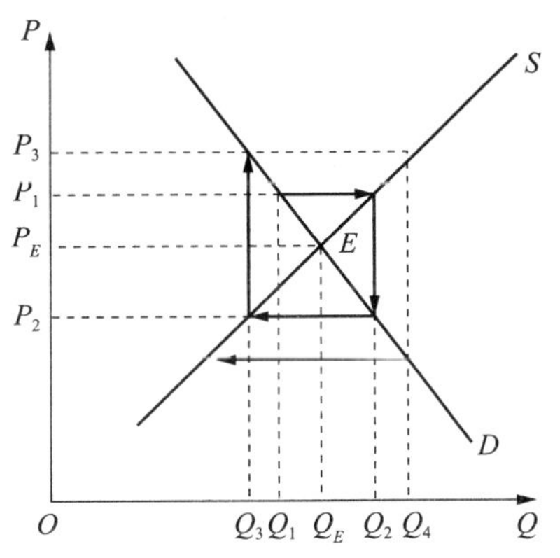

图 2－26　发散型蛛网

当市场受到外力的干扰而偏离原有的均衡状态后，实际价格和实际产量上下波动的幅度会越来越大，偏离均衡点越来越远。

（3）封闭型蛛网

条件：相对于价格轴，供给曲线斜率的绝对值等于需求曲线斜率的绝对值，有：$\left|\frac{\mathrm{d}Q_s}{\mathrm{d}P}\right| = \left|\frac{\mathrm{d}Q_d}{\mathrm{d}P}\right|$，即供给的价格弹性等于需求的价格弹性。如图 2－27 所示。

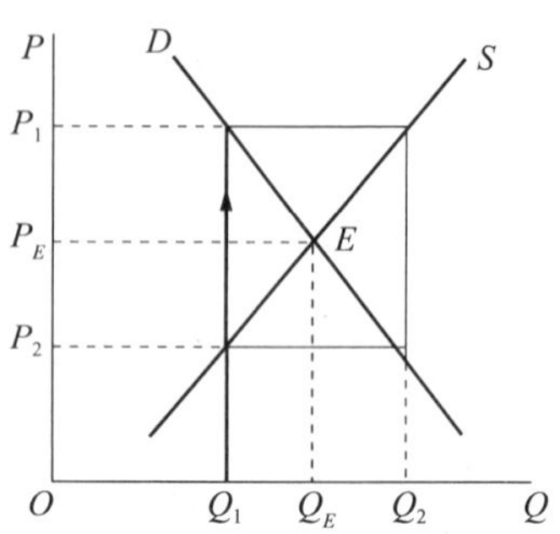

图 2－27　封闭型蛛网

当市场由于受到外力的干扰而偏离原有的均衡状态以后，实际产量和实际价格始终按同一幅度围绕均衡点上下波动，既不进一步偏离均衡点，也不逐步趋向均衡点。

根据以上蛛网模型的分析，造成商品产量和价格波动的主要原因是：生产者总是根据上一期的价格来决定下一期的产量，上一期的价格同时也就是生产者对下一期的预期价格。而事实上，生产者只能按照本期的市场价格来出售由预期价格（即上一期价格）所决定的产量。这种实际和预期价格的不吻合，造成了产量和价格的波动。但是，这种解释是不完全的。因为生产者从自己的经验中会逐步修正自己的预期价格，使预期价格接近实际价格，从而使实际产量接近市场的实际需求量。关于这一点，西方经济学家阿西马科普洛斯（A. Asimakopulos）举出了以下的事例：

在美国，1972 年由于暴风雨和恶劣的气候，土豆产量大幅度下降，从而使得土豆价格上涨。随着土豆价格的上涨，农场主便扩大土豆的种植面积，使土豆产量在 1974 年达到历史最高水平。结果，土豆供给量大幅度增加，导致土豆价格又急剧下降。以缅因州土豆为例，0.453 6 千克土豆的价格由 1974 年 5 月的 13 美分降为 1975 年 3 月的 2 美分，该价格比平均生产成本还低。这种现象显然可以用蛛网模型来解释。作为补充，阿西马科普洛斯又举了一个特殊例子来说明蛛网模型的缺陷：在普林斯·爱德华岛，当农场主们都因土豆价格下降而缩减土豆的种植面积时，唯有一个农场主没有这样做。因为这个农场主根据长期的经营经验，相信土豆价格将上升，而眼下正是增加土豆生产的时候。可见，这个农场主的预期和行为与蛛网模型所分析的情况是不吻合的。

小　结

1. 一种商品的需求是指在一定时期内在各种可能的价格下消费者愿意而且能够购买的该商品的数量。需求曲线可以是直线，也可以是曲线。当需求函数为线性函数时，相应的需求曲线是一条直线，直线上各点的斜率是相等的；当需求函数为非线性函数时，相应的需求曲线是一条曲线，曲线上各点的斜率是不相等的。

在其他条件不变的情况下，商品的需求量与价格呈反方向变动，即需求量随着商品本身价格的上升而减少，随商品本身价格的下降而增加。

2. 一种商品的供给是指生产者在一定时期内在各种可能的价格下愿意而且能够提供出售的该种商品的数量。供给曲线可以是直线，也可以是曲线。如果供给函数是线性函数，则相应的供给曲线为直线；如果供给函数是非线性函数，则相应的供给曲线就是曲线。直线型的供给曲线上的每点的斜率是相等的，曲线型的供给曲线上的每点的斜率则不相等。

在其他条件不变的情况下，商品的价格和供给量呈同方向变动的关系。

3. 除商品价格以外的其他因素的变化，都会导致需求曲线或者供给曲线的位置发生变动。它们也分别被作需求的变动和供给的变动。

4. 一种商品的均衡价格是指该种商品的市场需求量和市场供给量相等时的价格。在均衡价格水平下相等的供求数称为均衡数量。在其他条件不变的情况下，需求变动分别引起均衡价格和均衡数量的同方向的变动；供给变动分别引起均衡价格的反方向的变动和均衡数量的同方向的变动。

5. 当两个经济变量之间存在函数关系时，可以用弹性（Elasticity）表示因变量对于作为自变量变化的反应程度。或者说，是因变量变动的百分比和自变量变动的百分比之比。任何弹性都可以表示为弧弹性或者点弹性。

需求的价格弹性用来表示在一定时期内一种商品的需求量变动对于该商品的价格变动的反应程度。需求的交叉价格弹性（Cross-price Elasticity of Demand）也简称为需求交叉弹性，它表示在一定时期内一种商品的需求量的变动对于它的相关商品的价格的变动的反应程度。需求的收入弹性（Income Elasticity of Demand）表示消费者在一定时期内对某种商品的需求数量的变动对于消费者收入量的变动的反应程度。供给的价格弹性表示在一定时期内一种商品的供给量的变动对于该商品的价格的变动的反应程度。

6. 一般地，弹性系数按大小可以归纳为五类，它们是富有弹性、缺乏弹性、单一弹性、完全弹性与完全无弹性。

7. 就需求的价格弹性而言，在需求弹性大时，厂商宜采用薄利多销的方式来增加销售收入；当需求弹性小时，则可考虑以提高价格的方式来达到增加销售收入的目的。

8. 若两种商品之间存在着替代关系，则一种商品的价格与它的替代品的需求量之间呈同方向变动，相应的需求的交叉价格弹性系数为正值。若两种商品之间存在着互补关系，则一种商品的价格与它的互补品的需求量之间呈反方向变动，相应的需求的交叉价格弹性系数为负值。若两种商品之间不存在相关关系，则意味着其中任何一种商品的需求量都不会对另一种商品的价格变动作出反应，相应的需求的交叉价格弹性系数为零。

9. 正常品是指消费者对该商品的需求量与收入成同方向变化的商品，其需求的收入弹性大于零；劣等品是指消费者对该商品的需求量与收入成反方向变化的商品，其需求的收入弹性小于零。在正常品中，必需品的需求的收入弹性小于1，而奢侈品的需求的收入弹性大于1。

10. 恩格尔定律主要表述的是食品支出占总消费支出的比例随收入变化而变化的一定趋

势。它揭示了居民收入和食品支出之间的相关关系，用食品支出占消费总支出的比例来说明经济发展、收入增加对生活消费的影响程度。因此，一个国家或家庭生活越贫困，恩格尔系数就越大；反之，生活越富裕，恩格尔系数就越小。

思考题

一、判断题

1. 如果需求量增加，需求一定增加。(　　)

2. 假定其他条件不变，某种商品价格的变化将会导致它的供给量变化，但不会引起供给的变化。(　　)

3. 在商品过剩的条件下，卖者之间的竞争会压低价格；在商品短缺的条件下，买者之间的竞争会抬高价格。(　　)

4. 如果只知道需求增加或供给减少，但不知道它们变化的数量，那么均衡价格的变化方向无法确定。(　　)

5. 如果只知道需求和供给同时增加，但不知道它们变化的数量，那么均衡交易数量一定增加。(　　)

6. 假定其他条件不变，某种商品价格下降将引起需求的增加和供给的减少。(　　)

7. 假如某商品的价格从 5 美元上升到 5.10 美元，买者就会完全停止购买这种商品，表明需求缺乏弹性。(　　)

8. 卖者提高价格肯定能增加总收益。(　　)

9. 卖者降低价格可能会减少总收益。(　　)

10. 农产品的需求量一般来说缺乏价格弹性，这意味着当农产品价格上升时，农场主的总收益将增加。(　　)

11. 如果供给的价格弹性等于零，当价格上升的时候，卖者的总收益不会增加。(　　)

二、选择题

1. 需求量与价格之所以反方向变化，是因为（　　）。

A. 替代效应　　B. 收入效应　　C. 替代效应和收入效应同时发生作用

2. 已知当某种商品的均衡价格是 1 美元的时候，均衡交易量是 1 000 单位。现假定买者收入的增加使这种商品的需求增加了 400 单位，那么在新的均衡价格水平上，买者的购买量是（　　）。

A. 1 000 单位　　B. 多于 1 000 单位少于 1 400 单位　　C. 1 400 单位

3. 假如生产某种商品所需要的原料价格上升了，这种商品的（　　）。

A. 需求曲线将向左方移动　　B. 供给曲线将向左方移动

C. 供给曲线将向右方移动　　D. 需求曲线将向右方移动

4. 如果政府对卖者出售的商品每单位征收 5 美分，那么这种做法将使这种商品的价格上升（　　）。

A. 5 美分　　B. 少于 5 美分　　C. 大于 5 美分

5. 政府为了支持农业，对农产品规定高于均衡价格的支持价格。政府要维持支持价格，

应采取下面哪项相应措施？（　　）

A. 增加对农产品的税收　　B. 实行农产品的配给制

C. 收购过剩的农产品

6. 政府把价格限制在均衡价格以下，可能导致（　　）。

A. 黑市交易　　B. 大量积压

C. 购买者买到了希望购买的商品

7. 在需求和供给同时增加的情况下，（　　）。

A. 均衡价格和均衡交易量都将上升　　B. 均衡价格的变化无法确定

C. 均衡价格和均衡交易量都将下降

8. 均衡价格随着（　　）。

A. 需求和供给的增加而上升　　B. 需求的减少和供给的增加而上升

C. 需求的增加和供给的减少而上升

9. 当汽油价格急剧上涨时，汽车的需求量将（　　）。

A. 减少　　B. 保持不变　　C. 增加

10. 当咖啡价格急剧上涨时，茶叶的需求量将（　　）。

A. 减少　　B. 保持不变　　C. 增加

11. 病人对药品的需求价格弹性（　　）。

A. 大于1　　B. 等于1　　C. 小于1

12. 假如某种商品的价格从3美元降到2美元，需求量将从9单位增加到11单位，卖者的总收益将（　　）。

A. 减少　　B. 保持不变　　C. 增加

13. 某种商品的需求富有价格弹性，这意味着价格如有一定程度的下降，将使（　　）。

A. 买者需求量减少　　B. 卖者总收益减少　　C. 买者总收益支出增加

14. 如果某种商品的价格下降10%能使买者总支出增加1%，这种商品的需求量对价格（　　）。

A. 富有弹性　　B. 具有单位弹性　　C. 缺乏弹性

15. 政府为了增加财政收入，决定按销售量向卖者征税，假如政府希望税收负担全部落在买者身上，并尽可能不影响交易量，那么应该具备下面哪种条件？（　　）

A. 需求和供给的价格弹性均大于零小于无穷

B. 需求的价格弹性大于零小于无穷，供给的价格弹性等于零

C. 需求的价格弹性等于零，供给的价格弹性大于零小于无穷

三、名词解释

1. 均衡价格；

2. 供求定理；

3. 最高限价；

4. 最低限价；

5. 需求的价格弹性；

6. 恩格尔定律。

四、计算题

1. 已知某一时期内某商品的需求函数为 $Q^d=50-5P$，供给函数为 $Q^s=-10+5P$。

（1）求均衡价格 P_e 和均衡数量 Q_e，并作出几何图形。

（2）假定供给函数不变，由于消费者收入水平提高，使需求函数变为 $Q^d=60-5P$。求出相应的均衡价格 P_e 和均衡数量 Q_e，并作出几何图形。

（3）假定需求函数不变，由于生产技术水平提高，使供给函数变为 $Q^s=-5+5P$。求出相应的均衡价格 P_e 和均衡数量 Q_e，并作出几何图形。

（4）利用（1）、（2）和（3），说明静态分析和比较静态分析的联系和区别。

（5）利用（1）、（2）和（3），说明需求变动和供给变动对均衡价格和均衡数量的影响。

2. 图 2－28 中有三条线性的需求曲线 AB、AC 和 AD。

（1）比较 a、b、c 三点的需求的价格点弹性的大小。

（2）比较 a、e、f 三点的需求的价格点弹性的大小。

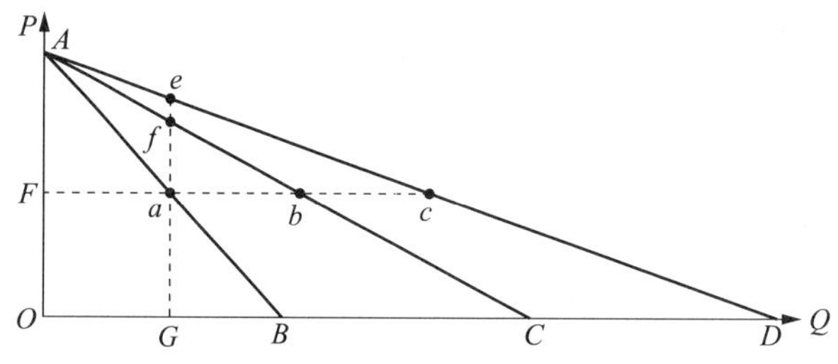

图 2－28　三条线性需求曲线

3. 假定表 2－13 是需求函数 $Q^d=500-100P$ 在一定价格范围内的需求表。

表 2－13　某商品的需求表　　元

价格	1	2	3	4	5
需求量	400	300	200	100	0

（1）求出价格 2 元和 4 元之间的需求的价格弧弹性。

（2）根据给出的需求函数，求 $P=2$ 元时的需求的价格点弹性。

（3）根据该需求函数或需求表作出几何图形，利用几何方法求出 $P=2$ 元时的需求的价格点弹性。它与（2）的结果相同吗？

4. 假定某消费者关于某种商品的消费数量 Q 与收入 M 之间的函数关系为 $M=100Q^2$。

求：当收入 $M=6\,400$ 时的需求的收入点弹性。

5. 假定某消费者的需求的价格弹性 $e_d=1.3$，需求的收入弹性 $e_M=2.2$。

求：

（1）在其他条件不变的情况下，商品价格下降 2% 对需求数量的影响。

（2）在其他条件不变的情况下，消费者收入提高 5% 对需求数量的影响。

五、论述题

运用供求曲线和弹性理论，分析“谷贱伤农”事件。依此分析，你认为政府应对农业实施怎样的保护政策？

第3章

效用论

上一章介绍了需求曲线的特征，即需求曲线向右下方倾斜，但在上一章并没有说明需求曲线向右下方倾斜的原因。本章通过效用论对消费者行为进行分析，来揭示需求曲线形成的原因。

3.1 效用论概述

有关消费者行为最基本的假设，是消费者追求效用的最大化（或追求最大的满足）。因此，要研究消费者行为理论，就必须研究效用理论。在此，主要讨论效用理论的两个分支——基数效用论和序数效用论。

3.1.1 效用的概论

效用是指消费者在消费某种商品或劳务时所得到的满足程度。一种商品对消费者是否有效用，取决于消费者是否有消费这种商品的欲望和这种商品是否有满足消费者欲望的能力。效用这一概念是与人的欲望联系在一起的，它是消费者对商品满足自己欲望能力的一种主观心理评价。由于效用是一种纯粹的主观感受，无法用统一的客观标准去衡量。因此，一种商品效用的大小会因人、因时、因地而异。

3.1.2 效用分析的两种理论——基数效用论和序数效用论

效用是用来表示消费者在消费商品时所感受到的满足程度的，如何度量消费者消费商品时所得到的满足程度，西方经济学家先后提出了基数效用论和序数效用论两个概念，并在此基础上形成了分析消费者行为的两种方法，即基数效用论的边际效用分析法和序数效用论的无差异曲线分析法。

1. 基数效用论

基数效用论是早期研究消费者行为的一种理论。基数效用论者认为，效用如同长度、重量等概念一样，可以具体衡量并加总求和，具体的效用量之间的比较是有意义的。效用的大小可以用基数（1、2、3、…）来表示，计量效用大小的单位称作效用单位。例如，对某一个人来说，吃一盘土豆和一份牛排的效用分别为 5 效用单位和 10 效用单位，则可以说这两种消费的效用之和为 15 效用单位，且后者的效用是前者的效用的 2 倍。根据这种理论，可以用具体的数字来研究消费者的消费行为。

2. 序数效用论

序数效用论是为了弥补基数效用论的缺点而提出来的另一种研究消费者行为的理论。序数效用论者认为，效用的大小是无法用数字具体衡量的，效用之间的比较只能通过顺序或等级即用序数（第一、第二、第三……）来表示。仍就上面的例子来说，消费者要回答的是偏好哪一种消费，即哪一种消费的效用是第一，哪一种是第二。或者说，要回答的是宁愿吃一盘土豆，还是吃一份牛排。序数效用论者还认为，就分析消费者行为来说，以序数来度量效用的假定比以基数来度量效用的假定所受到的限制要少，它可以减少一些被认为是值得怀疑的心理假设。

基数效用论和序数效用论的分析思路与方法均不同，但二者的分析对消费者的消费行为的结论是完全相同的。在现代微观经济学里，通常使用的是序数效用的概念。本章的重点是介绍序数效用论者如何运用无差异曲线的分析方法来研究消费者行为。至于基数效用论者的边际效用分析，本节仅作简单介绍。

3.1.3 基数效用论和边际效用分析法

基数效用论者除了提出效用可用具体数值衡量之外，还提出了边际效用递减规律的假设。边际效用递减规律贯穿于基数效用论，是基数效用论者分析消费者行为，并进一步推导消费者需求曲线的基础。

1. 边际效用递减规律

（1）边际量

在西方经济学中，边际分析方法是最基本的分析方法之一，“边际”概念是经济学中很重要的一个概念。边际量的一般含义是表示一单位自变量的变化量所引起因变量的变化量。抽象的边际量的公式可定义为：

$$边际量=\frac{因变量的变化量}{自变量的变化量}$$

（2）总效用（TU）

总效用是指消费者在一定时间内从一定数量的商品消费中所得到的效用量的总和。TU 的大小取决于所消费商品数量的多少，所以它是所消费商品量的函数。TU 也可以由连续消费的每一单位消费品中所获得的边际效用加总得到。假定消费者对一种商品的消费数量为 Q，则总效用函数为：

$$TU=f(Q) \tag{3.1}$$

（3）边际效用（MU）

边际效用是指消费者在一定时间内增加一单位商品的消费所得到的效用量的增量。相应的边际效用函数为：

$$MU = \frac{\Delta TU(Q)}{\Delta Q} \tag{3.2}$$

当商品的增加量趋于无穷小，即 $\Delta Q \to 0$ 时有：

$$MU = \lim_{\Delta Q \to 0} \frac{\Delta TU(Q)}{\Delta Q} = \frac{dTU(Q)}{dQ} \tag{3.3}$$

（4）总效用与边际效用的关系

下面用表3－1说明边际效用递减规律，以及总效用和边际效用之间的关系。

表3－1 某商品的效用表（货币的边际效用 $\lambda=2$）

商品数量（1）	总效用（2）	边际效用（3）	价格（4）
0	0		
1	10	10	5
2	18	8	4
3	24	6	3
4	28	4	2
5	30	2	1
6	30	0	0
7	28	－2	

从表3－1可见，当商品消费数量从0增加到1时，总效用由0增加到10效用单位，总效用的增量即边际效用为10效用单位。当商品消费量从1增加到2时，总效用由10增加到18效用单位，总效用的增量即边际效用下降为8效用单位。由此类推，当商品消费量为6时，总效用达到最大值30效用单位，此时边际效用递减为0。当商品消费量再增加为7时，边际效用会进一步递减为负值，即－2效用单位，总效用下降为28效用单位。

根据表3－1所绘制的总效用和边际效用曲线如图3－1所示。

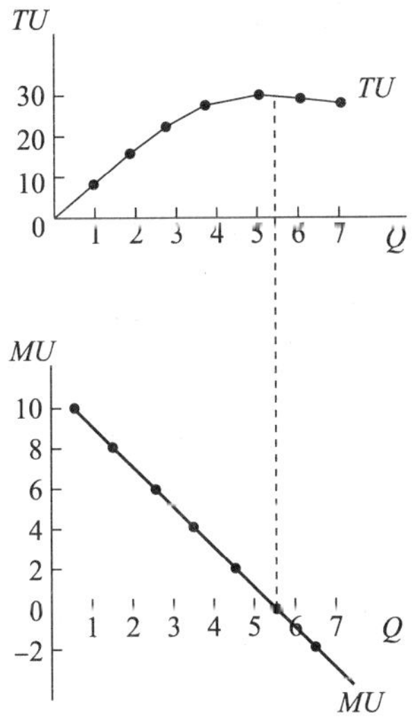

图3－1 某商品的效用曲线

图3－1中的横轴表示商品的数量，纵轴表示效用量，*TU* 曲线和 *MU* 曲线分别为总效用曲线和边际效用曲线。由于边际效用被定义为消费品的单位变化量所带来的总效用的变化

量，又由于图 3－1 中的商品消费量是离散的，所以，MU 曲线上的每一个值都记在相应的两个消费数量的中点上。

在图 3－1 中，MU 曲线是向右下方倾斜的，TU 曲线是先上升后下降的。当 $MU>0$ 时，TU 上升；当 $MU=0$ 时，TU 达极大值；当 $MU<0$ 时，TU 下降。从数学意义上讲，如果效用曲线是连续的，则每一消费量上的边际效用值就是总效用曲线上相应的点的斜率。这一点也体现在边际效用的定义公式（3.3）式中。

（5）边际效用递减规律

从表 3－1 可以看出，随着商品消费数量的增加，总效用在一定范围内会增加，但边际效用却一直是递减的，这种现象称为边际效用递减规律。边际效用递减规律是指在一定时间内，在其他商品的消费数量保持不变的条件下，随着消费者对某种商品消费数量的增加，消费者从该商品连续增加的每一消费单位中所得到的效用增量即边际效用是递减的。

边际效用可以是正值，也可以是负值。负值意味着消费者对于某种物品的消费超过一定量以后，不仅不能从消费商品中获得满足，反而会引起损害和厌恶。

例如，当一个人饥饿时，吃第一块面包给他带来的效用最大，随着这个人所吃面包数量的连续增加，虽然总效用不断增加，但每块面包给他带来的效用增量即边际效用却是递减的。当他完全吃饱时，面包的总效用达到最大，边际效用降为零。如果他继续吃面包，就会感觉不舒服，这意味着面包的边际效用下降为负值，总效用也开始下降。可以进一步用表 3－1 来说明。这个人吃第一块面包时，他对第一块面包的效用评价为 10，即第一块面包给他带来的边际效用为 10。当他吃第二块面包时，他对第二块面包的效用评价下降为 8，即第二块面包给他带来的边际效用为 8，这时他吃两块面包的总效用为 18。类似地，当他吃第三块面包时，他对第三块面包的效用评价下降为 6，即第三块面包给他带来的边际效用为 6，而此时他吃三块面包的总效用为 24。依次类推，直到他吃第六块面包时，边际效用递减为零，总效用达到最大值 30，当他吃到第 7 块面包时，边际效用会进一步递减为 －2，总效用下降为 28。

边际效用递减的原因如下：

①生理或心理的原因。随着相同消费品的连续增加，从人的生理和心理的角度讲，从每一单位消费品中所感受到的满足程度和对重复刺激的反应程度是递减的。

②是由“经济合理性”原则决定的。该原则的含义是：消费者进行购买的唯一目的是从所利用的货币资源中获得最大可能的满足。按照此原则，消费者总是将第一单位的消费品用在最重要的用途上，第二单位的消费品用在次要的用途上，等等。这样，消费品的边际效用便随着消费品的用途重要性的递减而递减。

2. 关于货币的边际效用

基数效用论者认为，货币如同商品一样，也具有效用。消费者用货币购买商品，就是用货币的效用去交换商品的效用。商品的边际效用递减规律对于货币也同样适用。对于一个消费者来说，随着货币收入量的不断增加，货币的边际效用是递减的。这就是说，消费者货币收入的逐步增加，给该消费者所带来的边际效用是越来越小的。

但是，在分析消费者行为时，基数效用论者又通常假定货币的边际效用是不变的。据基数效用论者的解释，在一般情况下，单位商品的价格只占消费者总货币收入量中很小的一部分，所以，当消费者对某种商品的购买量发生很小的变化时，所支出的货币的边际效用的变化是非常小的。这种微小的货币的边际效用的变化，可以略去不计。这样，货币的边际效用便是一个不变的常数。

3. 消费者均衡

消费者均衡是研究某个消费者如何把有限的货币收入分配在各种商品的购买中以获得最大的效用。也可以说，它是研究单个消费者在既定收入下实现效用最大化的均衡条件。因为作为消费者，总是希望花费一定量货币能获得最大效用。可以说，效用最大化原则是支配消费者购买行为的基本法则。这里的均衡是指消费者实现最大效用时既不想再增加，也不想再减少任何商品购买数量的一种相对静止的状态。

在基数效用论者看来，消费者实现均衡（效用最大化）的条件是：如果消费者的货币收入水平是固定的，市场上各种商品的价格是已知的，那么，消费者应使自己花费在各种商品购买上的最后一元钱所带来的边际效用相等。或者说，消费者应该使自己所购买的各种商品的边际效用与价格之比相等。

假定：消费者用既定的收入 I 购买 n 种商品，P_1，P_2，…，P_n 分别为 n 种商品的既定的价格，λ 为不变的货币的边际效用。以 X_1，X_2，…，X_n 分别为 n 种商品的既定的数量，MU_1，MU_2，…，MU_n 分别为 n 种商品的既定的边际效用，则上述消费者效用最大化的均衡条件可以用公式表示为：

$$P_1X_1 + P_2X_2 + \cdots + P_nX_n = I \tag{3.4}$$

$$\frac{MU_1}{P_1} = \frac{MU_2}{P_2} = \cdots = \frac{MU_n}{P_n} = \lambda \tag{3.5}$$

其中，(3.4）式是限制条件；(3.5）式是在限制条件下消费者实现效用最大化的均衡条件。(3.5）式表示消费者应选择最优的商品组合，使自己花费在各种商品上的最后一元钱所带来的边际效用相等，且等于货币的边际效用。

为便于叙述，下面以消费者购买两种商品为例，具体说明消费者效用最大化的均衡条件。

与（3.4）式和（3.5）式相对应，在购买两种商品情况下的消费者效用最大化的均衡条件为：

$$P_1X_1 + P_2X_2 = I \tag{3.6}$$

$$\frac{MU_1}{P_1} = \frac{MU_2}{P_2} = \lambda \tag{3.7}$$

为什么说只有当消费者满足了式（3.7）的均衡条件时，消费者才能得到最大的效用呢?

（1）从$\frac{MU_1}{P_1} = \frac{MU_2}{P_2}$的关系分析

当$\frac{MU_1}{P_1} < \frac{MU_2}{P_2}$时，说明对于消费者来说，用同样的一元钱购买商品 1 所得到的边际效用小于购买商品 2 所得到的边际效用。这样，理性的消费者就会调整这两种商品的购买数量，减少对商品 1 的购买量，增加对商品 2 的购买量。在这样的调整过程中，一方面，在消费者

用减少对 1 元钱的商品 1 的购买来相应地增加对 1 元钱的商品 2 的购买时，由此带来的商品 1 的边际效用的减少量是小于商品 2 的边际效用的增加量的，这意味着消费者的总效用是增加的。另一方面，在边际效用递减规律的作用下，商品 1 的边际效用会随其购买量的不断减少而递增，商品 2 的边际效用会随其购买量的不断增加而递减。当消费者一旦将其购买组合调整到同样用一元钱购买这两种商品所得到的边际效用相等时，即达到$\frac{MU_1}{P_1}=\frac{MU_2}{P_2}$时，他便得到了由减少对商品 1 购买和增加对商品 2 购买所带来的总效用增加的全部好处，即消费者此时获得了最大的效用。

相反，当$\frac{MU_1}{P_1}>\frac{MU_2}{P_2}$时，说明对于消费者来说，用同样的一元钱购买商品 1 所得到的边际效用大于购买商品 2 所得到的边际效用。同理，理性的消费者会进行与前面相反的调整过程，即增加对商品 1 的购买量，减少对商品 2 的购买量，直至$\frac{MU_1}{P_1}=\frac{MU_2}{P_2}$，从而获得最大的效用。

（2）从$\frac{MU_i}{P_i}=\lambda$，$i=1$，2 的关系分析

当$\frac{MU_i}{P_i}<\lambda$，$i=1$，2 时，说明消费者用一元钱购买第 i 种商品所得到的边际效用小于所付出的这一元钱的边际效用。也可以理解为，消费者此时购买的第 i 种商品的数量过多，事实上，消费者总可以把这一元钱用在至少能产生相等的边际效用的其他商品的购买上。这样，理性的消费者就会减少对第 i 种商品的购买，在边际效用递减规律的作用下，直至$\frac{MU_i}{P_i}=\lambda$，$i=1$，2的条件实现为止。

相反，当$\frac{MU_i}{P_i}>\lambda$，$i=1$，2 时，说明消费者用一元钱购买第 i 种商品所得到的边际效用大于所付出的这一元钱的边际效用。也可以理解为，消费者此时购买的第 i 种商品的消费量是不足的，消费者应该继续购买第 i 种商品，以获得更多的效用。这样，理性的消费者就会增加对第 i 种商品的购买。同样，在边际效用递减规律的作用下，直至$\frac{MU_i}{P_i}=\lambda$，$i=1$，2 的条件实现为止。

4. 需求曲线的推导

基数效用论者以边际效用递减规律和效用最大化均衡条件为基础推导需求曲线。

因为商品的需求价格是指消费者在一定时期内对一定数量的某种商品所愿意支付的价格，它取决于商品的边际效用（MU 越高，愿意支付的价格越高）。而由于商品的 MU 具有递减规律，所以，随着商品消费量的增加，在货币的边际效用不变的条件下，商品的需求价格是下降的，即 Q_d 与 P 反方向变动。

可从 $MU/P=\lambda$ 进一步说明，对于任何一件商品来说，随着需求量的不断增加，MU 是递减的，为了保证 MU/P 恒等于 λ（λ 是个不变的值），商品的需求价格应同比例于 MU 的递减而递减。因此可以得出向右下方倾斜的需求曲线。

5. 消费者剩余

在消费者购买商品时，一方面，消费者对每一单位商品所愿意支付的价格取决于这一单位商品的边际效用。由于商品的边际效用是递减的，所以，消费者对某种商品所愿意支付的价格是逐步下降的。但是，另一方面，需要区分的是，消费者对每一单位商品所愿意支付的价格并不等于该商品在市场上的实际价格。事实上，消费者在购买商品时是按照实际的市场价格支付的。于是，在消费者愿意支付的价格和实际的市场价格之间就产生了一个差额，这个差额便构成了消费者剩余的基础。例如，某种汉堡包的市场价格为3元，某消费者在购买第一个汉堡包时，根据这个汉堡包的边际效用，他认为值得付5元去购买这个汉堡包，即他愿意支付的价格为5元。于是，当这个消费者以市场价格3元购买这个汉堡包时，就创造了2元的剩余。在以后的购买过程中，随着汉堡包的边际效用递减，他为购买第二个、第三个、第四个汉堡包所愿意支付的价格分别递减为4.5元、4元和3.5元。这样，他为购买4个汉堡包所愿意支付的总价格为5+4.5+4+3.5=17（元）。但他实际按市场价格支付的总价格=3×4=12（元）。两者的差额=17－12=5（元）。这个差额就是消费者剩余。所以，消费者剩余是指消费者愿意对某商品支付的价格与实际支付的价格之间的差额，或者说，是消费者消费某种一定量商品所获得的总效用与为此花费的货币的总效用的差额。

消费者剩余可以用几何图形来表示。简单地说，消费者剩余可以用消费者需求曲线以下、市场价格线以上的面积来表示，如图3－2中的阴影部分面积所示。具体地看，在图3－2中，需求曲线以反需求函数的形式 $P^d=f(Q)$ 给出，它表示消费者对每一单位商品所愿意支付的价格。假定该商品的市场价格为 P_0，消费者的购买量为 Q_0。那么，根据消费者剩余的定义可以推断，在产量0到 Q_0 区间需求曲线以下的面积表示消费者为购买 Q_0 数量的商品所愿意支付的总价格，即相当于图3－2中的面积 $OABQ_0$；而实际支付的总价格等于市场价格 P_0 乘以购买量 Q_0，即相当于图3－2中的矩形面积 OP_0BQ_0。这两块面积的差额即图3－2中的阴影部分面积，就是消费者剩余。

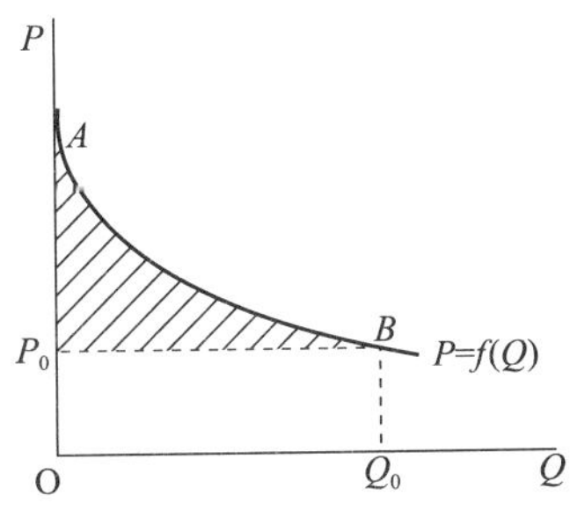

图3－2 消费者剩余

消费者剩余也可以用数学公式来表示。令反需求函数 $P^d=f(Q)$，价格为 P_0 时的消费者的需求量为 Q_0，则消费者剩余为：

$$CS=\int_0^{Q_0} f(Q)\mathrm{d}Q-P_0Q_0 \tag{3.8}$$

式中，CS 为消费者剩余的英文简写，式子右边的第一项即积分项，表示消费者愿意支付的总价格，第二项表示消费者实际支付的总价格。

以上，我们利用单个消费者的需求曲线得到了单个消费者剩余，这一分析可以扩展到整个市场。类似地，我们可以由市场的需求曲线得到整个市场的消费者剩余，市场的消费者剩余可以用市场需求曲线以下、市场价格线以上的面积来表示。

最后需要指出，消费者剩余是消费者的主观心理评价，它反映消费者通过购买和消费商品所感受到的状态的改善。因此，消费者剩余通常用来度量和分析社会福利问题。

3.2　无差异曲线

序数效用论者用无差异曲线来分析消费者行为，并在此基础上推导出消费者的需求曲线。

3.2.1　消费者偏好

1. 消费者偏好的含义

序数效用论者认为，效用只能根据偏好的程度排列出顺序。为此，序数效用论者提出了消费者偏好的概念。所谓偏好，就是消费者根据自己的意愿，对可能消费的商品组合进行的排列。序数效用论者认为，对于各种不同的商品组合，消费者的偏好程度是有差别的，这种差别反映了消费者对这些不同的商品组合的效用水平的评价。具体地讲，给定 A、B 两个商品组合，如果某消费者对 A 商品组合的偏好程度大于对 B 商品组合的偏好程度，那也就是说，这个消费者认为 A 组合的效用水平大于 B 组合的效用水平，或者说，A 组合给该消费者带来的满足程度大于 B 组合。

2. 消费者偏好的假定

（1）消费选择具有明确性、唯一性

消费者在选择商品时，总是可以明确比较和排列所给出的不同商品组合。换言之，对于任何两个商品组合 A 和 B，消费者总是可以作出，而且也仅仅只能作出以下三种判断中的一种：对 A 的偏好大于对 B 的偏好；对 A 的偏好小于对 B 的偏好；对 A 和 B 的偏好相同（即 A 和 B 是无差异的）；而且消费者对于偏好的表达方式是完备的，消费者总是可以把自己的偏好评价准确地表达出来。

（2）消费者偏好的可传递性

可传递性指对于任何三个商品组合 A、B 和 C 而言，如果消费者对 A 的偏好大于 B，对 B 的偏好大于 C，那么，在 A、C 这两个组合中，消费者必定对 A 的偏好大于 C。偏好的可传递性假定保证了消费者的偏好是一致的，因而也是理性的。

（3）消费者偏好的非饱和性

消费者总是偏好于商品数量较多的商品组合，因为消费者对每一种商品的消费都没有达到饱和点，或者说，对于任何一种商品，消费者总是认为多比少好。消费量增多，效用水平就提高。此外，这个假定还意味着，消费者认为值得拥有的商品都是“好的东西”，而不是“坏的东西”。在这里，“坏的东西”指如空气污染、噪声等。在以后的分析中，不涉及“坏的东西”。

3.2.2 无差异曲线

无差异曲线是序数效用论者分析消费者行为，并用以解释需求曲线成因的主要工具。在此，为了简化分析，假定消费者只消费两种商品。

1. 无差异曲线的概念及图形（Indifference Curve）

无差异曲线是用来表示消费者偏好相同的两种商品的所有组合点。或者说，它是表示能给消费者带来相同的效用水平或满足程度的两种商品的所有组合点的轨迹。与无差异曲线相对应的效用函数为：

$$U=f(X_1,\ X_2)\ =U_0 \tag{3.9}$$

式中 X_1，X_2 分别为商品 1 和商品 2 的数量；U_0 是常数，表示某个效用水平。

其含义是消费不同的 X_1、X_2 给消费者带来相同的效用，即对消费者效用无差异。这些使消费者效用无差异点的轨迹就是无差异曲线。由于无差异曲线表示的是序数效用，所以，这里的 U_0 只表示某个效用水平，而不表示一个具体的数值。

下面用表 3－2 和图 3－3 具体说明无差异曲线。

表 3－2 是某消费者关于商品 1 和商品 2 的无差异表列，表中列出了关于这两种商品各种不同的组合。表 3－2 有三个子表，每一个子表中都包含六种商品组合，且假定每一个子表中六种商品组合的效用水平是相等的。而且，消费者对这六个组合的偏好程度是无差异的。同样，消费者对表 3－2（b）中的所有六个商品组合的偏好程度也都是相同的，对表 3－2（c）中六个商品组合给消费者带来的满足程度也都是相同的。

表 3－2　某消费者的无差异表

商品组合	表 a		表 b		表 c	
	X_1	X_2	X_1	X_2	X_1	X_2
A	20	130	30	120	50	120
B	30	60	40	80	55	90
C	40	45	50	63	60	83
D	50	35	60	50	70	70
E	60	30	70	44	80	60
F	70	27	80	40	90	54

但需要注意的是，表 3－2（a）、表 3－2（b）和表 3－2（c）三者各自所代表的效用水平的大小是不一样的。只要对表 3－2 中的商品组合进行仔细观察和分析就可以发现，根据偏好的非饱和性假设，或者说，根据商品数量“多比少好”的原则，可以得出结论：表 3－2（a）所代表的效用水平低于表 3－2（b），表 3－2（b）又低于表 3－2（c）。

根据表 3－2 绘制的无差异曲线如图 3－3 所示。图 3－3 中的横轴和纵轴分别表示商品 X_1 和商品 X_2 的数量，曲线 U_1、U_2、U_3 顺次代表与表 3－2（a）、表 3－2（b）和表 3－2（c）相对应的三条无差异曲线。

实际上，可以假定消费者的偏好程度可以无限多，也就是说，我们可以有无穷个无差异子表，从而得到无数条无差异曲线。表 3 －2 和图 3 －3 只不过是一种分析的简化而已。

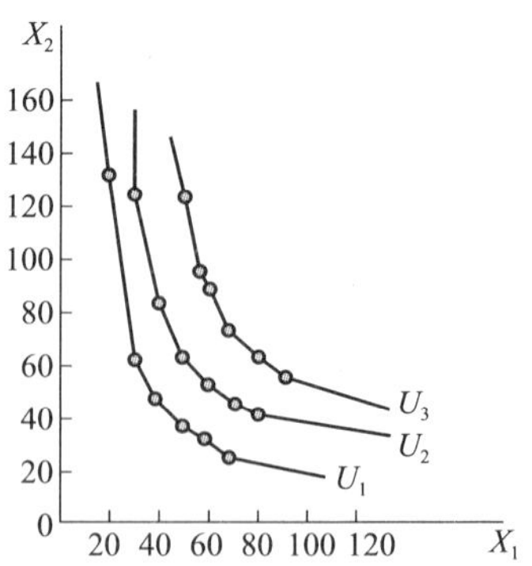

图 3 －3　某消费者的无差异曲线

2. 无差异曲线的特点

无差异曲线的特点如下：

（1）离原点越远的无差异曲线代表的效用水平越高

由于通常假定效用函数是连续函数，即在同一坐标平面上的任何两条无差异曲线之间，存在着无数条无差异曲线。可以这样想象：我们可以画出无数条无差异曲线，以至覆盖整个平面坐标图。根据消费者偏好的非饱和性假设，所有这些无差异曲线之间的相互关系是：离原点越远的无差异曲线，代表的效用水平越高；离原点越近的无差异曲线，代表的效用水平越低。

（2）在同一坐标平面上的任何两条无差异曲线不会相交

这一点可以用图 3 －4 来说明。其理由在于：不同的无差异曲线代表的是不同的效用水平，而且根据无差异曲线的定义，由无差异曲线 U_1 可得 a、b 两点的效用水平是相等的，由无差异曲线 U_2 可得 a、c 两点的效用水平是相等的。于是，根据偏好可传递性的假定，必定 b 和 c 这两点的效用水平是相等的。但是，观察和比较图 3 －4 中 b 和 c 这两点的商品组合，可以发现 c 组合中的每一种商品的数量都多于 b 组合，于是，根据偏好的非饱和性假定，必定 c 点的效用水平大于 b 点的效用水平。这样一来，就违背了偏好的假定。由此证明：对于任何一个消费者来说，两条无差异曲线不能相交。

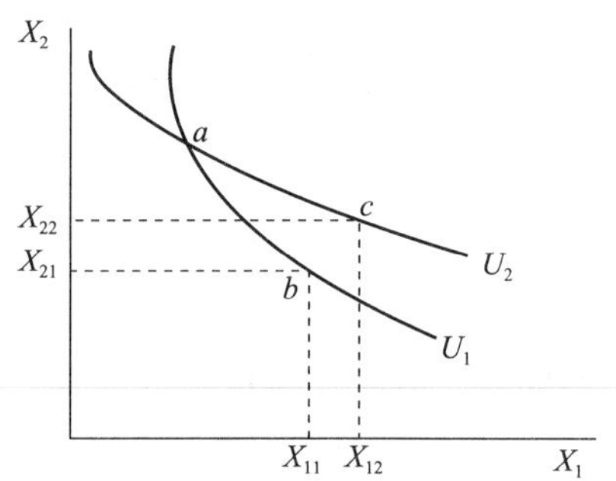

图 3 －4　违反偏好假定的无差异曲线

（3）在无差异曲线上，“边际替代率”（斜率的绝对值）有递减倾向，因此，无差异曲线是凸向原点的

这就是说，无差异曲线不仅向右下方倾斜，而且以凸向原点的形状向右方倾斜。这一特征在图 3 －3 中表现得很明显。为什么无差异曲线具有凸向原点的特征呢？这取决于商品的边际替代率递减规律。

3.2.3 商品的边际替代率

商品的边际替代率概念是无差异曲线分析中最重要的内容，也是分析的难点。

1. 商品的边际替代率的含义

当消费者沿着一条既定的无差异曲线上下滑动时，两种商品的数量组合会不断发生变化，但效用水平维持不变。也就是说，在维持效用水平不变的前提下，消费者增加一种商品的消费数量时，必然要减少另一种商品的消费数量，即两种商品的消费数量之间存在着替代关系。因此，经济学家建立了商品的边际替代率（Marginal Rate of Substitution，MRS）的概念。在维持效用水平不变的前提下，消费者增加一单位某种商品的消费数量时所需要放弃的另一种商品的消费数量，被称为商品的边际替代率。商品1对商品2的边际替代率的定义公式为：

$$MRS_{12} = -\frac{\Delta X_2}{\Delta X_1} \tag{3.10}$$

式中，ΔX_1 和 ΔX_2 分别为商品1和商品2的变化量。由于 ΔX_1 是增加量，ΔX_2 是减少量，两者的符号肯定相反，为使 MRS_{12} 的计算结果为正值，所以在公式中加了一个负号。

当商品数量的变化趋于无穷小时，则商品的边际替代率公式为：

$$MRS_{12} = \lim_{\Delta X_1 \to 0} -\frac{\Delta X_2}{\Delta X_1} = -\frac{\mathrm{d}X_2}{\mathrm{d}X_1} \tag{3.11}$$

显然，无差异曲线上某一点的边际替代率就是无差异曲线在该点的斜率的绝对值。

2. 商品的边际替代率递减规律

商品的边际替代率递减规律的内容：在维持效用水平不变的前提下，随着一种商品的消费数量的连续增加，消费者为得到每一单位的这种商品所需要放弃的另一种商品的消费数量是递减的。商品的边际替代率递减的现象之所以会普遍发生，其原因在于：消费者对某一商品拥有量较少时，对其偏爱程度高，而拥有量较多时，偏爱程度较低。所以，随着一种商品的消费数量的逐步增加，消费者想要获得更多的这种商品的愿望就会减少，那么他为了多获得一单位的这种商品而愿意放弃的另一种商品的数量就会越来越少。商品的边际替代率递减，意味着无差异曲线的斜率的绝对值越来越小，因此该曲线必定凸向原点。

3. 边际替代率与边际效用的关系

任意两种商品的边际替代率等于该两种商品的边际效用之比。即

$$MRS_{12} = \frac{MU_1}{MU_2} \tag{3.12}$$

因为在同一条无差异曲线上，为保持效用不变，要求增加的商品提供的增加的效用，应等于减少的商品所减少的效用。因此，对于效用函数 $U = U(X_1, X_2)$，指定任一条无差异曲线 $U(X_1, X_2) = C$（C 为常数，表示既定的效用水平）。当消费者所消费的 X_1 与 X_2 商品发生变动（X_1 的变动量为 $\mathrm{d}X_1$，X_2 的变动量为 $\mathrm{d}X_2$）后，维持效用水平不变，就使得效用增量 $\mathrm{d}U = 0$，这种变化的关系表示为：

$$dU = \frac{\partial U}{\partial X_1}dX_1 + \frac{\partial U}{\partial X_2}dX_2 \tag{3.13}$$

整理（3.13）式得到：

$$-\frac{dX_2}{dX_1} = \frac{\dfrac{\partial U}{\partial X_1}}{\dfrac{\partial U}{\partial X_2}}，即 MRS_{12} = \frac{MU_1}{MU_2}$$

从式（3.12）看，边际效用递减规律暗含了边际替代率递减规律。因为在维持效用水平不变的条件下，随着 X_1 的增加，MU_1 是递减的；随着 X_2 的减少，MU_2 是递增的。所以，$MRS_{12} = \frac{MU_1}{MU_2}$是递减的，即边际替代率是递减的。

3.2.4 无差异曲线的特例

1. 两种商品为完全替代品

完全替代品是指两种商品之间的替代比例是固定不变的。在完全替代的情况下，两种商品之间的边际替代率是一个常数，相应的无差异曲线是一条斜率不变的直线。例如，在某消费者看来，一杯牛奶和一杯咖啡之间是无差异的，两者总是可以以 1 ∶ 1 的比例相互替代，相应的无差异曲线如图 3－5 所示。

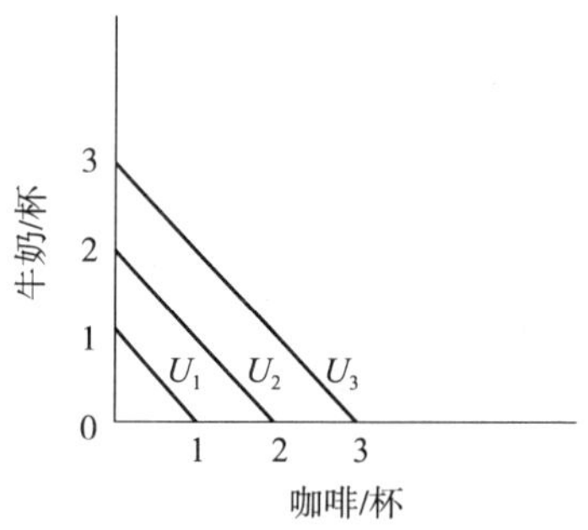

图 3－5　完全替代品的无差异曲线

2. 两种商品为完全互补品

完全互补品是指两种商品必须按固定不变的比例同时使用。在完全互补的情况下，相应的无差异曲线为直角形状，其边际替代率为 0（平行于横轴）或为∞（垂直于横轴）。例如，一副眼镜架必须和两片眼镜片同时配合，才能构成一副可供使用的眼镜，则相应的无差异曲线如图 3－6 所示。

图 3－6 中水平部分的无差异曲线部分表示，对于一副眼镜架而言，只需要两片眼镜片即可，任何超量的眼镜片都是多余的。换言之，消费者不会放弃任何一副眼镜架去换取额外的眼镜片，所以，相应的 $MRS_{12} = 0$。图 3－6 中垂直部分的无差异曲线表示，对于两片眼镜片而言，只需要一副眼镜架即可，任何超量的眼镜架都是多余的。换言之，消费者会放弃所有超量的眼镜架，只保留一副眼镜架与两片眼镜片相匹配，所以，相应的 $MRS_{12} = \infty$。

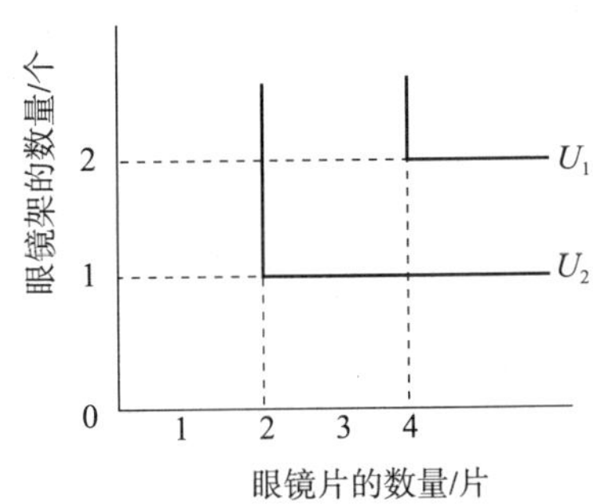

图 3－6　完全互补品的无差异曲线

3.3　预算线

无差异曲线只是表明了消费者主观上对两种商品不同组合的偏好，它只是说明了消费者的消费意愿。但消费者在购买商品时，必然会受到自己的收入水平和市场上商品价格的限制，这就是预算约束。预算约束可以用预算线来说明。

3.3.1　预算线的含义和图形

1. 预算线的含义

预算线又称为预算约束线、消费可能线和价格线。预算线表示在一定的消费者收入和商品价格条件下，消费者的全部收入所能购买到的最大组合的两种商品的数量。

2. 预算线的图形

假定以 I 表示消费者的既定收入，两种商品分别为 X_1 和 X_2，商品价格分别为 P_1 和 P_2。那么，相应的预算线等式为：

$$P_1X_1 + P_2X_2 = I \tag{3.14}$$

此外，也可将（3.14）式改写成如下形式：

$$X_2 = -\frac{P_1}{P_2}X_1 + \frac{I}{P_2} \tag{3.15}$$

由此作出的预算线为图 3－7 中的线段 AB。在横轴 X_1 上的截距 OB 为$\frac{I}{P_1}$，表示全部收入用来购买商品 1 的数量；纵轴 X_2 上的截距 OA 为$\frac{I}{P_2}$，表示全部收入用来购买商品 2 的数量。预算线的斜率是两商品的价格之比，即 $-\frac{P_1}{P_2}$。

预算线 AB 以外的区域中的任何一点，如 a 点，是消费者利用全部收入都不可能实现的商品购买的组合点。预算线 AB 以内的区域中的任何一点，如 b 点，表示消费者的全部收入在购买该点的商品组合以后还有剩余。唯有预算线 AB 上的任何一点，才是消费者的全部收入刚好花完所能购买到的商品最大数量的组合点。图 3－7 中阴影部分的区域（包括直角三角形的三条边）称为消费者的预算可行集或预算空间。

在既定价格和既定收入下，预算线代表了消费者各种可能的消费机会，但这条线上可以有无数个组合，究竟哪一个组合为最优，即能提供最大的效用，该线本身是无法说明的。

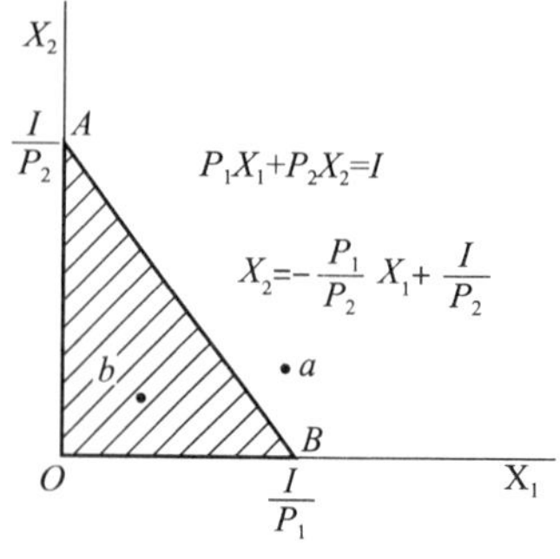

图 3－7　预算线

3.3.2　预算线的移动

从以上分析可知，只要给定消费者的收入 I 和两种商品的价格 P_1 和 P_2，则相应的预算线的位置和形状也就决定了。因为预算线的横、纵截距分别为$\frac{I}{P_1}$和$\frac{I}{P_2}$，预算线的斜率为 $-\frac{P_1}{P_2}$。由此自然可以推断，只要消费者的收入 I、商品价格 P_1 和 P_2 这三个量之中，有一个量发生变化，就会使原有的预算线发生移动。

预算线的移动可以归纳为以下四种情况。如图 3－8 所示。

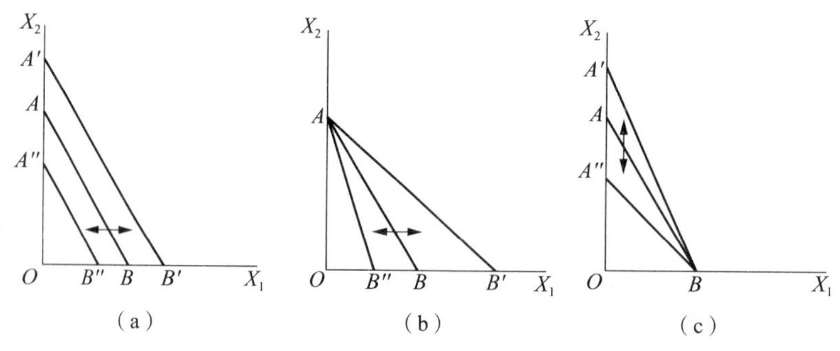

图 3－8　预算线的变动

第一种情况：两种商品的价格 P_1 和 P_2 不变，消费者的收入 I 发生变化，预算线平行移动。由于价格 P_1 和 P_2 不变，意味着预算线的斜率 $-\frac{P_1}{P_2}$保持不变。于是，I 的变化只能使预算线的横、纵轴截距$\frac{I}{P_1}$和$\frac{I}{P_2}$发生变化。如图 3－8（a）所示，假定原有的预算线为 AB，消费者收入 I 增加，预算线由 AB 向右平移至 $A'B'$；消费者收入 I 减少，预算线由 AB 向左平移至 $A''B''$。

第二种情况：消费者的收入 I 不变，两种商品的价格 P_1 和 P_2 同比例同方向发生变化，这时，相应的预算线的位置也会发生平移。由于 P_1 和 P_2 同比例同方向变化，并不影响预算

线的斜率 $-\frac{P_1}{P_2}$，而只能使预算线的横、纵截距 $\frac{I}{P_1}$ 和 $\frac{I}{P_2}$ 发生变化。仍如图3－8（a）所示，P_1 和 P_2 同比例上升，预算线 AB 向左平移至 $A''B''$；P_1 和 P_2 的同比例下降，预算线 AB 向右平移至 $A'B'$。

第三种情况：消费者的收入 I 不变，P_1 发生变化，P_2 保持不变。这时，预算线的斜率 $-\frac{P_1}{P_2}$ 会发生变化，预算线的横截距 $\frac{I}{P_1}$ 也会发生变化，但是，预算线的纵截距 $\frac{I}{P_2}$ 保持不变。如图3－8（b）所示，P_1 下降，预算线由 AB 移至 AB'；P_1 上升，预算线由 AB 移至 AB''。

同理，在图3－8（c）中，P_1 不变，P_2 的下降与提高分别引起预算线由 AB 移至 $A'B$ 和 $A''B$。同学们可以自己分析其理由和经济含义。

第四种情况：收入和两种商品的价格同时变化。也有多种情况：同方向、同比例；同方向、不同比例；不同方向、不同比例等。

3.4　消费者均衡条件

把前面考察过的消费者的无差异曲线和预算线结合在一起，就可以分析消费者追求效用最大化的购买选择行为。

需明确的是，消费者的最优购买行为必须满足两个条件：第一，最优的商品购买组合必须是能够给消费者带来最大效用的商品组合。第二，最优的商品购买必须位于给定的预算线上。消费者均衡指在既定的收入和商品价格下，消费者购买一定数量组合的商品使其实现效用最大化的稳定状态。或者说，消费者均衡分析要回答的问题就是：消费者为了使自己花费一定量货币 I 所获得的效用为极大值，买进商品 X_1 和 X_2 的数量各为多少？

3.4.1　消费者均衡条件分析

消费者获得最大效用（效用达到极大值）的均衡条件是：商品的边际替代率等于商品价格的比率，即 $MRS_{12}=\frac{p_1}{p_2}$，如图3－9所示。图3－9上表现为无差异曲线与预算线相切之点。

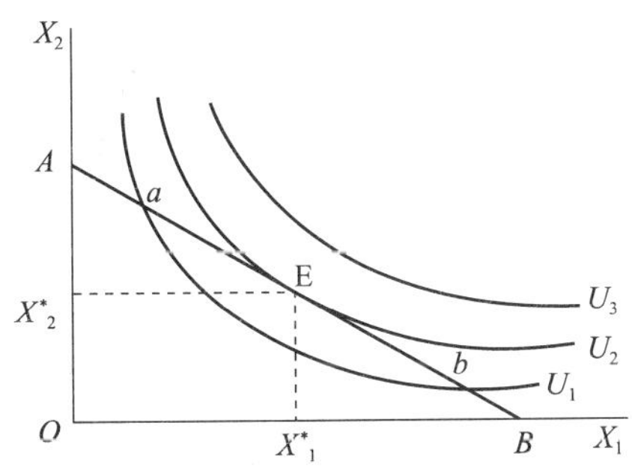

图3－9　消费者均衡条件

消费者偏好给定的假定，意味着给定了一个由该消费者的无数条无差异曲线所构成的无差异曲线簇。为了简化分析，可以从中取出三条，这便是图3－9中三条无差异曲线 U_1、U_2

和 U_3。消费者的收入和两种商品的价格给定的假定，意味着给定了该消费者的一条预算线，这便是图 3－9 中唯一的一条预算线 AB。对于图 3－9 中的一条预算线和三条无差异曲线来说，只有预算线 AB 和无差异曲线 U_2 的相切点 E，才是消费者在给定的预算约束下能够获得最大效用的均衡点。在均衡点 E，相应的最优购买组合为（X_1^*，X_2^*）。

在切点 E，无差异曲线和预算线两者的斜率是相等的。我们已经知道，无差异曲线的斜率是 $-MRS_{12}$，预算线的斜率可以用 $-\frac{P_1}{P_2}$来表示。

为什么只有 E 点才是消费者效用最大化的均衡点呢？这是因为，就无差异曲线 U_3 来说，虽然它代表的效用水平高于无差异曲线 U_2，但它与既定的预算线 AB 既无交点又无切点。这说明消费者在既定的收入水平下无法实现无差异曲线 U_3 上的任何一点的商品组合的购买。就无差异曲线 U_1 来说，虽然它与既定的预算线 AB 相交于 a、b 两点，这表明消费者利用现有收入可以购买 a、b 两点的商品组合。但是，这两点的效用水平低于无差异曲线 U_2，因此，理性的消费者不会用全部收入去购买无差异曲线 U_1 上 a、b 两点的商品组合。事实上，就 a 点和 b 点来说，若消费者能改变购买组合，选择 AB 线段上位于 a 点右边或 b 点左边的任何一点的商品组合，则都可以达到比 U_1 更高的无差异曲线，以获得比 a 点和 b 点更大的效用水平。这种沿着 AB 线段由 a 点往右和由 b 点往左的运动，最后必定在 E 点达到均衡。显然，只有当既定的预算线 AB 和无差异曲线 U_2 相切于 E 点时，消费者才能在既定的预算约束条件下获得最大的满足。故 E 点就是消费者实现效用最大化的均衡点。

消费者效用最大化的均衡条件表示：在一定的预算约束下，为了实现最大的效用，消费者应该选择最优的商品组合，使得消费者愿意用一单位的某种商品去交换的另一种商品的数量，应该等于该消费者能够在市场上用一单位的这种商品去交换得到的另一种商品的数量。

3.4.2 序数效用论与基数效用论对消费者均衡条件分析的比较

1. 含义不同、条件不同

基数效用论：效用可以用绝对数计量，不同商品的效用可以用具体数值进行比较。以边际效用递减和货币边际效用不变为前提。

序数效用论：效用大小无法具体衡量，效用之间的比较只能通过排列顺序、等级来表示，商品可替代，且商品边际替代率递减。

2. 分析方法不同

基数效用论：运用边际效用分析法、边际效用递减研究均衡。

序数效用论：运用无差异曲线和预算线分析，用边际替代率递减取代边际效用递减进行分析。

3. 结论相同

得到同样的均衡条件及同样向右下方倾斜的需求曲线。

根据边际效用分析，消费者均衡条件是$\frac{MU_1}{P_1}=\frac{MU_2}{P_2}$，也可以写为：

$$\frac{MU_1}{MU_2}=\frac{P_1}{P_2} \tag{3.16}$$

根据无差异曲线分析，消费者均衡条件又可以写为$\frac{P_1}{P_2}=-\frac{\Delta X_2}{\Delta X_1}$，也可以写为：

$$MRS_{12}=\frac{P_1}{P_2} \tag{3.17}$$

根据式（3.13）推出的$MRS_{12}=\frac{MU_1}{MU_2}$，式（3.17）可写为$\frac{MU_1}{MU_2}=\frac{P_1}{P_2}$，与式（3.16）完全相同。所以，用边际效用分析法得出的消费者均衡条件与用无差异曲线分析法得出的消费者均衡条件是相同的。至此，可以将消费者均衡条件写为：

$$MRS_{12}=\frac{MU_1}{MU_2}=\frac{P_1}{P_2} \tag{3.18}$$

3.5　价格变化和收入变化对消费者均衡的影响

消费者对商品的需求显然要以实现效用最大化为原则，前面已经找到了效用最大化均衡点，因此，这一节要通过对均衡点的分析来推导出需求曲线。

3.5.1　价格变化：价格—消费曲线

价格—消费曲线是指在收入不变的条件下，商品价格变动引起的消费者均衡点移动的轨迹，它反映商品价格变化引起的需求量变动的情况。

在其他条件均保持不变时，一种商品价格的变化会使消费者效用最大化的均衡点的位置发生移动，并由此可以得到价格—消费曲线。价格—消费曲线是在消费者的偏好、收入以及其他商品价格不变的条件下，与某一种商品的不同价格水平相联系的消费者效用最大化的均衡点的轨迹。具体可以用图3－10来说明价格—消费曲线的形成。

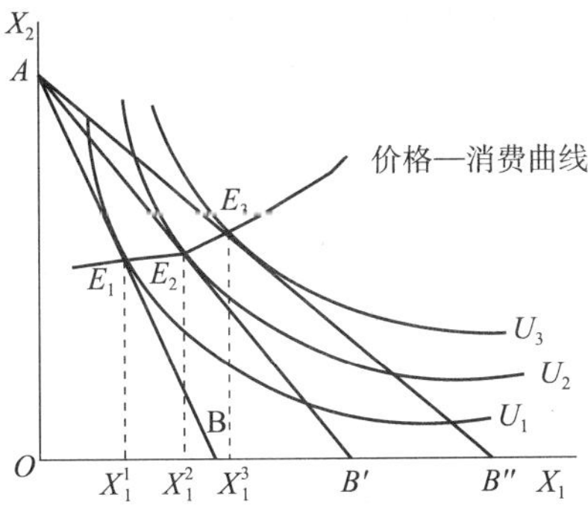

图3－10　价格—消费曲线

在图3－10中，假定P_2价格不变，商品1的初始价格为P_1^1，相应的预算线为AB，它与无差异曲线U_1相切于效用最大化的均衡点E_1。如果商品X_1的价格由P_1^1下降为P_1^2，相应的预算线由AB移至AB'，于是，AB'与另一种较高的无差异曲线U_2相切于均衡点E_2。如果商品X_1的价格再由P_1^2继续下降为P_1^3，相应的预算线由AB'移至AB''，于是，AB''与另一条更高的无差异曲线U_3相切于均衡点E_3……，不难发现，随着商品X_1的价格的不断变化，可以

找到无数个诸如 E_1、E_2 和 E_3 这样的均衡点。它们的轨迹就是价格—消费曲线。

注意：价格—消费线不是消费者对 X_1 商品的需求曲线，而是当 P_1 下降时，消费者会购买的 X_1 与 X_2 商品不同组合的数量。因此，不一定完全向右下方倾斜。

3.5.2 消费者的需求曲线

这里研究对商品 1 的需求曲线，P_1 为商品 1 的价格，X_1 为商品 1 的购买量。则对商品 1 的需求曲线就是把 P_1 的各个数值与各个均衡点所决定的（相应）X_1 各个数值描绘在价格与需求量对应关系的平面图上，P_1 与 X_1 各点的连线即为需求曲线，如图 3－11 所示。

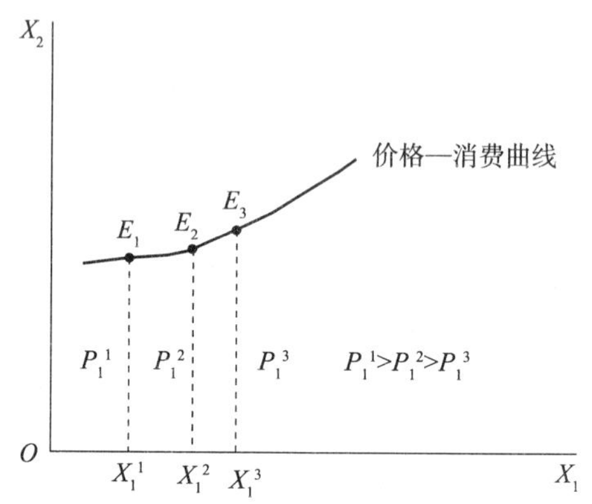

图 3－11 商品 1 的价格与需求量

分析曲线上的三个均衡点 E_1、E_2 和 E_3 可以看出，在每一个均衡点上，都存在着商品 1 的价格与商品 1 的需求量之间一一对应的关系。这就是：在均衡点 E_1，商品 1 的价格为 P_1^1，则商品 1 的需求量为 X_1^1。在均衡点 E_2，商品 1 的价格由 P_1^1 下降为 P_1^2，则商品 1 的需求量 X_1^1 增加 X_1^2。在均衡点 E_3，商品 1 的价格进一步由 P_1^2 下降为 P_1^3，则商品 1 的需求量由 X_1^2 再增加为 X_1^3。根据商品 1 的价格和需求量之间的这种对应关系，把每一个 P_1 数值和相应的均衡点上的 X_1 数值绘制在商品的价格—数量坐标图上，便可以得到单个消费者的需求曲线。这便是图 3－12 中的需求曲线 $X_1=f(P_1)$。在图 3－12 中，横轴表示商品 1 的数量 X_1，纵轴表示商品 1 的价格 P_1。图 3－12 中需求曲线 $X_1=f(P_1)$ 上的 a、b、c 点分别和图 3－11 中的价格—消费曲线上的均衡点 E_1、E_2、E_3 相对应。

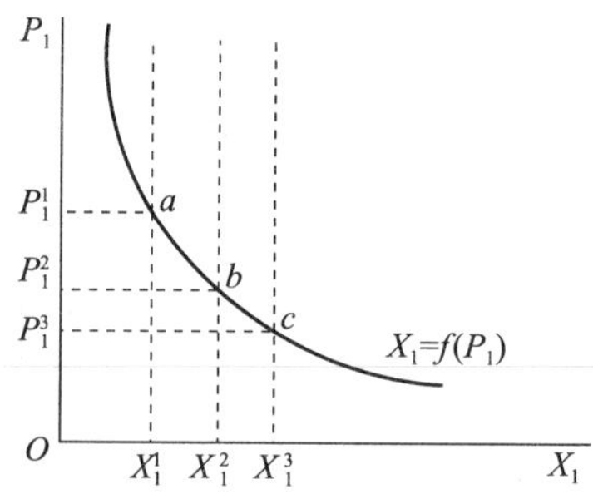

图 3－12 单个消费者的需求曲线

以上介绍了序数效用论者如何从对消费者经济行为的分析中推导出了消费者的需求曲线。序数效用论者所推导的需求曲线是向右下方倾斜的，它表示商品的价格和需求量成反方向变化。尤其是需求曲线上与每一价格水平相对应的商品需求量都是可以给消费者带来最大效用的均衡数量。至此，我们知道用边际效用的分析方法和用无差异曲线的分析方法得到的结论是一致的，即需求曲线是向右下方倾斜的。

3.5.3　收入变化：收入—消费曲线

收入—消费曲线是在消费者的偏好和商品的价格不变的条件下，消费者的收入变动引起的消费者效用最大化的均衡点的变化轨迹。它反映收入变化引起的消费量变动的情况。

以图3－13来具体说明收入—消费曲线的形成。

在图3－13中，随着收入水平的不断增加，预算线由AB平移至$A'B'$，再平移至$A''B''$，于是，形成了三个不同的消费者效用最大化的均衡点E_1、E_2和E_3。如果收入水平的变化是连续的，则可以得到无数个这样的均衡点的轨迹，这便是图3－13中的收入—消费曲线。

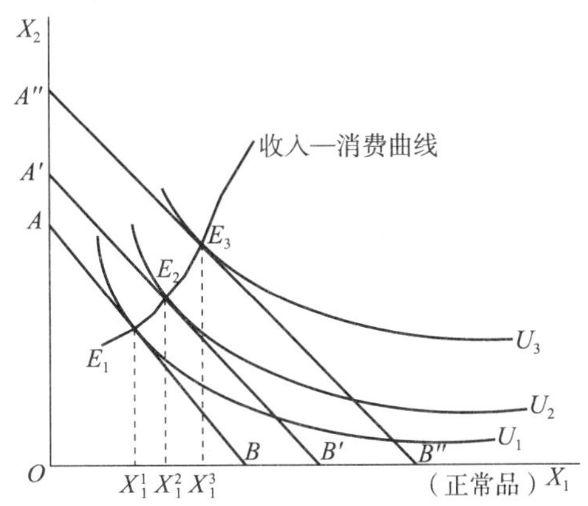

图3－13　收入—消费曲线

3.5.4　恩格尔曲线

1. 恩格尔曲线

由消费者的收入—消费曲线可以推导出消费者的恩格尔曲线。

恩格尔曲线表示消费者在每一收入水平对某商品的需求量。与恩格尔曲线相对应的函数关系为$X=f(I)$，其中，I为收入水平；X为某种商品的需求量。

图3－13中的收入—消费曲线反映了消费者的收入水平和商品的需求量之间存在着一一对应的关系：以商品1为例，当收入水平为I_1时，商品1的需求量为X_1^1；当收入水平增加为I_2时，商品1的需求量增加为X_1^2；当收入水平增加为I_3时，商品1的需求量变动为X_1^3……，把这种一一对应的收入和需求量的组合描绘在相应的平面坐标图中，便可以得到相应的恩格尔曲线，如图3－14所示。

我们可以根据恩格尔曲线来区分必需品、奢侈品和劣等品，如图3－15所示，横轴表示收入，纵轴表示商品的需求量。当恩格尔曲线斜率为正时，表示该商品为正常品，即需求量

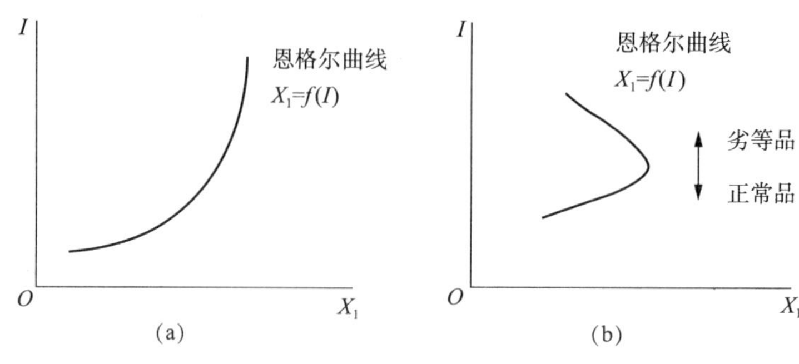

图 3－14　恩格尔曲线（一）

随收入的增加而增加，如图3－15（a）和图3－15（b）所示。但在图3－15（a）中，需求量增加的比例小于收入增加的比例，因此该商品需求的收入弹性小于1，此为必需品。在图3－15（b）中，该商品不但是正常品，而且需求量增加的比例超过收入增加的比例，即其需求的收入弹性大于1，所以为奢侈品。在图3－15（c）中，收入增加时，需求量反而减少，需求量与收入的变化方向相反，此为"劣等品"，需求的收入弹性为负。

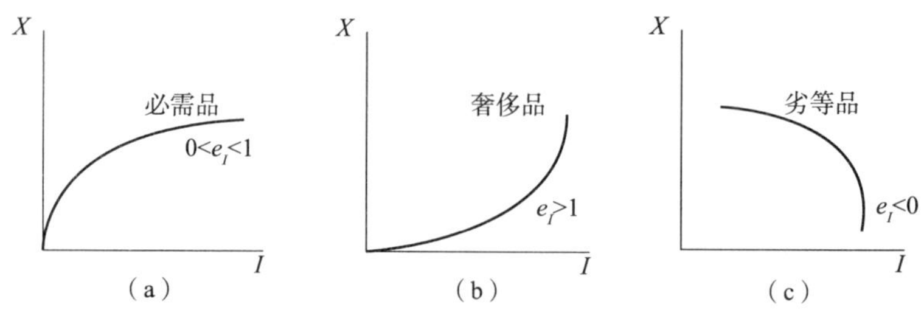

图 3－15　恩格尔曲线（二）

2. 恩格尔定律

19 世纪德国统计学家恩格尔（Ernst Engel）发现，家庭对不同商品的支出比例与家庭收入高低之间有非常明显的关系。在低收入家庭中，食物的支出占收入的绝大部分，当收入逐渐增加时，食物支出占收入的比例则逐渐缩小。由于此种现象普遍存在于不同国家之间，故我们将之称为恩格尔定律。食物支出与收入之比称为恩格尔系数，所以恩格尔定律也可以表述为随着收入的提高，恩格尔系数是递减的。恩格尔系数可以反映一国或一个家庭的富裕程度与生活水平。一般来说，恩格尔系数越高，富裕程度与生活水平越低；恩格尔系数越低，富裕程度与生活水平越高。恩格尔定律说明了生活必需品（食物）的收入弹性小。

3.6　替代效应和收入效应

种商品价格的变化引起对其需求量的变化，这种变化可以被分解为收入效应和替代效应两方面作用的结果。当收入效应和替代效应作用的结果具有不同特点时，价格变动引起需求量变动的情况会有所不同，或需求量增加较多，或增加较少，甚至减少，这就有了正常物品、一般低档物品、吉芬物品的区别。这里分别讨论正常物品、低档物品和吉芬物品的替代效应和收入效应，并以此进一步说明这三类物品需求曲线的形状特征。

3.6.1 替代效应和收入效应的含义

当一种商品的价格发生变化时，会对消费者产生两种影响：一是使消费者的实际收入水平发生变化。在这里，实际收入水平的变化被定义为效用水平的变化。二是使商品的相对价格发生变化。这两种变化都会改变消费者对该种商品的需求量。

1. 收入效应

因价格变化带来的实际收入的变化而导致需求量的变化，并且引起效用水平变化，这种变化称为收入效应。收入效应会改变消费者的效用水平。例如，在消费者购买棉布时，当棉布的价格下降时，其他商品价格不变，这时对于消费者来说，虽然货币收入也不变，但是现有的货币收入的购买力增强了，也就是说实际收入水平提高了。这意味着在不减少其他商品购买量的条件下，可以买进更多的棉布。实际收入水平的提高，会使消费者改变对这种商品的购买量，从而达到更高的效用水平，这就是收入效应。

2. 替代效应

由商品的价格变动所引起的商品相对价格的变动，进而由商品的相对价格变动所引起的商品需求量的变动为替代效应。替代效应不改变消费者的效用水平。例如，棉布和化纤布之间存在着可替代关系，假设棉布的价格下降，化纤布的价格不变，使得化纤布相对于棉布来说，较以前昂贵了。商品相对价格的这种变化，会使消费者增加对棉布的购买，而减少对化纤布的购买，即用棉布替代化纤布，这样对棉布的需求量会增加，而对化纤布的需求量会减少，这就是替代效应。替代效应不考虑实际收入水平变动的影响，所以，替代效应不改变消费者的效用水平。

综上所述，一种商品价格变动所引起的该商品需求量变动的总效应可以被分解为替代效应和收入效应两个部分，即总效应 = 替代效应 + 收入效应。

3.6.2 正常物品的替代效应和收入效应

以图 3－16 为例说明正常物品价格下降时的替代效应和收入效应。

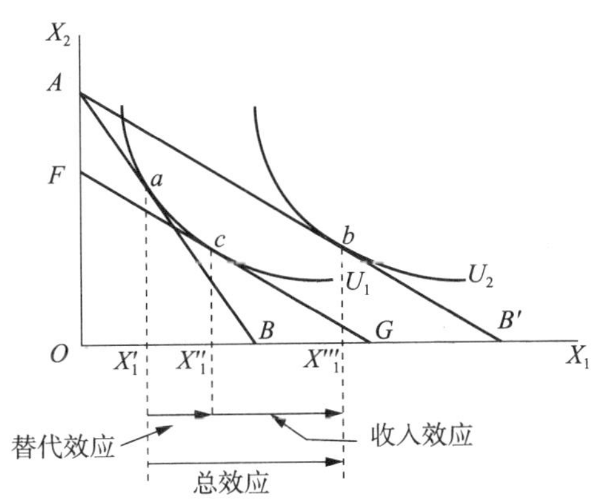

图 3－16 正常物品的替代效应和收入效应

图 3－16 中横坐标和纵坐标分别表示商品 1 和商品 2 的数量，其中，商品 1 是正常商

品。在商品 1 的价格变化之前，消费者的预算线为 AB，该预算线与无差异曲线 U_1 相切于 a 点，a 点是消费者效用最大化的一个均衡点。现假定商品 1 的价格 P_1 下降，使预算线的位置由 AB 移至 AB'，新的预算线 AB' 与另一条代表更高效用水平的无差异曲线 U_2 相切于 b 点，b 点是商品 1 的价格下降后的消费者效用最大化的均衡点。比较 a、b 两个均衡点，商品 1 的需求量的增加量为 $X'_1X'''_1$，这就是商品 1 价格 P_1 下降所引起的总效应。这个总效应可以分为替代效应和收入效应两部分。

先看替代效应。在图 3－16 中，由于商品 1 的价格 P_1 下降，消费者的效用水平提高了，消费者新的均衡点 b 不是在原来的无差异曲线 U_1 上，而是在更高的无差异曲线 U_2 上。为了得到替代效应，必须剔除实际收入水平变化的影响，使消费者回到原来的无差异曲线 U_1 上去，在此需借助补偿预算线这一分析工具。

补偿预算线：当价格变动引起消费者实际收入发生变动时，补充预算线是用来表示以假设的货币收入的增减来维持消费者实际收入水平不变的一种分析工具。具体地说，在商品价格下降引起实际收入提高时，假设可取走一部分货币收入，以使消费者的实际收入维持在原有的效用水平。

再看图 3－16 中，为了剔除实际收入水平变动的影响，使消费者回到原有的无差异曲线 U_1 上去，其具体做法是：作一条平行于预算线 AB' 且与无差异曲线 U_1 相切的补偿预算线 FG。这种做法的含义是：补偿预算线 FG 与无差异曲线 U_1 相切，表示假设的货币收入的减少刚好使消费者回到原有的效用水平，补偿预算线 FG 与无差异曲线 U_1 相切于均衡点 c，与原来的均衡点 a 相比，需求量的增加量为 $X'_1X''_1$，这个增加量就是在剔除了实际收入水平变化影响以后的替代效应。它显然归因于商品相对价格的变化，它不改变消费者的效用水平。在这里，P_1 下降所引起的需求量的增加量 $X'_1X''_1$ 是一个正值，即替代效应为正。也就是说，正常物品的替代效应与价格呈反方向变动。

再看收入效应，设想一下，把补偿预算线 FG 再回推到 AB' 的位置上去，于是，消费者的效用最大化的均衡点就会由无差异曲线 U_1 上的 c 点回复到无差异曲线 U_2 上的 b 点，相应的需求量的变化量 $X''_1X'''_1$ 就是收入效应。这是因为，在分析替代效应时，是为了剔除实际收入水平的影响，才将预算线 AB' 移到补偿预算线 FG 的位置。所以，当预算线由 FG 的位置再回复到 AB' 的位置时，相应的需求量的增加量 $X''_1X'''_1$ 必然就是收入效应。收入效应显然归因于商品 1 的价格变化所引起的实际收入水平的变化，它改变了消费者的效用水平。

在这里，收入效应 $X''_1X'''_1$ 是一个正值。这是因为，当 P_1 下降，使得消费者的实际收入水平提高时，消费者必定会增加对正常商品 1 的购买。也就是说，正常物品的收入效应与价格呈反方向变动。

可见，对于正常物品来说，替代效应与价格呈反方向变动，收入效应也与价格呈反方向变动，在它们的共同作用下，总效应必定与价格呈反方向变动。正因为如此，正常物品的需求曲线是向右下方倾斜的。

3.6.3 低档物品的替代效应和收入效应

以图 3－17 为例分析低档物品价格下降时的替代效应和收入效应。

对于一般低档品而言，当价格下降时，替代效应的作用是增加需求量，收入效应的作用是

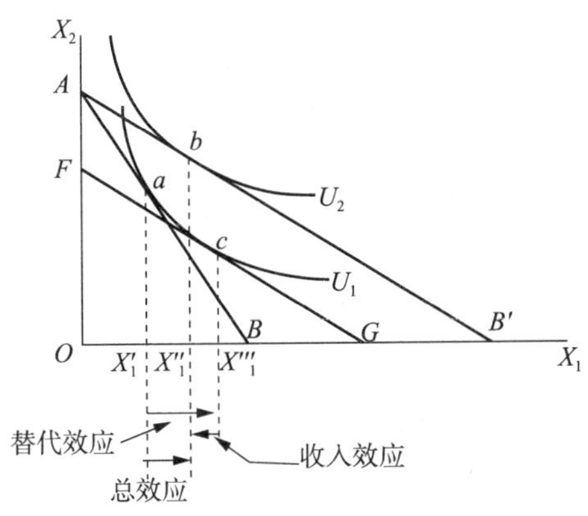

图 3-17　低档物品的替代效应和收入效应

减少需求量（价格下降使实际收入增加，需求量反而减少）。在图3-17中，商品1的价格 P_1 变化前的消费者的效用最大化的均衡点为 a 点，P_1 下降以后的消费者的效用最大化的均衡点为 b 点，因此，价格下降所引起的商品1的需求量的增加量为 $X'_1X''_1$，这便是总效应。运用与上一节相同的方法，即通过作与预算线 AB' 平行且与无差异曲线 U_1 相切的补偿预算线 FG，便可将总效应分解成替代效应和收入效应。具体地看，P_1 下降引起的商品相对价格的变化，使消费者由均衡点 a 运动到均衡点 c，相应的需求量增加为 $X'_1X'''_1$，这就是替代效应，它是一个正值。而 P_1 下降引起的消费者的实际收入水平的变动，使消费者由均衡点 c 运动到均衡点 b，需求量由 X'''_1 减少到 X''_1，这就是收入效应。收入效应 $X''_1X'''_1$ 是一个负值，其原因在于：价格 P_1 下降所引起的消费者的实际收入水平的提高，会使消费者减少对低档物品商品1的需求量。由于收入效应是一个负值，所以，图3-17中的 b 点必定落在 a、c 两点之间。

图3-17中商品1的价格 P_1 下降所引起的商品1的需求量的变化的总效应为 $X'_1X''_1$，它是正的替代效应 $X'_1X'''_1$ 和负的收入效应 $X''_1X'''_1$ 之和。由于替代效应 $X'_1X'''_1$ 的绝对值大于收入效应 $X''_1X'''_1$ 的绝对值，或者说，由于替代效应的作用大于收入效应，所以，总效应 $X'_1X''_1$ 是一个正值。

综上所述，对于低档物品来说，替代效应与价格呈反方向变动，收入效应与价格呈同方向变动，而且，在大多数场合下，收入效应的作用小于替代效应的作用，如图3-17所示，所以，总效应与价格呈反方向变动，相应的需求曲线是向右下方倾斜的。

3.6.4　吉芬物品的替代效应和收入效应

在少数场合下，某些低档物品的收入效应的作用会大于替代效应的作用，于是，就会出现违反需求曲线向右下方倾斜的现象。这类物品就是吉芬物品。

英国人吉芬于19世纪发现，1845年爱尔兰发生灾荒，土豆价格上升，但是土豆需求量却反而增加了。这一现象在当时称为“吉芬难题”。这类需求量与价格呈同方向变动的特殊商品也因此称作吉芬物品。

下面用图3-18分析这个问题。在图3-18中，商品1是吉芬物品。商品1的价格 P_1 下降前后的消费者的效用最大化的均衡点分别为 a 点和 b 点，相应的商品1的需求量的减少量为 $X'_1X''_1$，这就是总效应。通过补偿预算线 FG 可得，$X''_1X'''_1$ 为替代效应，它是一个正值。$X'_1X'''_1$ 是收入效应，它是一个负值，而且，负的收入效应 $X'_1X'''_1$ 的绝对值大于正的替代效应 $X''_1X'''_1$ 的绝对值，所以，最后形成的总效应 $X'_1X''_1$ 为负值。在图 3－18 中，a 点必定落在 b、c 两点之间。

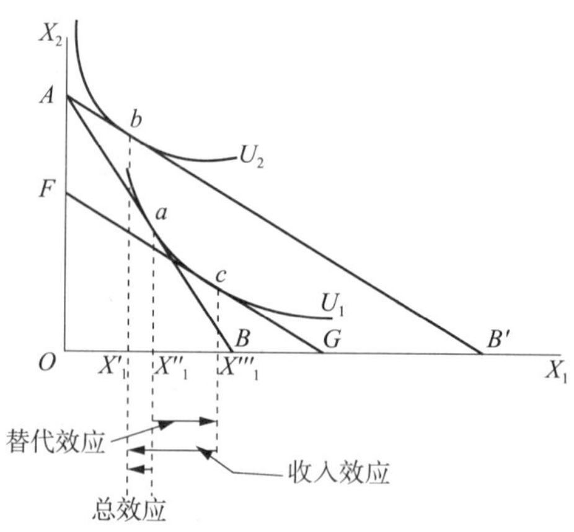

图 3－18　吉芬物品的替代效应和收入效应

很清楚，吉芬物品是一种特殊的低档物品。作为低档物品，吉芬物品的替代效应与价格呈反方向变动，收入效应则与价格呈同方向变动。吉芬物品的特殊性就在于：收入效应的作用很大，以至超过了替代效应的作用，从而使得总效应与价格呈同方向变动。这也就是吉芬物品的需求曲线呈现出向右上方倾斜的特殊形状的原因。

运用以上的分析就可以解释“吉芬难题”了。在 19 世纪中叶的爱尔兰，购买土豆的消费支出在大多数贫困家庭的收入中占一个较大的比例，于是，土豆价格的上升导致贫困家庭实际收入水平大幅度下降。在这种情况下，变得更穷的人们不得不大量地增加对劣等物品土豆的购买，这样形成的收入效应是很大的，它超过了替代效应，造成了土豆的需求量随着土豆价格的上升而增加的特殊现象。

思考：是否可以用此解释我国 20 世纪 60 年代自然灾害时期人们对红薯的需求？

分析正常物品、低档物品和吉芬物品的替代效应和收入效应所得到的结论如表 3－3 所示。

表 3－3　商品价格变化所引起的替代效应和收入效应

商品类别	替代效应与价格的关系	收入效应与价格的关系	总效应与价格的关系	需求曲线的形状
正常物品	反方向变化	反方向变化	反方向变化	向右下方倾斜
低档物品	反方向变化	同方向变化	反方向变化	向右下方倾斜
吉芬物品	反方向变化	同方向变化	同方向变化	向右上方倾斜

3.7　从单个消费者的需求曲线到市场需求曲线

基数效用论和序数效用论各自从对单个消费者行为的分析中推导出了单个消费者对某种商品的需求曲线。下面将在此基础上进一步推导市场需求曲线。

一种商品的市场需求是指在一定时期内在不同的价格下市场中所有消费者对某种商品的

需求数量。因而，一种商品的市场需求不仅依赖于每一个消费者的需求函数，还依赖于该市场中所有消费者的数目。

假定在某一商品市场上有 n 个消费者，他们都具有不同的个人需求函数 $Q_i^d = f_i(P)$，$i = 1, 2, \cdots, n$，则该商品市场的需求函数为：

$$Q^d = \sum_{i=1}^{n} f_i(P) = F(P) \tag{3.19}$$

可见，一种商品的市场需求量是每一个价格水平上的该商品的所有个人需求量的水平加总。由此可以推知，只要有了某商品的每个消费者的需求表或需求曲线，就可以通过加总的方法，得到该商品市场的需求表或需求曲线。下面用表3－4和图3－19来说明。

在表3－4中，假设某商品市场上只有 A、B 两个消费者，通过把每一个价格水平上的 A、B 两个消费者的需求量加总，便得到每一个价格水平上的市场需求量，即为表中的第（4）栏。

表3－4　从单个消费者的需求表到市场需求表

商品价格	消费者 A 的需求量	消费者 B 的需求量	市场需求量
0	20	30	50
1	16	24	40
2	12	18	30
3	8	12	20
4	4	6	10
5	0	0	0

根据表3－4绘制的需求曲线如图3－19所示。图中的市场需求曲线是 A、B 两个消费者的需求曲线的水平加总，即在每一个价格水平上都有市场需求量 $Q^d = Q_A^d + Q_B^d$。

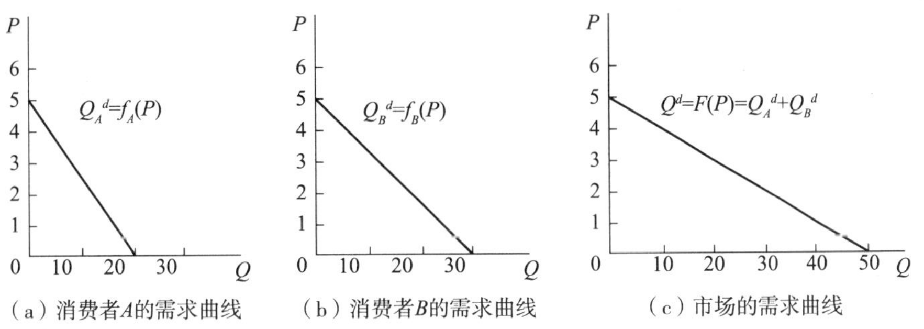

（a）消费者A的需求曲线　（b）消费者B的需求曲线　（c）市场的需求曲线

图3－19　从单个消费者的需求曲线到市场需求曲线

据此，可以把单个消费者的需求函数和市场需求函数之间的关系表示为：

$$D(P) = \sum_{i=1}^{n} D_i(P) \quad i = 1, 2, \cdots, n \tag{3.20}$$

式中，$D_i(P)$ 为单个消费者的需求函数；$D(P)$ 为市场的需求函数。

由于市场需求曲线是单个消费者的需求曲线的水平加总，所以，同单个消费者的需求曲线一样，市场需求曲线一般也是向右下方倾斜的。市场需求曲线表示某商品在一定时期内在各种不同的价格水平上所有消费者愿意而且能够购买的该商品的数量。更重要的是，根据上述推导过程可知，市场需求曲线上的每个点都表示在相应的价格水平下可以给全体消费者带来最大的效用水平或满足程度的市场需求量。

3.8 不确定条件下的消费者选择

至此，本章以前的内容都是分析确定情况下的消费行为，没有涉及不确定情况下的消费行为。然而，在现实经济生活中存在着各种不确定因素。在充满不确定因素的经济活动中，消费者在风险情况下的态度及其行为决策，将是本节所要介绍的主要内容。

3.8.1 不确定性与期望效用函数

1. 不确定性

不确定性是指经济行为者事先不能准确地知道自己某种决策的结果，或者说，只要经济行为者的一种决策的可能结果不止一种，例如，某消费者准备用一笔钱去购买一台某种型号的电视机，假定在该型号的电视机市场上，电视机的质量有的是合格的，有的是不合格的，这样，该消费者购买电视机可能的结果就有两种：一种是得到一台质量合格的电视机，另一种是得到一台质量不合格的电视机。在这种不确定的情况下，该消费者是否购买电视机的决策也许会取决于他得到一台质量合格或质量不合格的电视机的可能性即概率。类似这种不确定的情况，在经济生活中是经常可能碰到的。

在消费者知道自己某种行为决策的各种可能结果时，如果消费者还知道各种可能的结果发生的概率，则可以称这种不确定性为风险。在经济分析中，西方经济学家通常把消费者在不确定情况下面临风险的行为决策问题，假定为消费者在面临一张彩票时的行为决策问题。这样一来，对在不确定条件下消费者面临风险的行为的分析，可以通过对消费者在面临一张具有风险的彩票时的行为分析来进行。

举例来说，假设某消费者持有 100 元的初始货币财富量，他面临是否购买某种彩票的选择。这种彩票的购买成本支出是 5 元。如果该消费者购买彩票，他中彩的概率为 2.5%，不中彩的概率为 97.5%。在中彩的情况下，他可以得到 200 元的奖金；在不中彩的情况下，他什么都得不到。于是，该消费者可以决定不购买彩票，那么，他总是可以稳妥地持有 100 元的初始货币财富量，当然，也不必支付 5 元的彩票购买成本。这样，他避免了购买彩票可能遭受的损失，也失去了购买彩票可能得到的更多财富。该消费者也可以决定购买彩票，如果他中彩的话，他就会拥有 295 元。因为初始货币财富量 100 元减去购买彩票的支出 5 元，再加上中彩的奖金 200 元等于 295 元。如果他不中彩的话，他就只持有 95 元。因为，初始货币财富量 100 元减去购买彩票的支出 5 元等于 95 元。

在经济分析中，可以用符号来表示消费者所面临的具有不确定结果的彩票。假定某消费者所面临的一种彩票具有两种可能的结果，这两种结果不会同时发生。当第一种结果发生时，该消费者拥有的货币财富量为 W_1；当第二种结果发生时，该消费者拥有的货币财富量为 W_2。第一种结果发生的概率为 $p(0<p<1)$，第二种结果发生的概率为 $1-p$。于是，这张彩票可以表示为：$L=[p,\ (1-p);\ W_1,\ W_2]$。如果将这种彩票表示法具体运用到上面的例子中，则有 $p=2.5\%$，$1-p=97.5\%$；$W_1=295$ 元，$W_2=95$ 元。此外，由于两种结果不会同时发生，所以，在知道了第一种结果的概率的同时，也就知道了第二种结果的概率。于是，以上彩票也可以简单地表示为：$L=[p;\ W_1,\ W_2]$。

需要指出的是，当消费者购买彩票时，消费者由中彩所得到的奖金可以是商品，也可以是一笔钱，等等。由于消费者的中奖所得总可以被表示为一定数量的货币值，所以，在分析中，彩票每种可能的结果都可以表示为一定的货币量。

2. 期望效用函数

如同在确定条件下消费者追求的目标是获得最大的效用一样，在不确定条件下消费者追求的目标也是得到更大的效用。但是，在不确定的情况下，由于消费者事先并不知道事实上会发生哪种结果，所以，他只是在事先作出最优的决策，以最大化他的期望效用。为此，西方经济学家建立了期望效用的概念。

对于一张彩票 $L=[p;\ W_1,\ W_2]$ 来说，彩票的期望效用函数为：

$$E\{U[P;W_1,W_2]\} = PU(W_1) + (1-P)U(W_2) \tag{3.21}$$

式中，p 和 $1-p$ 分别为 W_1 和 W_2 发生的概率。

以上彩票的期望效用函数也可简写为：

$$E[U(W_1,W_2)] = PU(W_1) + (1-P)U(W_2) \tag{3.22}$$

期望效用函数也称为冯·诺曼—摩根斯顿效用函数。由（3.21）式和（3.22）式可见，消费者的期望效用就是消费者在不确定条件下可能得到的各种结果的效用的加权平均数。

由于期望效用函数的建立，对在不确定条件下消费者面临风险的行为的分析，就成了对消费者追求期望效用最大化行为的分析。

3.8.2　消费者个体对待风险的态度

对于同一个具有不确定结果的事物，每个消费者对待风险的态度是不相同的，所以，他们各自的行为选择也是不一样的。以购买彩票为例，有的消费者可能害怕风险，一般不会去买彩票，而是稳妥地保持自己现已拥有的货币财富量。有的消费者可能喜欢冒险，总是去买彩票。有的消费者可能在风险面前采取中立态度，他们觉得买或不买彩票都是无所谓的。很明显，消费者对待风险的态度，影响着消费者在不确定情况下的行为决策。

西方经济学家根据消费者对待风险的态度将消费者分为三类：风险回避者、风险爱好者和风险中立者。这三类风险态度的判断标准如下：

以消费者面临一张彩票 $L=[p;\ W_1,\ W_2]$ 为例来分析。假定消费者在无风险条件下可以持有的确定的货币财富量等于彩票的期望值，即 $PW_1+(1-P)W_2$。如果某消费者认为在无风险条件下持有一笔确定的货币财富量的效用大于在风险条件下彩票的期望效用，即 $U[PW_1+(1-P)W_2]>PU(W_1)+(1-P)U(W_2)$，则该消费者为风险回避者；如果某消费者认为在无风险条件下持有一笔确定的货币财富量的效用小于在风险条件下彩票的期望效用，即 $U[PW_1+(1-P)W_2]<PU(W_1)+(1-P)U(W_2)$，则该消费者为风险爱好者；如果某消费者认为在无风险条件下持有一笔确定的货币财富量的效用等于在风险条件下彩票的期望效用，即 $U[PW_1+(1-P)W_2]=PU(W_1)+(1-P)U(W_2)$，则该消费者为风险中立者。

与以上的分析相对应，消费者的风险态度也可以根据消费者的效用函数的特征来判断。假定消费者的效用函数为 $U=U(W)$，其中 W 为货币财富量，且效用函数为增函数。风险回避者的效用函数是严格凸的，如图 3-20 所示。风险爱好者的效用函数是严格凹的，如图 3-21 所示。风险中立者的效用函数是线性的，如图 3-22 所示。由这三个图可见，风险回避者、风险爱好者、风险中立者的效用函数 $U=U(W)$，分别满足前面提到的关于三种风险态度的判断标准，即它们分别满足彩票的期望值的效用 $U[PW_1+(1-P)W_2]$ 大于、小于和等于彩票的期望效用 $PU(W_1)+(1-P)U(W_2)$。图 3－20 中效用函数 $U(W)$ 是严格凸的，效用曲线上任意两点间的弧都高于这两点间的弦。根据该消费者的效用曲线 $U(W)$，消费者在无风险条件下持有一笔确定的货币财富量的效用 $U[PW_1+(1-P)W_2]$ 相当于图 3－20 中 A 点的高度，而拥有一张具有风险的彩票的期望效用 $PU(W_1)+(1-P)U(W_2)$ 相当于图 3－20 中 B 点的高度。显然 A 点高于 B 点。所以，严格凸的效用函数 $U=U(W)$ 满足风险回避者的判定条件。至于对于图 3－21 和图 3－22 的分析，与对图 3－20 的分析是相似的，在此从略。

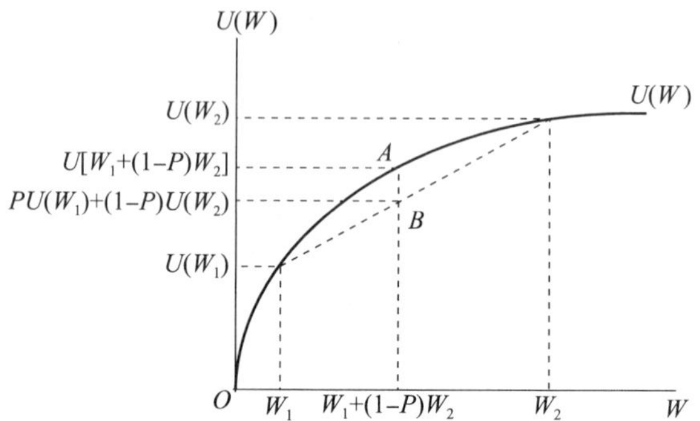

图 3－20　风险回避者的效用函数 $U(W)$

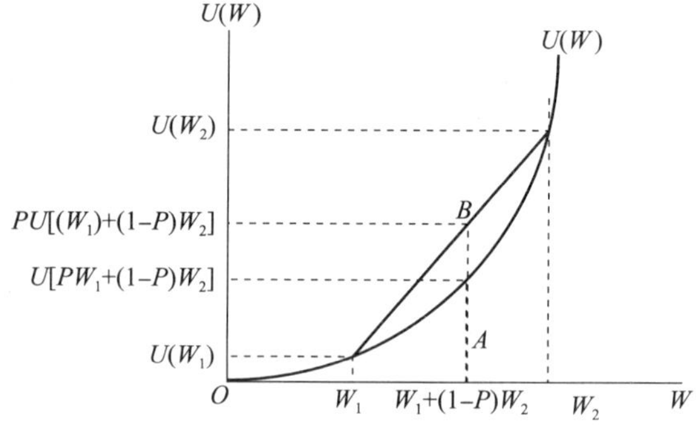

图 3－21　风险爱好者的效用函数 $U(W)$

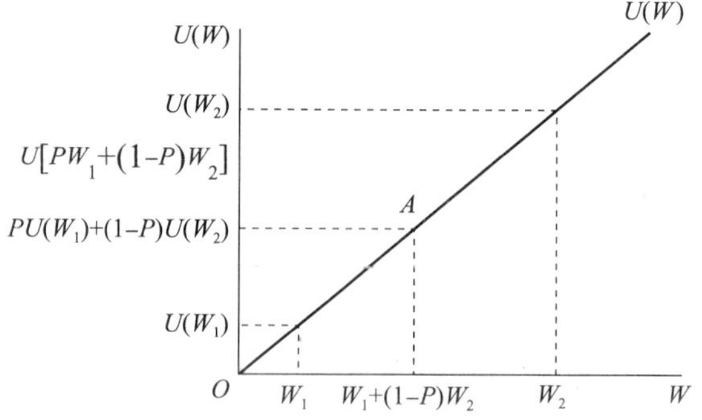

图 3－22　风险中立者的效用函数 $U(W)$

最后需要指出的是，在理论分析中，消费者对待风险的态度可以分为以上三类。但一般说来，在实际经济生活中，大多数的消费者都是风险回避者。

3.8.3 降低风险的途径

在现实经济生活中，消费者经常会面临在风险条件下的选择。经验表明，大多数消费者都是风险回避者。因此，对于大多数消费者来说，都有一个如何设法降低风险的问题。在此，介绍消费者经常采用的三种降低风险的方法，它们是多样化、购买保险和获取更多的决策信息。

1. 多样化

多样化是指消费者在计划未来一段时间内的某项带有风险的经济活动时，可以采取多样化的行动，以降低风险。

为什么多样化可以降低风险呢？可以举一个例子来具体说明这一点。

假定某人准备开办一个小吃店，他可以单独经营锅贴或单独经营凉粉，也可以各用一半的规模同时经营锅贴和凉粉。若气候较凉爽，则顾客更多地选择锅贴；若气候较热，则顾客更多地选择凉粉。他现在需要作出的决定是：到底是用全部规模单独经营某一种食品，还是各用一半规模同时经营两种食品？

如果他单独经营锅贴，那么，在凉爽的天气条件下，他将获得收入 8 000 元；在较热的天气条件下，他将获得收入 2 000 元。如果他单独经营凉粉，那么，在凉爽的天气条件下，他将获得收入 2 000 元；在较热的天气下，他将获得收入 8 000 元。因此，当他单独经营一种食品时，其收入或为 8 000 元，或为 2 000 元。显然，在这种单独经营一种品种的情况下，未来收入是不确定的，也就是说，存在着风险。

但是，如果他能够各用一半的规模同时经营这两种食品，则不管是天气凉爽，还是天气较热，他都可以获得固定的收入 5 000 元。因为，如果天气凉爽，他可以通过经营锅贴得到收入 4 000 元，通过经营凉粉得到收入 1 000 元；如果天气较热，他可以通过经营锅贴得到收入 1 000 元，通过经营凉粉得到收入 4 000 元。由此可见，通过多样化的经营，可以消除风险。

以上仅仅是利用一个简单的例子来说明多样化可以降低风险这一道理。而且，在这个例子中，两种食品的销售量在一定的天气条件下呈现出一增一减的关系。当然，在现实生活中，多样化的问题会复杂得多，但是，多样化的原则是普遍适用的。只要我们将多样化的行动安排到一些相关性较小的事件上，都是可以消除一部分风险的。

2. 购买保险

在消费者面临风险的情况下，风险回避者会愿意放弃一部分收入去购买保险。消费者通常是如何购买保险的呢？譬如说，他应该如何确定自己的保险购买支出量呢？一般来说，如果支付的保险金额刚好等于财产的期望损失，消费者就会购买保险，使他在遭受任何可能的损失时得到全部的补偿。

假定某消费者拥有的初始财富为 W，他可能遭受意外事件（如火灾）使财产损失 L，意外事件发生的概率为 p，且令消费者购买保险的支出为 S。在这一问题中，该消费者的财产期望值为：

$$P(W-L)+(1-P)W \tag{3.23}$$

根据消费者支付的保险金额等于财产的期望损失，可得：

$$S=P\cdot L+(1-P)\cdot 0=PL \tag{3.24}$$

根据以上两个式子，下式一定成立：

$$W-S=P(W-L)+(1-P)W \tag{3.25}$$

（3.25）式说明，消费者投保以后所拥有的稳定财产量 $W-S$ 等于在风险条件下的财产的期望值 $p\cdot(W-L)+(1-p)\cdot W$。而对于风险回避者来说，确定的财产期望值的效用水平，肯定会大于在风险条件下的财产的期望效用，所以，消费者愿意购买保险。或者，也可以这样理解，尽管投保并没有改变消费者的财产的期望值，但投保以后消除了风险，可以使消费者获得稳定的收入，从而达到一个更高的效用水平。

总之，只要消费者购买保险的支出等于财产的期望损失，消费者总是愿意购买保险，使自己在遭受损失时能获得全部的补偿，从而消除风险。

3. 获取更多的信息

我们知道，不确定性是指经济行为者在事先不能准确地知道自己某项决策的结果；或者说，经济行为者对自己将要作出的决策所涉及的所有经济变量缺乏足够的信息，由此而面临风险。那么，如果经济行为者在作出决策时能掌握更多、更确切的信息，就可以降低风险。而实际上，如果信息是完全的，不确定性和风险也就不存在了。

由于掌握更多的信息就可以降低风险，所以，信息是一种商品。要获得信息，就必须对信息进行支付。那么，信息的价值是如何确定的呢？一般地，就完全信息的价值而言，它等于经济行为人在完全信息条件下决策的所得期望值和在信息不完全条件下决策的所得期望值之间的差额。

下面举例来说明信息的价值。

假定某鲜鱼销售商在考虑某种鲜鱼的每天进货量。这种鲜鱼的市场价格为 6.00 元。如果他每天卖出 400 公斤，则进货价为 4.20 元；如果他每天进货 800 公斤，则进货价下降为 4.00 元。如果鲜鱼不能及时卖出，他就只能赔本，以 2.50 元的价格出售。

如果信息不完全，该鲜鱼销售商只知道每天卖出 400 公斤鲜鱼和 800 公斤鲜鱼的可能性各占 50%，但并不知道具体每一天的鲜鱼需求量究竟是 400 公斤，还是 800 公斤。在这种情况下，他制订了每天进货 800 公斤的计划。我们计算一下相应的期望利润。因为，若他能全部卖出 800 公斤的鲜鱼，则利润 = 2.00 元 × 800 = 1 600 元。若他能卖出 400 公斤鲜鱼，其余 400 公斤只能以赔本的价格处理掉，则利润 = 2.00 元 × 400 + （2.50 元 - 4.00 元） × 400 = 800 元 - 600 元 = 200 元。所以，在信息不完全情况下，订货 800 公斤的期望利润 = 1 600 元 × 50% + 200 元 × 50% = 900 元。

如果信息是完全的，该鲜鱼销售商就可以作出确切的计划。若他知道某天的鲜鱼需求量是 800 公斤，他就进货 800 公斤；则获利润 = 2.00 元 × 800 = 1 600 元。若他知道某天的鲜鱼需求量是 400 公斤，他就进货 400 公斤，则获利润 = 1.80 元 × 400 = 720 元。于是，在信息完全情况下的期望利润 = 1 600 元 × 50% + 720 元 × 50% = 1 160 元。

比较以上信息不完全和信息完全情况下该鲜鱼销售商的期望利润可以得出：在两种情况

下的期望利润的差额为 1 160 元 − 900 元 = 260 元。这就是完全信息的价值，从而稳定地获得利润，避免在风险条件下由于赔本买卖而带来的利润损失。

小　结

1. 追求效用最大化是消费者的行为目标。分析消费者行为的理论主要有基数效用论与序数效用论。基数效用论主要运用边际效用分析方法研究消费者行为；序数效用论主要运用无差异曲线分析方法研究消费者行为。

2. 边际效用递减规律是指在一定时期内其他条件不变的前提下，随着消费者对某一种商品消费数量的连续增加，该消费者从连续增加的每一单位的商品消费量中所获得的效用是递减的，因而边际效用曲线是向右下方倾斜的。据此在边际效用递减规律基础上推导出来的消费者的需求曲线也是向右下方倾斜的。

3. 在商品的价格、消费者的收入和偏好给定的条件下，消费者唯一的一条预算线与无差异曲线簇中一条无差异曲线相切的切点表示消费者均衡。在均衡点上，预算线与无差异曲线的斜率相等。该点的经济含义为消费者应使自己花费在每一种商品购买上的最后一元钱所带来的边际效用相等，这样消费者就能实现在商品的价格、消费者的收入和偏好给定条件下的最大效用。

4. 由消费者效用最大化的均衡点出发，可以得到与某一商品的不同价格水平相联系的消费者效用最大化的均衡点的轨迹，这就是价格—消费曲线，并进一步可推导消费者的需求曲线。消费者的需求曲线一般是向右下方倾斜的。需求曲线表示：需求曲线上与每一个价格水平相联系的商品需求量都是可以给消费者带来最大效用的最优消费量。由一个商品市场上所有单个消费者的需求曲线的水平加总，就可以得到该商品市场的需求曲线。

5. 由消费者效用最大化的均衡点出发，可以得到与消费者的不同收入水平相联系的消费者效用最大化的均衡点的轨迹，这就是收入—消费曲线。由收入—消费曲线出发，可进一步推导出恩格尔曲线。

6. 商品的总效应包括替代效应和收入效应。商品的价格与替代效应成反方向变化。正常商品的价格与收入效应成反方向变化，而劣等品的价格与收入效应成同方向变化。因此，对正常商品而言，商品的价格与总效应成反方向变化，即正常品的需求曲线向右下方倾斜。对劣等品而言，大多数劣等品的替代效应的作用大于收入效应的作用，故大多数劣等品的价格与总效应成反方向变化，即它们的需求曲线也向右下方倾斜。对于劣等品中的一类特殊商品吉芬物品而言，它们的替代效应的作用小于收入效应的作用，故吉芬物品的价格与总效应成同方向变化，即吉芬物品的需求曲线向右上方倾斜。

7. 消费者的风险态度可以分为三类：风险回避、风险爱好和风险中立。不同风险态度的判断条件是：当消费者面临一张彩票（即面临一种风险）时，对于该消费者而言，彩票的期望值的效用大于、小于或等于彩票的期望效用时，那么相对应的该消费者的风险态度为风险回避、风险爱好或风险中立。

思考题

一、选择题

1. 一种商品价格下降所引起的该商品需求量变动的总效应可以分解为替代效应和收入效应两部分，总效应为负值的商品是（　　）。

A. 正常物品　B. 低档物品　C. 吉芬物品　D. 必需品

2. 当总效用增加时，边际效用（　　）。

A. 为正值，且不断增加　B. 为负值，且不断减少

C. 为正值，且不断减少　D. 为负值，且不断增加

3. 当某消费者对商品 X 的消费达到饱和点时，则边际效用 MU_X 为（　　）。

A. 正值　B. 负值　C. 0　D. 不确定

4. 需求量和价格反方向变化，是因为（　　）。

A. 替代效应的作用　B. 收入效应的作用

C. 上述两种效应同时发生作用

5. 如果货币的效用大于消费者所购入的商品的效用，则他会（　　）。

A. 停止购买　B. 继续购买

C. 扔掉已经买入的商品　D. 大量购买

6. 已知一元钱的边际效用为 3 个单位，一支钢笔的边际效用为 36 个单位，则消费者愿意用（　　）来买这支钢笔。

A. 12 元　B. 36 元　C. 3 元　D. 108 元

7. 商品的价格不变而消费者的收入增加，消费线可能（　　）。

A. 不动　B. 向右上方移动　C. 向左下方移动　D. 绕着某一点转动

8. 若消费者消费了两个单位某物品之后，得知边际效用为零，则此时（　　）。

A. 消费者获得了最大平均效用　B. 消费者获得的总效用最大

C. 消费者获得的总效用最小　D. 消费者获得的总效用为负

9. 若消费者张某只准备买两种商品 X 和 Y，X 的价格为 10，Y 的价格为 2。若张某买了 7 个单位的 X 和 3 个单位的 Y，所获得的边际效用值分别为 30 个单位和 20 个单位，则（　　）。

A. 张某获得了最大效用

B. 张某应增加 X 的购买，减少 Y 的购买

C. 张某应增加 Y 的购买，减少的 X 购买

D. 张某要想获得最大效用，需要借钱

10. 某消费者消费更多的某种商品时，则（　　）。

A. 消费者获得的总效用递增　B. 消费者获得的总效用递减

C. 消费者获得的边际效用递增　D. 消费者获得的边际效用递减

二、简答题

1. 简述边际效用递减规律的内容。

2. 什么叫无差异曲线？它有何特点？

3. 简述商品的边际替代率递减规律的内容。

4. 水的用途比钻石广泛得多，为什么水的价格远远低于钻石？

三、计算题

1. 消费者张某的收入为270元，他在商品X和Y的无差异曲线上的斜率为$dY/dX=-20/Y$的点上实现均衡。已知商品X和Y的价格分别为$P_X=2$，$P_Y=5$，那么，此时张某将消费多少X和Y？

2. 已知某消费者每年用于商品1和商品2的收入为540元，两商品的价格分别为$P_1=20$元，$P_2=30$元，该消费者的效用函数为$U=3X_1X_2^2$，该消费者每年购买这两种商品的数量各应是多少？每年从中获得的总效用是多少？

3. 假设某消费者的均衡如图3－23所示。其中，横轴OX_1和纵轴OX_2分别表示商品1和商品2的数量，线段AB为消费者的预算线，曲线I为消费者的无差异曲线，E点为均衡点。已知商品1的价格$P_1=2$元。

（1）求消费者的收入；

（2）求商品2的价格P_2；

（3）写出预算线方程；

（4）求预算线的斜率；

（5）求E点的MRS_{12}的值。

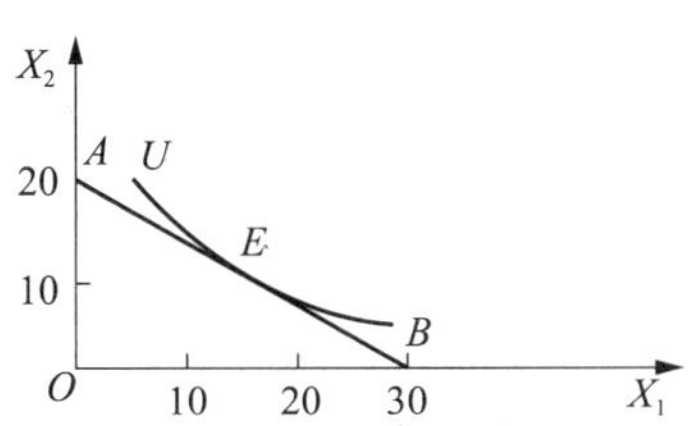

图3－23　某消费者的均衡

4. 汤姆每周花3元用于购买花生奶油和果冻。花生奶油每盎司0.05元，果冻每盎司0.10元。面包是免费的。汤姆只想吃1盎司花生奶油和2盎司果冻做的面包三明治，他的这一习惯将不会改变。

求：

（1）汤姆每周买多少花生奶油和果冻？

（2）如果果冻的价格上升到每盎司0.15元，则汤姆将买多少花生奶油和果冻？

（3）每周用于三明治的总支出应增加多少元，才能弥补果冻价格的上涨？

5. 用图说明序数效用论者对消费者均衡条件的分析，以及在此基础上对需求曲线的推导。

6. 分别用图分析正常物品、低档物品和吉芬物品的替代效应和收入效应，并进一步说明这三类物品需求曲线的特征。

第4章

生产论

前面两章分析了商品市场上的需求问题，从本章开始，将讨论商品市场的供给问题。因为生产是供给的源泉，且供给决策是生产者作出的，所以，供给问题也就是生产问题，是生产者行为问题。

4.1 生产函数

在对生产者行为的分析中，经济学家经常假设厂商总是试图谋求最大的利润（或最小的亏损）。基于这种假设，就可以对厂商所要生产的产品的数量和价格作出预测。当然，经济学家并不认为追求利润最大化是人们从事生产和交易活动的唯一动机。企业家还有其他的目标，譬如企业的生存、安逸的生活和优厚的薪水，等等。尽管如此，从长期来看，厂商的活动看起来很接近于追求最大利润，特别是如果要建立一个简化的模型，就更有理由认为厂商在制定产量时的支配性动机是追求利润最大化，利润最大化至少可以作为一个参考指标去衡量其他目标的实现情况。

厂商是通过生产活动来实现最大利润的目标的。这样，对生产活动的分析也就成为对厂商行为分析的第一步。可以说，生产就是利用生产要素将投入转换为产出（即商品）的过程。用数学术语来说，生产某种商品时所使用的投入数量与产出数量之间的关系就是生产函数。

4.1.1 生产函数的定义

西方经济学中所谓的“生产”，是指一切能够创造或增加效用的人类活动，生产活动包括物质资料的生产，也包括劳务等无形产品的生产。而生产过程则是从生产要素的投入到产品产出的过程。从物资技术角度分析，生产过程可分为两个方面：一是投入，即生产过程中使用的各种要素，包括劳动、土地、资本和企业家才能这四种类型；二是产出，即生产出来的各种产品的数量。生产函数就是用来表示投入和产出或生产要素和产量之间的关系的概念。

生产函数表示在一定时期内，在技术水平不变的情况下，生产中所用的各种生产要素的数量与所能生产的最大产量之间的关系。假定用 Q 表示所能生产的最大可能产量，用 X_1，X_2，…，X_n 表示某产品在生产过程中各种生产要素的投入量，若不考虑可变投入与不变投入的区别，则生产函数可用如下一般表达式表示：

$$Q = F(X_1,\ X_2,\ \cdots,\ X_n) \tag{4.1}$$

该生产函数表示在既定的生产技术条件下，生产要素组合（X_1，X_2，…，X_n）在某一时期所能生产的最大可能产量为 Q。厂商根据生产函数具体规定的技术约束，把投入要素转变为产出。在某一时刻，生产函数是代表给定的投入量所能产出的最大产量，反过来也可以说，它表示支持一定水平的产出量所需要的最小投入量。

在经济学中，为了分析方便，通常假定只使用劳动和资本两种生产要素，如果用 L 表示劳动投入量，用 K 表示资本投入量，则生产函数可用下式表示：

$$Q = f(L,\ K) \tag{4.2}$$

4.1.2　三种常见的生产函数

1. 固定替代比例生产函数（线性生产函数）

指在每一产量水平上任何要素之间的替代比例都是固定的生产函数。

假定生产中只用 L 和 K 两种生产要素，则固定替代比例生产函数的通常形式为：

$$Q = aL + bk\ （a>0,\ b>0） \tag{4.3}$$

其图形如图 4 - 1 所示：

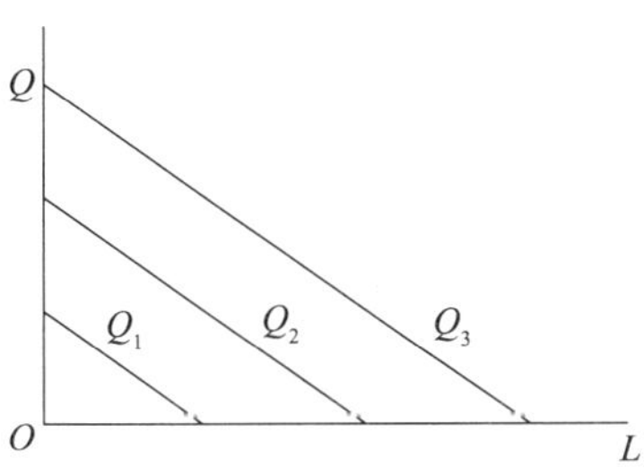

图 4 - 1　固定替代比例生产函数

2. 固定投入比例生产函数（里昂惕夫生产函数）

指在每一产量水平上任何要素投入量之间的比例都是固定的生产函数。假定只用 L 和 K，则固定投入比例生产函数的通常形式为：

$$Q = \min(L/U,\ K/V) \tag{4.4}$$

U 为固定的劳动生产系数（单位产量配备的劳动数），V 为固定的资本生产系数（单位产量配备的资本数）。

在固定投入比例生产函数下，产量取决于较小比值的那一要素。这时，产量的增加，必须有 L、K 按规定比例同时增加，若其中之一数量不变，单独增加另一要素量，则产量不变。既然都满足最小比例，也就有：

$$Q = L/U = K/V, \quad K/L = V/U$$

其图形如图 4－2 所示：

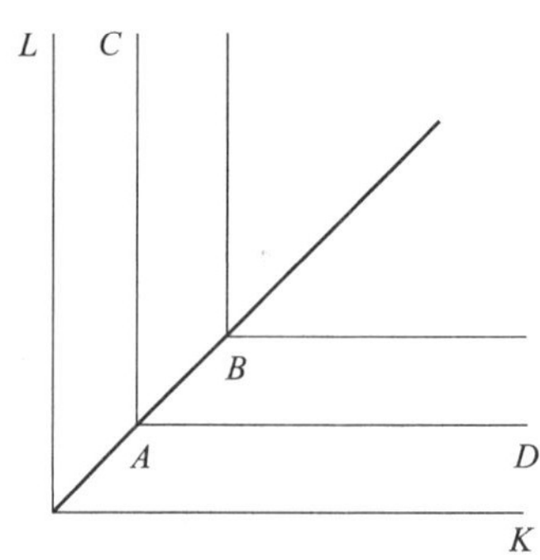

图 4－2　固定投入比例生产函数

3. 柯布—道格拉斯生产函数

柯布—道格拉斯生产函数，又称 C—D 生产函数，是一个非常著名的生产函数，是由美国数学家柯布和经济学家道格拉斯于 1982 年根据历史统计资料提出的。该生产函数的一般形式是：

$$Q = AL^{\alpha}K^{\beta} \tag{4.5}$$

式中，Q 代表产量，L 和 K 分别代表劳动和资本的投入量，A 为规模参数，$A>0$，α 为产出弹性，表示劳动贡献在总产量中所占的份额（$0<\alpha<1$），β 为资本产出弹性，表示资本贡献在总产量中所占的份额（$0<\beta<1$）。

柯布和道格拉斯通过对美国 1899—1922 年劳动、资本和产量的有关统计资料的估算，得出这一时期生产函数的具体形式为：

$$Q = 1.01L^{\frac{3}{4}}K^{\frac{1}{4}} \tag{4.6}$$

这一生产函数表示，在资本投入量固定不变时，劳动投入量单独增加 1%，产量将增加 1% 的 $\frac{3}{4}$，即 0.75%；当劳动投入量固定不变时，资本投入量增加 1%，产量将增加 1% 的 $\frac{1}{4}$，即 0.25%。这时该劳动和资本对总量的贡献比例为 3 ∶ 1。

此外，柯布—道格拉斯生产函数规模报酬状况取决于 $\alpha+\beta$ 的数值大小。若 $\alpha+\beta>1$，则规模报酬递增；若 $\alpha+\beta=1$，则规模报酬不变；若 $\alpha+\beta<1$，则规模报酬递减。

4.1.3　技术系数

技术系数是指生产一定数量的产品所需的各种生产要素的配合比例。技术系数分为可变技术系数和固定技术系数。可变技术系数是指生产一定量的产品所需的各种生产要素的配合比例是可以变动的，表明生产要素之间可以相互替代。例如生产同样的产量，可以采用劳动密集型（即多用劳动少用资本），也可以采用资本密集型（即多用资本少用劳动）。固定技术系数是指生产一定量的产品只存在唯一一种生产要素的配合比例，即生产要素之间不可替代，如果要增加产出，要素投入必须按照同一比例增加。例如服装厂生产服装所需要的投入比例是一人一台缝纫机，增加缝纫机的数量，就要相应增加缝纫机操作人员的数量。西方经济学生产理论中主要研究可变技术系数的生产函数。

4.2 一种可变要素投入的生产函数

微观经济学的生产理论分为短期生产理论和长期生产理论，如何区分厂商是短期生产还是长期生产呢？所谓短期，是指至少有一种生产要素的数量是固定不变的时期；而长期则是指全部生产要素的数量都可以变动的时期。相应地，在短期内，将全部生产要素投入分为固定投入和可变投入。固定投入是指在一定时期内，数量不随产量的变动而变动的要素，例如，机器设备、厂房等。可变投入是指在一定时期内，数量随产量的变动而变化的要素，例如，劳动、原材料、易耗品等。长期中全部生产要素都可以变动。因此，厂商可以根据需求状况和企业的经营状况，扩大或缩小企业的生产规模，乃至进入或退出一个行业。长期中不存在固定投入和变动投入的区别。

需要注意的是，西方经济学所说的短期和长期并不是以具体的时间长短为标准（如一年或十年），而是以能否变动全部生产要素投入的数量作为划分标准的，其时间长短视具体情况而定。例如，要想改变钢铁厂的炼钢设备数量，可能需要两年的时间；而增加一家饮食店并对其进行全新装修，则只需要几个月。

4.2.1 一种可变生产要素的生产函数

微观经济学通常以一种可变要素的生产函数考察短期生产理论。一种可变生产要素的生产函数表示产量（Q）随一种可变投入（X）的变化而变化。

其函数形式如下：

$$Q=f(X) \tag{4.7}$$

若假设仅使用劳动与资本两种要素，并设资本要素不变，劳动要素可变，则有函数：

$$Q=f(L,\ \overline{K}) \tag{4.8}$$

或短期生产函数可简记为：

$$Q=f(L) \tag{4.9}$$

4.2.2 总产量、平均产量和边际产量

短期生产函数 $Q=f(L,\ \overline{K})$ 表示：在资本投入量固定时，由劳动投入量变化所带来的最大产量的变化。由此，可以得到劳动的总产量、平均产量和边际产量三个概念。

1. 总产量

总产量（记为 TP_L）是指在资本投入既定的条件下，与一定可变生产要素劳动的投入量相对应的最大产量。定义公式为：

$$TP_L=f(L) \tag{4.10}$$

总产量变动的特点：初期随着可变投入的增加，总产量先以递增的增长率上升，然后以递减的增长率上升，达到某一极大值后，随着可变投入的继续增加而下降。

2. 平均产量

平均产量（记为 AP_L）是指平均每单位可变生产要素所能生产的产量。定义公式为：

$$AP_L = \frac{TP_L}{L} = \frac{f(L)}{L} \tag{4.11}$$

平均产量变动的特点：初期，随着可变生产要素投入的增加，平均产量不断增加，到一定点达到极大值，之后随着可变生产要素投入量的继续增加，转而下降。

3. 边际产量

边际产量（记为 MP_L）是指每增加一单位可变生产要素的投入量所引起的总产量的变动量。定义公式为：

$$MP_L = \frac{\Delta TP_L}{\Delta L} \text{或} MP_L = \lim_{\Delta L \to 0} \frac{\Delta TP_L}{\Delta L} = \frac{\mathrm{d}f(L)}{\mathrm{d}L} \tag{4.12}$$

边际产量变动的特点：开始时，边际产量随着可变生产要素投入的增加不断增加，到一定数量达到最大值，之后开始下降，边际产量可以下降为零，甚至为负。

4.2.3 总产量、平均产量和边际产量之间的关系

图 4－3 中横坐标表示可变生产要素劳动的投入数量 L，纵坐标表示产量 Q，TP_L、AP_L 和 MP_L 三条曲线分别表示总产量曲线、平均产量曲线和边际产量曲线，这三条曲线都是先呈上升趋势，而后达到自身的最大值后，再呈下降趋势。

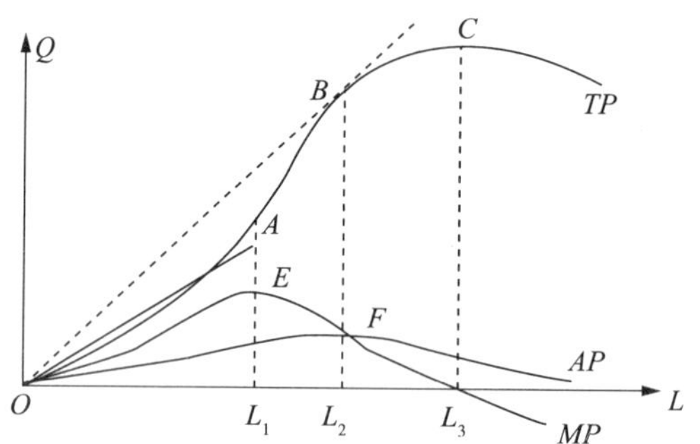

图 4－3　MP、AP 和 TP 的关系

首先来看总产量和边际产量之间的关系。从定义来看，$MP_L = \lim_{\Delta L \to 0} \frac{\Delta TP_L}{\Delta L} = \frac{\mathrm{d}f(L)}{\mathrm{d}L}$，可知边际产量是总产量的一阶导数，表示了总产量的变化率。两条产量曲线的形状恰好反映了这种关系。从图 4－3 来看，当劳动投入量从 0 增加到 L_1 时，MP_L 为正值且曲线呈上升趋势，由于 MP_L 表示 TP_L 的变化率，TP_L 曲线以递增的变化率上升，此时，MP_L 曲线达到顶点，对应的 TP_L 曲线上的 A 点是斜率递增和递减的拐点；同理，当劳动量从 L_1 增加到 L_3 时，MP_L 为正值，但曲线下降，TP_L 曲线以递减的变化率上升；当劳动投入量恰好为 L_3 时，$MP_L = 0$，即相应的 TP 最大。当进一步增加劳动投入量时，MP_L 为负值，TP_L 曲线开始下降。

此外，根据总产量和边际产量之间的关系，在已知 TP_L 曲线的情况下，就可从中推出

MP_L 曲线，因为 TP_L 曲线任何一点的切线的斜率就是相应的 MP_L 值。

再来看平均产量和总产量之间的关系。由定义 $AP_L=\frac{TP_L}{L}$ 可知，任一劳动投入量的平均产量都可以用与该要素投入量对应的总产量曲线上点与原点之间连线的斜率表示。在图4－3中，当劳动投入量为 L_1 时，连接 TP_L 曲线上 A 点和坐标原点的线段 OA 的斜率为 $\frac{AL_1}{OL_1}$，$\frac{AL_1}{OL_1}$ 就是相应的 AP_L 值。

最后，看边际产量和平均产量之间的关系。从图4－3中可以看出，当劳动投入量小于 L_2 时，$MP_L>AP_L$，AP_L 曲线上升；当劳动投入量大于 L_2 时，$MP_L<AP_L$，AP_L 曲线下降；当劳动投入量等于 L_2 时，$MP_L=AP_L$，且此时 AP_L 达到最大值。这是因为就任何一对边际产量和平均产量而言，只要边际产量大于平均产量，就会把平均产量拉高，反之，则边际产量把平均产量拉低。而当 MP_L 与 AP_L 相交时，AP_L 达到最大值。此时，OB 即是 TP_L 曲线上 B 点的切线，也是 B 点与原点的连线，其斜率即是 B 点所对应的劳动投入量 L_2 的 MP_L 值，也是 AP_L 值。由于 AP_L 是最大值，所以 OB 是从原点出发的最陡的切线。

4.2.4　边际报酬递减规律

西方经济学家指出，在生产中普遍存在这么一种现象：假定其他生产要素的投入量都不变，仅增加某一种生产要素的投入量，那么，在技术水平不变的前提下，当投入量小于某一特定数值时，边际产量递增，当投入量连续增加并超过某一特定数值时，边际产量最终是递减的。这就是边际报酬递减规律。边际报酬递减规律是短期生产的一条基本规律。

从理论上讲，边际报酬递减规律存在的原因是：在生产中，可变要素与不变要素在数量上都存在一个最佳配合比例。开始时，可变要素投入量小于最佳配合比例所需数量，随着可变要素投入量的逐渐增加，可变要素与不变要素越来越接近最佳配合比例。边际产量呈递增的趋势。当达到最佳配合比例后，再增加可变要素的投入，可变生产要素的边际产量就呈递减趋势。

边际报酬递减规律以技术水平不变和其他生产要素投入不变为前提，并且特别强调的是，并非一增加这种生产要素的投入，就会出现边际报酬递减规律，只是投入超过一定数量时，边际报酬递减规律才会出现。

4.2.5　短期生产三个阶段的划分及生产要素合理投入区域的确定

根据总产量、平均产量、边际产量的变化情况，可以把短期生产划分为三个阶段：Ⅰ、Ⅱ、Ⅲ，如图4－4所示。

第Ⅰ阶段（0～L_2 阶段）：收益递增阶段，生产者不应停留的阶段。在这一阶段，劳动的边际产量始终大于劳动的平均产量，从而使得劳动的平均产量和总产量都上升，且劳动的平均产量达到最大值。说明在这一阶段，可变生产要素相对于不变生产要素投入量显得过小，不变生产要素的使用效率不高，生产者增加可变生产要素的投入量，就可以增加总产量。因此，生产者将增加生产要素的投入量，把生产扩大到第Ⅱ阶段。

第Ⅱ阶段（L_2～L_3 阶段）：收益递减阶段，劳动的边际产量小于劳动的平均产量，从而

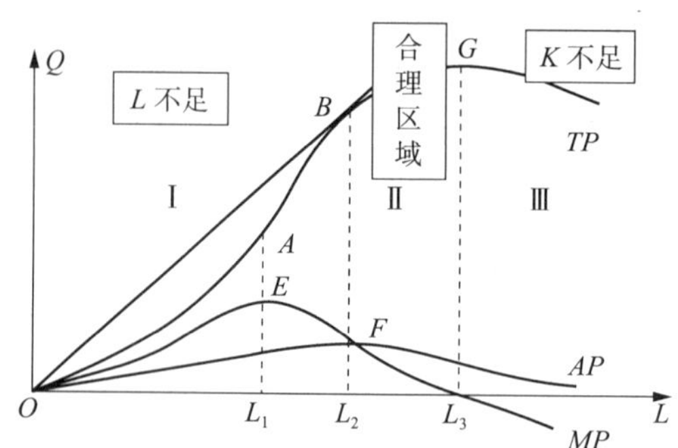

图 4－4　短期生产的决策阶段

使平均产量递减。但由于边际产量仍大于零，所以总产量仍然连续增加，但以递减的变化率增加。在这一阶段的起点 L_2，AP_L 达到最大，在终点 L_3，TP_L 达到最大。

第Ⅲ阶段（L_3 之后）：负收益阶段，生产者不能进入的阶段。在这一阶段，平均产量继续下降，边际产量变为负值，总产量开始下降。这说明，在这一阶段，生产出现冗余，可变生产要素的投入量相对于不变生产要素来说已经太多，生产者减少可变生产要素的投入量是有利的。因此，理性的生产者将减少可变生产要素的投入量，把生产退回到第Ⅱ阶段。

由此可见，合理的生产阶段在第Ⅱ阶段，理性的厂商将选择在这一阶段进行生产。至于选择在第Ⅱ阶段的哪一点生产，则要看生产要素的价格和厂商的收益。

4.3　两种可变投入的生产函数

本节介绍长期生产理论，以两种可变生产要素的生产函数为例来讨论长期内生产要素的投入量与产量之间的关系。

4.3.1　两种可变投入的生产函数

长期中，所有的生产要素都是可变的，在生产理论中，为了分析方便，通常以两种可变生产要素的生产函数来研究长期生产问题。假定生产者用劳动和资本两种可变生产要素来生产一种产品，则生产函数的形式为：

$$Q=f(L,\ K) \tag{4.13}$$

式中，L 表示可变生产要素劳动的投入量，K 表示可变生产要素资本的投入量，Q 表示产量。式（4.13）表示：在长期内，在技术水平不变的条件下，两种可变生产要素投入量的组合与能生产的最大产量之间的依存关系。

在两种可变生产要素投入的生产函数下，如何使生产要素的投入量达到最优组合，从而使生产一定产量时的成本最小，或使一定成本时的产量最大？西方经济学运用了等产量曲线与等成本线进行分析。

4.3.2　等产量曲线

生产理论中的等产量曲线与效用理论中的无差异曲线是很相似的。等产量曲线表示在一定技术条件下，生产既定产品产量所需投入的生产要素的各种可能组合点的轨迹。

与等产量曲线相对应的生产函数是：

$$Q=f(L,\ K)=Q^0 \tag{4.14}$$

式中，Q^0 为常数，表示既定的产量水平，这一函数是一个两种可变要素的生产函数。

图 4－5 是等产量曲线图形。这一等产量曲线图是从三维空间中的等产量点向 L—K 平面投影而来的，因此曲线的纵坐标与横坐标所表示的并不是因变量与自变量的关系。在图 4－5 中，L 与 K 是自变量，Q 是因变量。

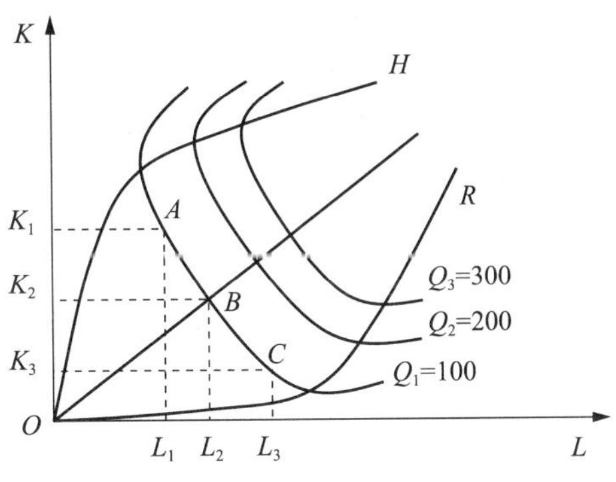

图 4－5　等产量曲线

图 4－3 中的三条等产量曲线，分别表示产量为 100、200、300 单位。以代表 100 单位产量的等产量曲线为例，既可以使用 A 点的要素组合（OL_1，OK_1）生产，也可以使用 B 点的要素组合（OL_2，OK_2）或 C 点的要素组合（OL_3，OK_3）生产。这是连续性生产函数的等产量曲线，它表示两种投入要素的比例可以任意变动，产量是一个连续函数，这是等产量曲线的基本类型。

和无差异曲线一样，距原点越远的等产量曲线，代表的产量水平越高，距原点越近的等产量曲线，代表的产量水平越低。在同一平面坐标上的任何两条等产量曲线不会相交，因为不同的等产量曲线代表不同的产量水平，等产量曲线凸向原点。

4.3.3　等产量曲线的其他类型

根据生产要素间的替代性不同，等产量曲线有如下类型：

1. 直角型等产量曲线

在技术条件不变时，如果两种生产要素只能采用一种固定比例进行生产，说明两种生产要素不能互相替代，等产量曲线呈直角形，如图 4－6 所示。在图 4－6 中，等产量曲线的顶角（如 A、B、C 点）代表投入要素最优组合点。比如生产 Q_1 的产量，可以用劳动 L_1 和资本 K_1，如果资本固定在 K_1 上，无论 L 如何增加，产量也不会变化。同样的道理也适用于劳动固定不变的情形。只有当劳动和资本同时按固定比例增加，如图 4－6 中从 A 点到 B 点，才会使产量从 Q_1 增加到 Q_2。在这种等产量曲线中，单独增加的生产要素的边际产量为 0。

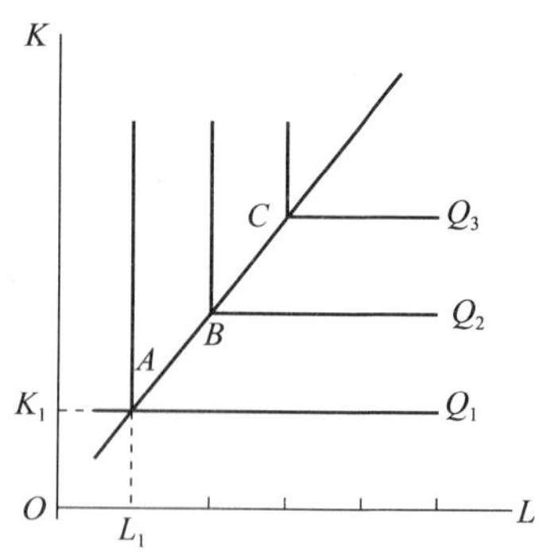

图 4-6　直角型等产量曲线

2. 直线型等产量曲线

在技术条件不变时，两种投入要素之间可以完全替代，且替代比例为常数，此时，等产量曲线为一条直线，如图 4-7 所示。在这种等产量曲线下，企业可以资本为主（如点 A），或以劳动为主（如点 C），或两者按特定比例的任意组合（如点 B）生产相同的产量。

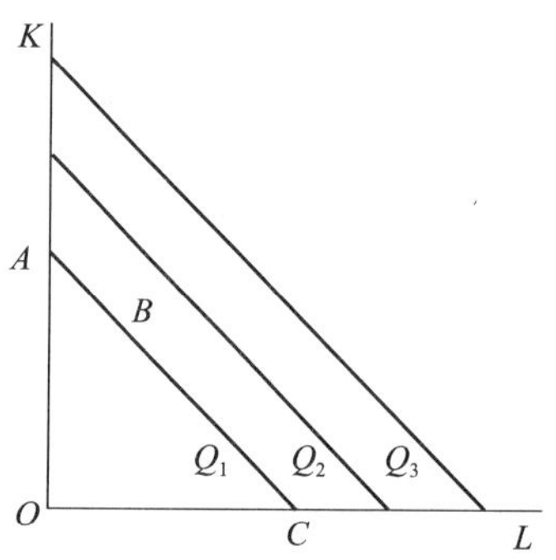

图 4-7　直线型等产量曲线

3. 折线型等产量曲线

如果企业可以采用多种投入比例生产出相同的产量，且同一比例中要素之间具有完全替代性，此时将会形成折线型的等产量曲线，如图 4-8 所示。A、B、C、D、E 分别代表劳动和资本投入的五种固定比例。由原点出发的五条射线的斜率，分别代表两种要素投入的五种固定比例。这种等产量曲线介于直线型和连续型等产量曲线之间。

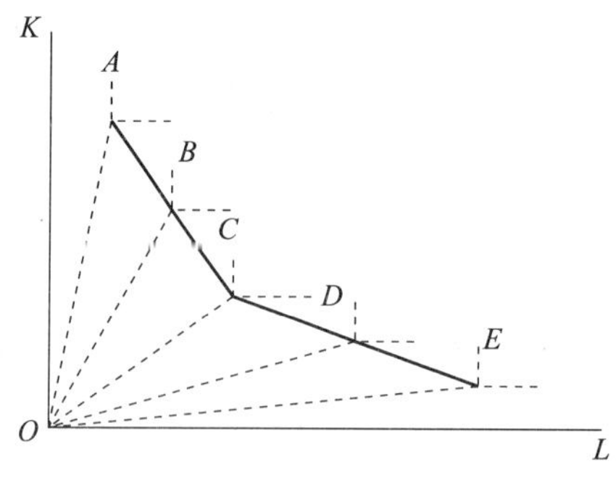

图 4-8　折线型等产量曲线

4.3.4　边际技术替代率

1. 边际技术替代率的含义

长期生产的主要特征是生产要素的不同组合可以生产同一产量水平，即在维持同一产量水平时，生产要素之间可以相互代替。边际技术替代率是研究生产要素之间替代关系的一个重要概念，它是指在维持产量水平不变的条件下，增加一单位某种生产要素投入量时所减少的另一种要素的投入数量。以 $MRTS_{LK}$ 表示劳动对资本的边际技术替代率，则：

$$MRTS_{LK} = -\frac{\Delta K}{\Delta L} \tag{4.15}$$

式中，ΔK 和 ΔL 分别表示资本投入量的变化量和劳动投入量的变化量，式中加负号是为了使 $MRTS_{LK}$ 为正值，以便于比较。

如果生产要素投入量的变化量为无穷小，式（4.13）变为：

$$MRTS_{LK} = \lim_{\Delta L \to 0} -\frac{\Delta K}{\Delta L} = -\frac{\mathrm{d}K}{\mathrm{d}L} \tag{4.16}$$

式（4.14）说明等产量曲线上某一点的边际技术替代率就是等产量曲线上过该点切线斜率的绝对值。

2. 边际技术替代率与边际产量的关系

边际技术替代率（绝对值）等于两种生产要素的边际产量之比。

设生产函数 $Q=f(L, K)$，则：

$$\mathrm{d}Q = \frac{\mathrm{d}Q}{\mathrm{d}L} \cdot \mathrm{d}L + \frac{\mathrm{d}Q}{\mathrm{d}K} \cdot \mathrm{d}K = MP_L \cdot \mathrm{d}L + MP_K \cdot \mathrm{d}K$$

由于在同一条等产量曲线上产量相等，即 $\mathrm{d}Q=0$，则上式变为：

$$MP_L \cdot \mathrm{d}L + MP_K \cdot \mathrm{d}K = 0$$

即：

$$-\frac{\mathrm{d}K}{\mathrm{d}L} = \frac{MP_L}{MP_K}$$

由边际技术替代率公式可知：

$$MRTS_{Lk} = MP_L / MP_K \tag{4.17}$$

上述关系是因为边际技术替代率是建立在等产量曲线的基础上，所以，对于任意一条给定的等产量曲线来说，当用劳动投入代替资本投入时，在维持产量水平不变的前提下，由增加劳动投入量所带来的总产量的增加量和由减少资本量所带来的总产量的减少量必然相等。

3. 边际技术替代率递减规律

边际技术替代率递减规律：在维持产量不变的前提下，当一种生产要素的投入量不断增加时，每一单位的这种要素所能代替的另一种生产要素的数量是递减的。以图 4－9 为例，当要素组合沿着等产量曲线由 a 点按顺序移动到 b、c 和 d 点的过程中，劳动投入等量地由 L_1 增加到 L_2、L_3 和 L_4。即：$L_2 - L_1 = L_3 - L_2 = L_4 - L_3$，相应地，资本投入的减少量为 $K_1K_2 > K_2K_3 > K_3K_4$，这恰好说明了边际技术替代率是递减的。

边际技术替代率递减是因为边际产量是逐渐下降的。其一，当资本量不变时，随着劳动

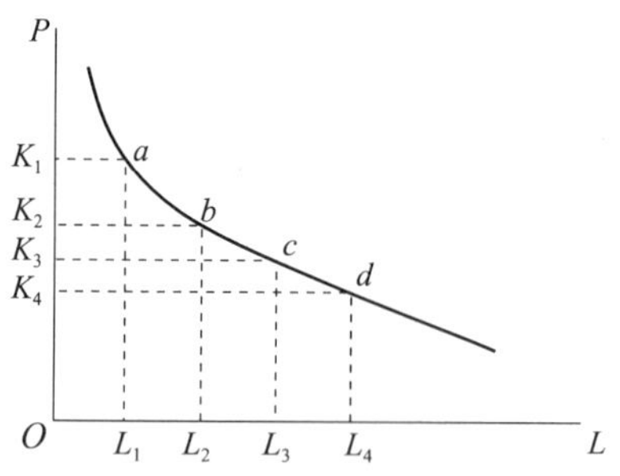

图 4 –9　边际技术替代率递减

投入量的增加，劳动的边际产量有递减趋势；其二，当资本量也下降时，劳动的边际产量会下降得更多。

前面提到等产量曲线一般具有凸向原点的特征，这一特征是由边际技术替代率递减规律决定的。因为由边际技术替代率定义公式可知，等产量曲线上某一点的边际技术替代率就是等产量曲线上过该点的切线斜率的绝对值，又因为边际技术替代率是递减的，所以等产量曲线切线斜率的绝对值是递减的，即等产量曲线凸向原点。

4.4　等成本线

厂商在生产过程中要投入生产要素，即厂商要购买生产要素进行生产，这便构成了厂商的生产成本。厂商长期生产的成本通常用等成本线来分析。

4.4.1　等成本线的定义

等成本线也称为企业的预算线，是指在企业的成本和生产要素价格既定的条件下，生产者所能购买的两种生产要素最大数量的各种组合的轨迹。假定厂商既定的成本支出为 C，要素市场上劳动的价格用工资率 w 表示，资本的价格用利息率 r 表示，则成本方程为：

$$C = wL + rK \tag{4.18}$$

这一方程可表示为：

$$K = -\frac{w}{r}L + \frac{C}{r} \tag{4.19}$$

根据以上式子，可以得到等成本线，如图 4 –10 所示。

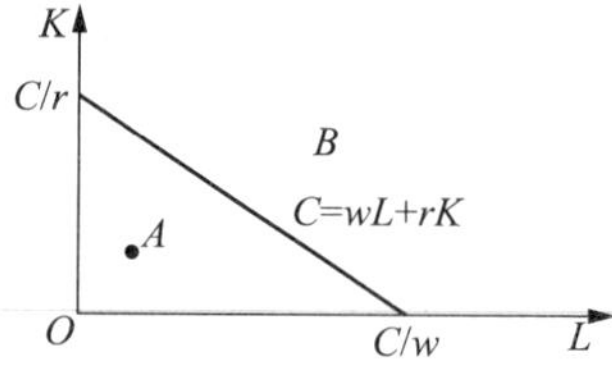

图 4 –10　等成本线

图 4 –10 中等成本线的纵截距表示全部成本支出用于购买资本时所能购买的资本数量，等成本线的横截距表示全部成本支出用于购买劳动时所能购买的劳动数量，等成本线的斜率

为 $-\frac{w}{r}$，其大小取决于劳动和资本两生产要素相对价格的高低。

在图 4－10 中，在等成本线以内的区域，其中的任意一点（如 A 点）表示既定的总成本没有用完；等成本线以外的区域，其中的任意一点（如 B 点）表示既定的成本不够购买该点的劳动和资本的组合；等成本线上的任意一点表示既定的全部成本刚好能购买的劳动和资本的组合。

4.4.2　等成本线的移动

如果两种生产要素的价格不变，等成本线可因总成本的增加或减少而平行移动，等成本线的斜率不会发生变化，在同一平面上，距离原点越远的等成本线，代表成本水平越高。如果厂商的成本或要素的价格发生变动，都会使等成本线发生变化。其变化情况依两种生产要素价格变化情况的不同而不同，可以参照预算线的变动进行分析。

4.5　生产要素的最优组合

在长期生产中，所有生产要素的投入数量都是可变动的，任何一个理性的生产者都会选择最优的生产要素组合进行生产。本节将把等产量曲线和等成本线结合在一起，研究生产者如何选择最优的生产要素组合，从而实现既定成本条件下的最大产量或既定产量条件下的最小成本。

4.5.1　既定成本条件下的最大产量

假定厂商的既定成本为 C，劳动的价格为 w，资本的价格为 r，把等成本线和等产量曲线画在同一个平面坐标系中，如图 4－11 所示。从图 4－11 可以确定厂商在既定成本下实现最大产量的最优要素组合，即生产的均衡点。

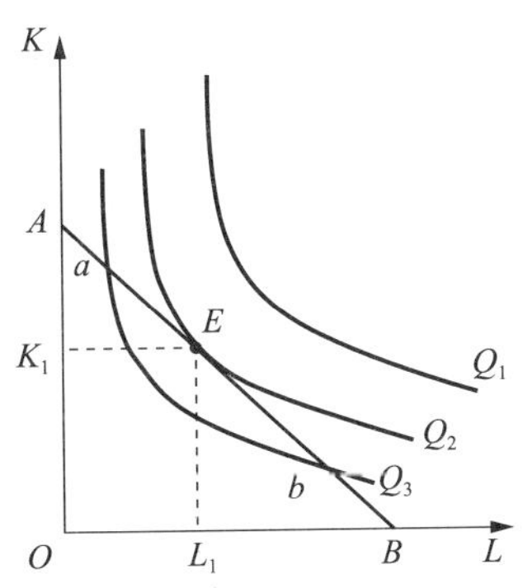

图 4－11　既定成本下的最大产量要素组合

因为成本既定，所以图 4－11 中只有一条等成本线，但可供厂商选择的产量水平有很多，图 4－11 中画出了 3 个产量水平 Q_1、Q_2、Q_3。先看等产量曲线 Q_1，图 4－11 中等产量曲线 Q_1 代表的产量水平最高，但处于等成本曲线以外的区域，表明厂商在既定成本条件下，不能购买到生产 Q_1 产量所需的要素组合，因此，Q_1 代表厂商在既定成本下无法实现的产量。

再看产量水平 Q_3，虽然等产量曲线 Q_3 与等成本线交于 a、b 两点，但等产量曲线 Q_3 所代表的产量水平是比较低的。因为此时厂商可以在不增加成本的情况下，只需从 a 点出发向右或由 b 点出发向左沿着等成本线 AB 改变要素组合，就可以使产量增加。

进一步分析等成本线 AB 和等产量曲线 Q_3 的两个交点 a 点和 b 点。如果厂商开始时在 a 点生产。在 a 点由于等产量曲线的斜率的绝对值大于等成本线的斜率的绝对值。我们知道，等产量曲线某一点的斜率的绝对值等于该点上的两要素的边际技术替代率，等成本线的斜率的绝对值等于两要素的价格之比，所以在 a 点有 $MRTS_{LK} > \frac{w}{r}$，假定 $MRTS_{LK} = -\frac{\mathrm{d}K}{\mathrm{d}L} = \frac{4}{1}$，$\frac{w}{r} = \frac{1}{1}$。从不等式的左边看，在生产过程中，厂商放弃 1 单位的资本投入量时，只需加 0.25 单位的劳动投入量，就可以维持产量不变；从不等式的右边看，在生产要素市场上，厂商在不改变成本总支出的情况下，减少 1 单位的资本购买，可以增加 1 单位的劳动购买，这样厂商在减少 1 单位资本投入量的情况下，可以因为多得到 0.75 单位的劳动投入量而使总产量增加，所以只要 $MRTS_{LK} > \frac{w}{r}$，厂商就会在不改变总成本支出的情况下，通过不断地用劳动代替资本而使总产量增加，表现在图 4－11 中，就是厂商的生产会沿着等成本线 AB 由 a 点不断向 E 点靠近。

同理，可以分析在 b 点时厂商的行为。在 b 点时，由于等产量曲线的斜率的绝对值小于等成本线的斜率的绝对值，即 $MRTS_{LK} < \frac{w}{r}$，同样假定，$MRTS_{LK} = -\frac{\mathrm{d}K}{\mathrm{d}L} = \frac{1}{4}$，$\frac{w}{r} = \frac{1}{1}$，则此时厂商的生产过程是，厂商在减少 1 单位的劳动投入量时，只需增加 0.25 单位的资本投入量，就可以维持原有的产量水平；而要素市场上减少 1 单位劳动的购买量，可多购买 1 单位的资本，因此厂商在减少 1 单位劳动投入量的情况下，就可因为多得到 0.75 单位的资本投入量而使总产量增加，所以，只要 $MRTS_{LK} < \frac{w}{r}$，厂商就会在不断改变总支出的条件下，不断地用资本代替劳动，而使总产量增加。表现在图 4－11 中，就是厂商的生产会沿着等成本线 AB 由 b 点不断向 E 点靠近。

最后看等产量曲线 Q_2。等产量曲线 Q_2 与等成本曲线相切于 E 点，则此时等成本线斜率的绝对值与等产量曲线斜率的绝对值相等，即 $MRTS_{LK} = \frac{w}{r}$，此时无论厂商减少劳动投入量或减少资本投入量，在维持产量不变的情况下，都不可能多得到另一种生产要素的投入量，因此也不能使总产量增加，所以，此时厂商不再变动生产要素组合，实现了生产者均衡，也达到了生产要素的最优组合。

所以既定成本条件下的最大产量的生产要素最优组合的条件是：

$$MRTS_{LK} = \frac{w}{r} \tag{4.20}$$

式（4.20）表示：厂商应该选择最优的生产要素组合，使两种要素的边际技术替代率等于两种要素的价格之比，从而实现既定成本条件下的最大产量。

结合式子（4.15）可得到：

$$\frac{MP_L}{w}=\frac{MP_K}{r} \tag{4.21}$$

式（4.21）表明，厂商将最后一单位的货币成本无论用来购买哪种要素所带来的边际产量相等时，厂商才能获得既定成本条件下的最大产量。

4.5.2　既定产量条件下的最小成本

假设厂商的既定产量为 Q，则可用图 4－12 来分析既定产量条件下的最小成本的生产要素最优组合。

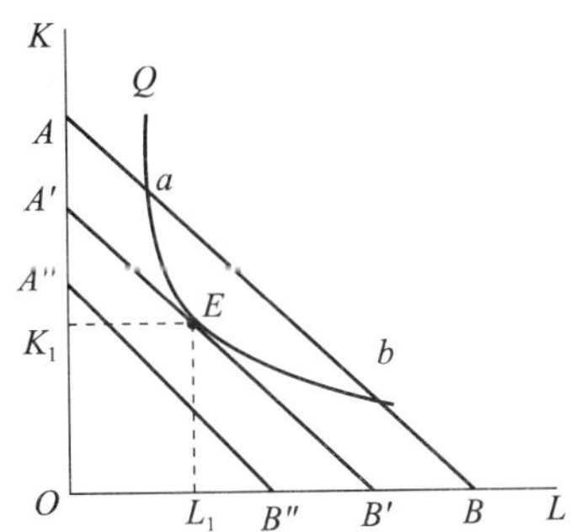

图 4－12　既定产量下的最小成本要素组合

在图 4－12 中有一条等产量曲线 Q 和三条等成本线 AB、$A'B'$、$A''B''$。等产量曲线 Q 代表既定的产量，三条等成本线斜率相同，但总成本支出不同：$C_{AB}>C_{A'B'}>C_{A''B''}$。

在图 4－12 中等成本线 $A''B''$与等产量曲线 Q 没有交点，等产量曲线 Q 在等成本线 $A''B''$以外，所以产量 Q 是在 $A''B''$的成本水平下无法实现的产量水平。等成本线 AB 与等产量曲线 Q 有两个交点 a、b，等成本线 $A'B'$与等产量曲线 Q 相切于 E 点时，按照上述相同的分析方法可知：厂商不会在 a、b 点达到均衡，只有在切点 E，才是厂商的最优生产要素组合。

所以，既定产量条件下的最小成本的生产要素最优组合的条件是：

$$MRTS_{LK}=\frac{w}{r} \tag{4.22}$$

该式（4.22）表示：厂商应该选择最优的生产要素组合，使两种要素的边际技术替代率等于两种要素的价格之比，从而实现既定产量条件下的最小成本。

结合式子（4.17），可得到：

$$\frac{MP_L}{w}=\frac{MP_K}{r} \tag{4.23}$$

式（4.23）表明，厂商将最后一单位的货币成无论用来购买哪种要素所带来的边际产量相等时，厂商才能获得既定产量条件下的最小成本。

4.5.3　扩展线

如果厂商的经费支出增加，想扩大生产要素投入以增加产量。这就涉及生产扩展线的概念。

扩展线（生产扩展线）表示在生产要素价格、生产技术和其他条件不变的情况下，企业扩大生产规模所引起的生产要素最优组合点移动的轨迹。

如果生产要素价格不变，厂商的经费支出增加，等成本线会平行地向上移动；如果厂商改变产量，等产量曲线也会发生平移。这些等产量曲线将与相应的等成本线相切，形成一系列生产者均衡点，把所有这些点连接起来形成的曲线叫做扩展线。图 4－12 中的曲线 ON 就是一条扩展线。由于生产要素的价格保持不变，生产者均衡约束条件又是 $MRTS_{LK}=\frac{w}{r}$，所以扩展线上所有的生产均衡点的边际技术替代率相等。在扩展线上，可以用最小成本生产最大产量，从而获得最大利润，虽然用其他路径也能达到使产量扩大的结果，但不是最优路径，只有沿均衡点扩大规模才是最优路径，所以厂商愿意沿此路径扩大生产。但厂商究竟会把生产推进到扩展线上的哪一点上，单凭扩展线是不能确定的，还要看市场需求的情况。图 4－13 说明了这种情况。

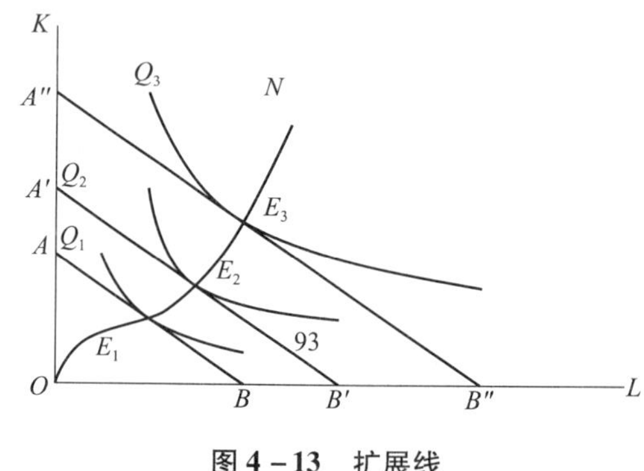

图 4－13　扩展线

扩展线表示：在生产要素价格、生产技术和其他条件不变的情况下，当生产的成本或产量发生变化时，厂商必然会沿着扩展线来选择最优的生产要素组合，从而实现既定成本条件下的最大产量，或实现既定产量条件下的最小成本。扩展线是厂商在长期的扩张或收缩生产时所必须遵循的路线。

4.6　规模报酬

长期生产中，厂商对两种要素同时进行调整，引起规模的改变。随着规模的变化，产量也相应发生变化，研究其变化规律，就要涉及规模报酬问题。

4.6.1　规模报酬

生产规模变动与所引起的产量变化的关系即为规模报酬问题。一般来说，企业生产规模的改变是通过各种要素投入量的改变实现的，在长期中才能得到调整。

各种要素在调整过程中，可以以不同组合比例同时变动，也可以按固定比例变动。在生产理论中，常以全部生产要素以相同的比例变化来定义企业的生产规模变化，因此，所谓规模报酬，是指在其他条件不变的情况下，各种生产要素按相同比例变动所引起的产量的变动。根据产量变动与生产要素投入变动之间的关系，可以将规模报酬分为三种：规模报酬不变、规模报酬递增和规模报酬递减。

4.6.2　规模与产量之间变动关系的三种情况

1. 规模报酬递增

所谓规模报酬递增，是指产量增加的比例大于各种生产要素增加的比例。如图4－14所示，当劳动和资本扩大一个很小的倍数，就可以导致产出扩大很大的倍数。在图4－14中，当劳动和资本投入分别为2个单位时，产出为100个单位；但生产200单位产量所需的劳动和资本投入分别小于4个单位。产出是原来的两倍，投入却不到原来的两倍。

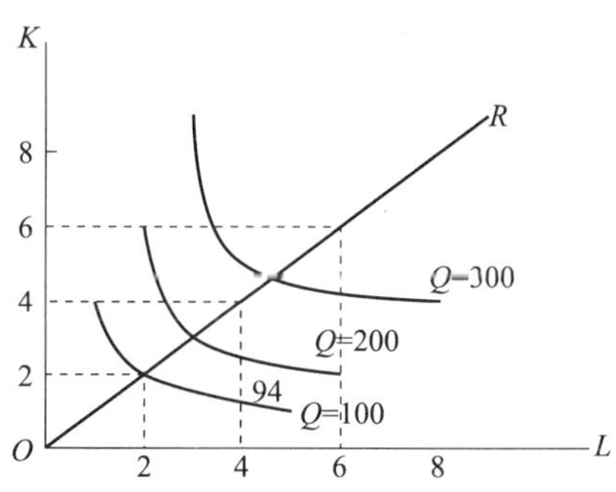

图4－14　规模报酬递增

2. 规模报酬不变

所谓规模报酬不变，是指产量增加的比例等于各种生产要素增加的比例。如图4－15所示，生产要素的投入数量扩大某一倍数，产出也增加相应的倍数。在图4－15中，当劳动和资本投入分别为2个单位时，产出为100个单位；当劳动和资本分别为4个单位时，产出为200个单位。产出与投入增加相同的倍数。

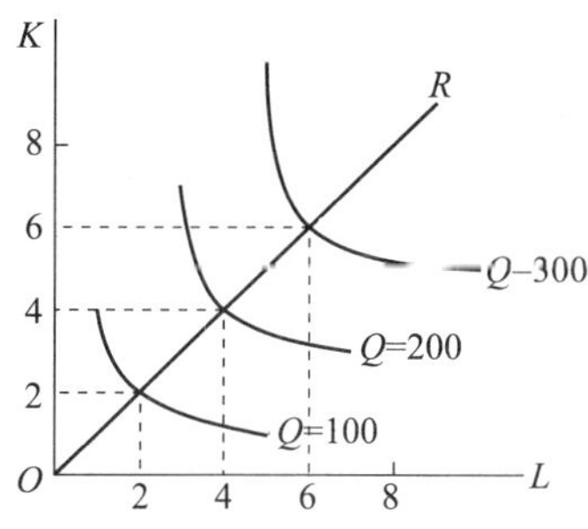

图4－15　规模报酬不变

3. 规模报酬递减

所谓规模报酬递减，是指产量增加的比例小于各种生产要素增加的比例。如图4－16所示，劳动与资本扩大一个很大的倍数，而产出只扩大很小的倍数。在图4－16中，当劳动与资本投入分别为2个单位时，产出为100个单位；但当劳动与资本投入分别为4个单位时，产出低于200个单位，投入是原来的两倍，但产出却不及原来的两倍。

规模报酬的上述三种情况也可以用公式表示。假设生产函数$Q=f(L, K)$为n次齐次函数，当全部要素投入量变动λ时，产量变动为λ^n，生产函数的公式为：

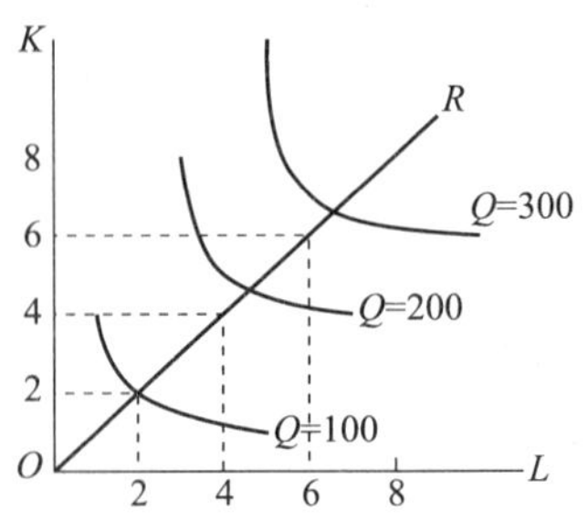

图 4－16　规模报酬递减

$$Q \cdot \lambda^n = f(\lambda L,\ \lambda K) \tag{4.24}$$

如果 $n>1$，为规模报酬递增；

如果 $n<1$，为规模报酬递减；

如果 $n=1$，为规模报酬不变。

西方经济学认为，一般而言，随着企业的生产规模的扩大，最初往往规模报酬递增，然后可能有一个规模报酬不变的阶段；如果厂商继续扩大生产规模，就会出现规模报酬递减。在长期生产内，追求利润最大化的厂商的主要任务是，通过生产规模的调整，尽可能降低长期平均成本。

小　结

1. 生产者或厂商是指能够作出统一生产决策的个体经济单位。厂商进行生产的目标通常假定为追求利润最大化。

2. 厂商的生产可分为短期生产和长期生产。短期是指在生产中厂商至少有一种生产要素来不及调整的时期；长期是指在生产中厂商对于所有的生产要素都可以进行调整的时期。相应地，我们分别用短期生产理论和长期生产理论来讨论短期生产和长期生产的基本特征。

3. 短期生产的基本规律是边际报酬递减规律。该规律强调：在一种产品的短期生产中，在其他条件不变的前提下，任何一种可变要素的边际产量必然会从递增阶段发展为递减阶段，也就是说，任何一种可变要素的短期边际产量曲线呈现出先上升后下降的倒 U 型特征。由短期边际产量曲线的特征可以推导出短期总产量曲线与短期平均产量曲线，短期生产可以分为三个阶段，厂商生产的合理区间是第二阶段。

4. 等产量曲线是一定技术条件下生产同一产量的两种生产要素投入量的所有不同组合。等产量曲线的斜率可以用边际技术替代率的相反数表示，边际技术替代率是递减的。等成本线是在生产成本和要素价格给定的条件下生产者可以购买到的两种生产要素的各种不同组合的轨迹。等成本线的斜率可以用两种要素的价格之比的相反数来表示。

5. 在长期生产中，厂商无论是实现既定成本下的最大产量，还是实现既定产量下的最小成本，生产的均衡点都发生在等产量曲线和等成本曲线的相切点。在切点上，等产量曲线和等成本曲线的斜率相等，即两种要素的边际技术替代率等于两种要素价格之比。或者说，只有厂商将最后一单位的货币成本无论用来购买哪种要素所带来的边际产量都相等时，他才能够实现既定成本下的最大产量或者实现既定产量下的最小成本。

6. 规模报酬属于长期生产的概念。规模报酬递增、规模报酬不变和规模报酬递减分别是指长期生产中全部生产要素增加的比例小于、等于或大于它所导致的产量增加的比例。在企业扩大规模的长期生产过程中，一般先后会经历规模报酬递增、规模报酬不变和规模报酬递减这样三个阶段。

思考题

一、判断题

1. 如果连续地增加某种生产要素的投入量，总产量将不断增加，边际产量在开始时递增，然后趋于递减。(　　)

2. 只要边际产量减少，总产量一定也减少。(　　)

3. 利用等产量曲线上任意一点所表示的生产要素组合，都可以生产出同数量的产品。(　　)

4. 假如以生产要素 X 代替生产要素 Y 的边际替代率等于3，这意味着增加 1 单位 X 所增加的产量，等于减少 3 单位 Y 所减少的产量。(　　)

5. 在等产量曲线与等成本线相交的时候，用交点表示的生产要素组合进行生产，可以实现成本最小化。(　　)

二、选择题

1. 如果连续地增加某种生产要素，在总产量达到最大值的时候，边际产量曲线与(　　)。

A. 平均产量曲线相交　　B. 纵轴相交　　C. 横轴相交

2. 边际收益递减规律发生作用的前提条件是 (　　)。

A. 连续地投入某种生产要素而保持其他生产要素不变

B. 按比例同时增加各种生产要素

C. 不按比例同时增加各种生产要素

3. 规模收益递增是在下述哪种情况下发生的？(　　)

A. 连续地投入某种生产要素而保持其他生产要素不变

B. 按比例同时增加各种生产要素

C. 不按比例同时增加各种生产要素

三、计算与问答题

1. 下面是一张一种可变生产要素的短期生产函数的产量表，如表 4－1 所示。

表 4－1　产量表

可变要素的数量	可变要素的总产量	可变要素的平均产量	可变要素的边际产量
1		2	
2			10
3	24		
4		12	

续表

可变要素的数量	可变要素的总产量	可变要素的平均产量	可变要素的边际产量
5	60		
6			6
7	70		
8			0
9	63		

(1) 在表 4-1 中填空。

(2) 该生产函数是否表现出边际报酬递减？如果是，是从第几单位的可变要素投入量开始的？

2. 用图说明短期生产函数 $Q=f(L,\ \overline{K})$ 的 TP_L 曲线、AP_L 曲线和 MP_L 曲线的特征及其相互之间的关系。

3. 已知生产函数 $Q=f(L,\ K)=2KL-0.5L^2-0.5K^2$，假定厂商目前处于短期生产，且 $K=10$。

(1) 写出在短期生产中该厂商关于劳动的总产量 TP_L 函数、劳动的平均产量 AP_L 函数和劳动的边际产量 MP_L 函数。

(2) 分别计算当劳动的总产量 TP_L、劳动的平均产量 AP_L 和劳动的边际产量 MP_L 各自达到最大值时的厂商的劳动投入量。

(3) 什么时候 $AP_L=MP_L$？它的值又是多少？

4. 区分边际报酬递增、不变和递减的情况与规模报酬递增、不变和递减的情况。

5. 已知生产函数为 $Q=\min\{2L,\ 3K\}$。

求：

(1) 当产量 $Q=36$ 时，L 与 K 值分别是多少？

(2) 如果生产要素的价格分别为 $P_L=2$，$P_K=5$，则生产 480 单位产量时的最小成本是多少？

6. 假设某企业的短期生产函数为 $Q=35L+8L^2-L^3$。

求：

(1) 该企业的平均产量函数和边际产量函数。

(2) 如果该企业使用的生产要素的数量为 $L=6$，是否处于短期生产的合理区间？为什么？

7. 假设生产函数 $Q=3L^{0.8}K^{0.2}$。

试问：

(1) 该生产函数是否为齐次生产函数？

(2) 如果根据欧拉分配定理，生产要素 L 和 K 都按其边际产量领取实物报酬，那么，分配后产品还会有剩余吗？

8. 假设生产函数 $Q=\min\{5L,\ 2K\}$。

(1) 作出 $Q=50$ 时的等产量曲线。

(2) 推导该生产函数的边际技术替代率函数。

(3) 分析该生产函数的规模报酬情况。

9. 已知柯布—道格拉斯生产函数为 $Q = AL^{\alpha}K^{\beta}$。请讨论该生产函数的规模报酬情况。

10. 已知生产函数为：

(a) $Q = 5L^{\frac{1}{3}}K^{\frac{2}{3}}$

(b) $Q = \frac{KL}{K + L}$

(c) $Q = KL^2$；

(d) $Q = \min\{3L，K\}$。

求：

(1) 厂商长期生产的扩展线方程。

(2) 当 $P_L = 1$，$P_K = 1$，$Q = 1\ 000$ 时，厂商实现最小成本的要素投入组合。

11. 已知生产函数 $Q = AL^{1/3}K^{2/3}$。

判断：

(1) 在长期生产中，该生产函数的规模报酬属于哪一种类型？

(2) 在短期生产中，该生产函数是否受边际报酬递减规律的支配？

12. 令生产函数 $f(L，K) = a_0 + a_1(L，K)^{\frac{1}{2}} + a_2K + a_3LQ = L^{\frac{2}{3}}K^{\frac{1}{3}}$，其中 $0 \leqslant \alpha_i \leqslant 1$，$i = 0$，1，2，3。

(1) 当满足什么条件时，该生产函数表现出规模报酬不变的特征？

(2) 证明：在规模报酬不变的情况下，相应的边际产量是递减的。

13. 已知某企业的生产函数为 $Q = L^{\frac{2}{3}}K^{\frac{1}{3}}$，劳动的价格 $w = 2$，资本的价格 $r = 1$。

求：

(1) 当成本 $C = 3\ 000$ 时，企业实现最大产量时的 L、K 和 Q 的均衡值。

(2) 当产量 $Q = 800$ 时，企业实现最小成本时的 L、K 和 C 的均衡值。

14. 画图说明厂商在既定成本条件下是如何实现最大产量的最优要素组合的。

15. 画图说明厂商在既定产量条件下是如何实现最小成本的最优要素组合的。

第5章

成本论

成本是企业、政府乃至消费者个人进行经济决策的重要因素。厂商的利润最大化理论也是以成本分析为基础的。本章将从厂商决策的角度讨论成本理论，并在成本的基础上结合收益分析厂商利润最大化的问题。

5.1 成本的概念

厂商的生产成本通常是指生产一定产量时在生产过程中所支付的费用。很明显，厂商货币支出总额的大小取决于两个基本因素：产量 Q 和各种生产要素的价格 P。成本函数可记为：

$$C = f(Q, P) \tag{5.1}$$

西方经济学家指出，在经济分析中，仅从这样的角度来理解成本的概念还不够。为此，他们提出了机会成本以及显成本和隐成本的概念。

5.1.1 机会成本

西方经济学认为，经济学是研究一个经济社会如何对稀缺资源进行合理配置的学科。从资源的稀缺性出发，当一个社会或一个企业用一定资源生产一定数量的一种或几种产品时，这些资源就不能用来生产其他的产品了。换句话说，一个社会或一个企业所获得的一定数量的产品收入，是以放弃用同样的资源来生产其他产品所能获得的收入为代价的。由此便产生了机会成本的概念。机会成本是指生产者所放弃的使用相同的资源在其他生产用途中所能得到的最高收入。例如，当一个厂商决定用自己的资源生产一辆汽车时，就意味着该厂商不可能再利用相同的资源来生产100辆自行车。于是，生产一辆汽车的机会成本是放弃生产的100辆自行车。如果用货币数量来代替对实物商品数量的表述，且假定100辆自行车的价值为10万元，则生产一辆汽车的机会成本是价值10万元的其他商品。在西方经济学中，企业的生产成本应该从机会成本角度来理解。

经济分析的目的在于考察资源的最优配置，采用机会成本能够促使各种资源用于最优的途径。需要注意的是，机会成本并不是企业实际支付的成本，而是人们在决策中必须考虑到的一个重要概念，因而可以将这一概念推广到任何有关人类行为的决策过程中去。

5.1.2　显成本和隐成本

企业的生产成本可以分为显成本和隐成本。

显成本就是会计学上的一般成本概念，是指厂商在生产要素市场上购买或租用所需要的生产要素的实际支出，这些支出在会计账目上是作为成本项目记入的各项费用支出。它包括厂商支付所雇佣的管理人员和工人的工资，所借贷资金的利息，租借土地、厂房的租金，以及用于购买原材料或机器设备、工具和支付交通能源费用等支出的总额，即厂商对投入要素的全部货币支付。从机会成本角度讲，这笔支出的总价格必须等于相同的生产要素用作其他用途时所能得到的最大收入，否则，企业就不能购买或租用这些生产要素并保持对它们的使用权。

隐成本是对厂商自己拥有的，且被用于该企业生产过程的那些生产要素所应支付的费用。这些费用并没有在企业的会计账目上反映出来，所以称为隐成本。例如厂商将自有的房屋建筑作为厂房，在会计账目上并无租金支出，不属于显成本。但西方经济学认为，既然租用他人的房屋需要支付租金，那么当使用厂商自有房屋时，也应支付这笔租金，所不同的是，这时厂商是向自己支付租金。从机会成本的角度看，隐成本必须按照企业自有生产要素在其他最佳用途中所能得到的收入来支付，否则，厂商就会把自有生产要素转移到其他用途上，以获得更多的报酬。

5.1.3　利润

企业的经济利润是指企业的总收益和总成本之间的差额，简称企业的利润。企业所追求的最大利润，指的就是最大的经济利润。经济利润也称为超额利润。

在西方经济学中，还需区分经济利润和正常利润。正常利润是指厂商对自己所提供的企业家才能的报酬支付。需要指出的是，正常利润是厂商生产成本的一部分，它是以隐成本计入成本的。为了理解正常利润是成本的一部分，在此需要运用机会成本来解释。从机会成本的角度看，当一个企业所有者同时又拥有管理企业的才能时，他可以有两种选择：一是自己管理自己的企业；二是去管理别人的企业。如果他去管理别人的企业，他可以获得收入报酬。如果选择管理自己的企业，他就失去了管理别人企业所获得的收入报酬，而他所失去的这份报酬就是他管理自己企业的机会成本。或者说，如果他管理自己的企业，他应当自己向自己支付报酬，而且这份报酬数额应该等于他管理别人企业时所获得的最高报酬。所以，从机会成本角度看，正常利润属于成本，并且属于隐成本。

由于正常利润是隐成本的一个组成部分，所以经济利润中不包括正常利润。又因为厂商的经济利润等于总收益减去总成本，所以，当厂商的经济利润为零时，厂商仍然得到了全部的正常利润。

5.2 短期总产量和短期总成本

成本理论是建立在生产理论基础之上的。由于生产理论分为短期生产理论和长期生产理论，相应地，成本理论也分为短期成本理论和长期成本理论。

5.2.1 短期总产量曲线和短期总成本曲线的关系

成本函数表示产量和成本之间的关系，它是在生产函数的基础上建立起来的。

生产和成本分别从实物量和价值量角度研究短期生产问题，因此，短期成本函数与短期生产函数之间存在密切联系。前面已知短期生产函数可记为 $Q=f(L,\ \overline{K})$，这一函数表示在资本投入量一定的前提下，可变要素投入量 L 与产量之间的关系。假设要素市场上劳动的价格 w 和资本的价格 r 是固定的。短期中固定投入为资本，则

$$TFC=r\overline{k} \tag{5.2}$$

短期中可变投入为 L，L 的投入量与产量 Q 有关，可写为 $L(Q)$，则

$$TVC=w\cdot L(Q) \tag{5.3}$$

所以短期中的总成本为：

$$TC=w\cdot L(Q)+r\cdot\overline{k} \tag{5.4}$$

$r\cdot\overline{k}$为常数，用 b 表示，$w\cdot L(Q)$ 用 $\varphi(Q)$ 表示。则得到短期总成本函数：

$$STC(Q)=\varphi(Q)+b \tag{5.5}$$

这里必须区分成本方程与成本函数：成本方程表示在支出一定的条件下，不同要素的最大购买量；成本函数则表示成本与产量之间的依存关系。

由 TP 曲线可以推导出 TC 曲线，在总产量曲线上，找到每一产量水平相对应的可变要素劳动的投入量，再用 L 去乘已知的价格 w，便可得到每一产量上的可变成本，将产量与可变成本的对应关系描绘在产量与成本的平面图中，即可得到总可变成本曲线。由此加上固定成本，就得到 STC 曲线。如图 5－1 所示。

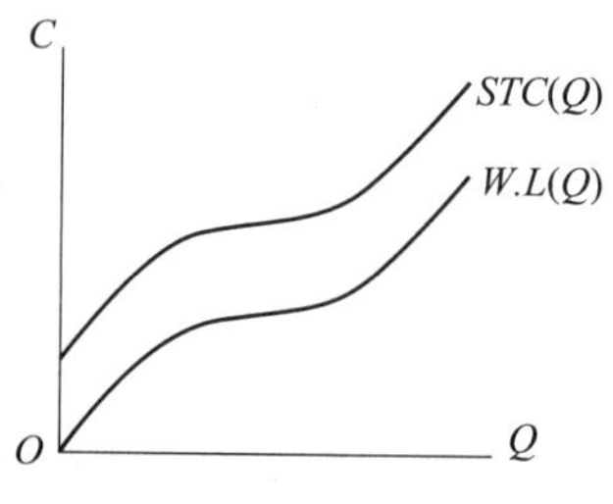

图 5－1 短期总成本曲线

5.2.2 短期总成本和扩展线

我们已经知道，在其他条件不变的前提下，扩展线是厂商在长期的扩张或收缩生产最优生产要素组合时所必须遵循的路线。在附加一些条件的基础上，我们可以利用扩展线的图形，来分析短期生产及其相应的短期成本问题。下面以图 5－2 来说明。

在图 5 - 2 中，三条等产量线 Q_1、Q_2、Q_3 顺次和三条等成本线 AB、A_1B_1、A_2B_2 相切于 F、G 和 H 三点，连接这三点的曲线为厂商生产的扩展线。现在，为了分析短期生产和短期成本问题，假定在短期内厂商的资本投入量固定为 K_0，它用与横轴平行的直线 K_0E 表示。在这种短期生产的情况下，厂商只能沿着水平线 K_0E 来调整可变要素劳动的投入量，以适应产量的变化。

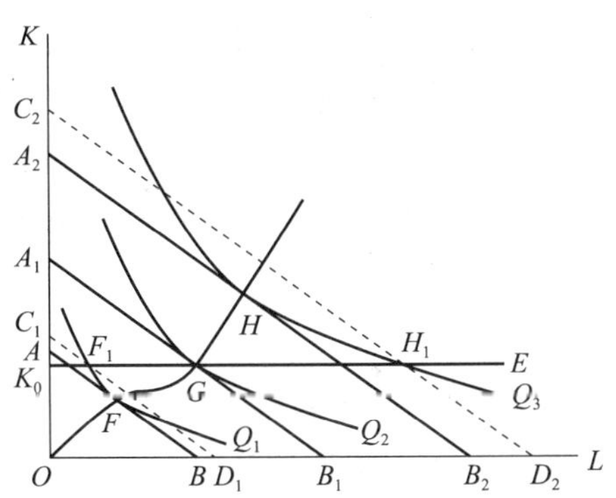

图 5 - 2　短期总成本和扩展线

如果厂商生产的产量为 Q_2，那么，厂商选择的最优要素组合为 G 点，G 点不仅是等产量曲线 Q_2 和水平线 K_0E 的交点，而且也正好是等产量曲线 Q_2 和等成本曲线 A_1B_1 的切点。因此，G 点既是厂商的短期生产要素的最优组合点，又是厂商长期生产要素的最优组合点。在 G 点，生产 Q_2 产量的短期总成本和长期总成本是相等的，它们都由过 G 点的等成本线 A_1B_1 所代表。

如果厂商将产量由 Q_2 增加到 Q_3，在长期内，厂商可以达到扩展线上的生产均衡点 H。但是，在短期内，厂商不能做到这点。由于资本投入量固定为 K_0，厂商所能作出的最好选择是达到等产量曲线 Q_3 和水平线 K_0E 的交点 H_1，H_1 表示生产 Q_3 产量的短期的最优要素组合。显然，对于生产同一产量 Q_3 来说，短期总成本（由过 H_1 点的等成本线 C_2D_2 所代表）大于长期总成本（由过 H 点的等成本线 A_2B_2 所代表）。

类似地，如果厂商将产量由 Q_2 减少到 Q_1，由于受固定的资本投入量 K_0 的约束，厂商不能达到扩展线上的长期均衡点 F，而只能达到等产量曲线 Q_1 与水平线 K_0E 的交点 F_1。对于生产同一产量 Q_1 而言，短期总成本（由过 F_1 的等成本曲线 C_1D_1 所代表）也大于长期总成本（由过 F 的等成本曲线 AB 所代表）。

从以上的分析可以看出，水平线 K_0E 与等产量曲线 Q_1、Q_2、Q_3 存在着三个交点 F_1、G、H_1，过这三点的等成本线 C_1D_1、A_1B_1、C_2D_2 分别表示短期内生产 Q_1、Q_2、Q_3 产量的短期总成本。试想一下，假如产量的变化是连续的，则可以从水平线 K_0E 上找出无数个产量与相应的短期总成本的组合。因此，厂商的短期总成本可以在扩展线的图形中得到说明。

5.3　短期成本曲线

在短期内，由于生产要素分为固定投入和可变投入，所以短期内厂商的成本有固定成本和可变成本之分。具体地说，厂商的短期成本有总成本、固定成本、可变成本、平均成本、平均固定成本、平均可变成本、边际成本共七个成本概念。

5.3.1 短期总量成本

1. 固定成本（*TFC*）

这是指厂商在短期内为生产一定数量的产品对不变生产要素所支付的成本，这部分成本不随产量的变化而变化。一般包括厂房和资本设备的折旧费等项目支出。由于在短期内不管企业的产量是多少，这部分要素的投入量都是固定的，所以固定成本是一个常数，它不随产量的变化而变化。即使产量为零，也须付出相同的成本，产量增加或减少，这部分成本仍不变，因此固定成本曲线为一条水平线。

2. 可变成本（*TVC*）

这是指厂商在短期内为生产一定数量的产品对可变生产要素所支付的成本，它随产量的变化而变化。例如，厂商对原材料、工人工资等的支出。当产量为零时，可变成本也为零，产量越多，可变成本也越多。因此，可变成本曲线是一条从原点出发的不断向右上方上升的曲线。可变成本的函数形式为：

$$TVC = TVC(Q) \tag{5.6}$$

3. 总成本（*TC*）

这是指厂商在短期内为生产一定数量的产品对全部生产要素所支付的成本，它是固定成本与可变成本之和。由于 *TVC* 是产量的函数，因此 *TC* 也是产量的函数。用公式表示为：

$$TC(Q) = TFC + TVC(Q) \tag{5.7}$$

由于 *TFC* 值不变，所以 *TC* 与 *TVC* 任一点的垂直距离始终等于 *TFC*，且变动规律与 *TVC* 的变动规律一致，只是不是从原点出发。

总成本、总固定成本、总变动成本的曲线形状及相互关系可以用图 5－3 说明。

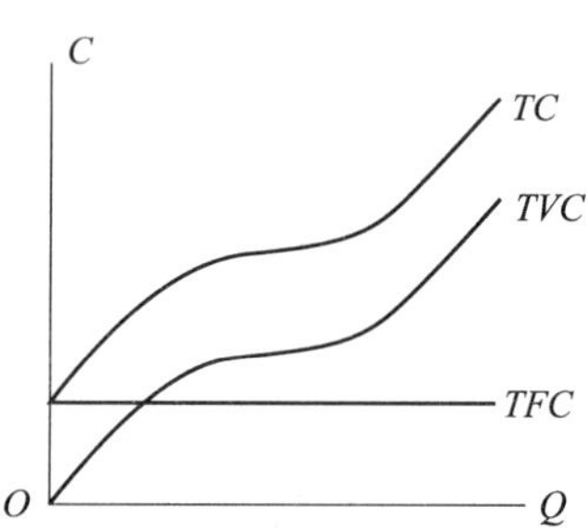

图 5－3　总成本、固定成本和可变成本曲线

在图 5－3 中，*TFC* 是一条水平线，表明 *TFC* 与产量无关。*TVC* 与 *TC* 曲线形状完全相同，都是先以递减的速度上升，再以递增的速度上升。不同的是，*TVC* 的起点是原点，而 *TC* 的起点是 *TFC* 与纵坐标轴的交点。这是因为总成本是由固定成本和可变成本加总而成的，而固定成本是一个常数，所以任何一个产量水平的 *TC* 与 *TVC* 之间的距离均为 *TFC*。

5.3.2 短期平均成本和边际成本

1. 平均固定成本（AFC）

这是指厂商在短期内生产每一单位产品平均所消耗的固定成本。公式为：

$$AFC = \frac{TFC}{Q} \tag{5.8}$$

AFC 曲线随产量的增加呈下降趋势。这是因为短期中固定成本保持不变。由 $AFC = \frac{TFC}{Q}$ 可知，随 Q 增加，平均固定成本递减，但 AFC 曲线不会与横坐标轴相交，这是因为短期中固定成本不会为零。

2. 平均可变成本（AVC）

这是指厂商短期内生产每一单位产品平均所消耗的可变成本。公式为：

$$AVC = \frac{TVC}{Q} \tag{5.9}$$

AVC 曲线一开始随着产量增加而不断下降，产量增加到一定量时，AVC 达到最低点，而后随着产量继续增加，开始上升。

最低点的确定：从原点引一条射线与 TVC 相切，在切点的左边，可变成本增长慢于产量增长，TVC/Q 的值是下降的；在切点的右边，可变成本增长快于产量增长，TVC/Q 的值是上升的。在切点对应的产量上，平均可变成本达到最低点。

3. 平均成本（AC）

这是指厂商短期内生产每一单位产品平均所消耗的成本。公式为：

$$AC = \frac{TC}{Q} \tag{5.10}$$

由 $TC = TFC + TVC$ 得：

$$AC = \frac{TC}{Q} = \frac{TFC + TVC}{Q} = \frac{TFC}{Q} + \frac{TVC}{Q} \tag{5.11}$$

即 $AC = AFC + AVC$。

式（5.11）说明平均成本由平均固定成本和平均可变成本构成。

AC 曲线一开始随着产量的增加而不断下降，产量增加到一定值时，ATC 达到最低点，而后随着产量的继续增加，ATC 开始上升。

最低点的确定：从原点引一条射线与 TC 相切，在切点的左边，总成本增长慢于产量增长，TC/Q 的值是下降的；在切点的右边，总成本增长快于产量增长，TC/Q 的值是上升的。在切点对应的产量上，平均总成本达到最低点。

这里 AC 与 AVC 的变动规律相同，但有两点不同：

一是 AC 一定在 AVC 的上方，两者差别在于垂直距离永远是 AFC。当 Q 无穷大时，AC 与 AVC 无限接近，但永不重合，也不相交。

二是 AC 与 AVC 最低点不在同一个产量上，而是 AC 最低点对应的产量较大。即 AVC 已经达到最低点并开始上升时，AC 仍在继续下降，原因在于 AFC 是不断下降的。只要 AVC 上

升的数量小于 AFC 下降的数量，AC 就仍会下降。

4. 边际成本（MC）

这是指厂商在短期内增加一单位产量所增加的成本。公式为：

$$MC = \frac{\Delta TC}{\Delta Q} \tag{5.12}$$

当 $\Delta Q \to 0$ 时，

$$MC = \lim_{\Delta Q \to 0} \frac{\Delta TC}{\Delta Q} = \frac{\mathrm{d}TC}{\mathrm{d}Q} \tag{5.13}$$

从公式可知，MC 是 TC 曲线上相应点的切线的斜率。

MC 曲线随着产量的增加，初期迅速下降，很快降至最低点，而后迅速上升，上升的速度快于 AVC、AC。MC 的最低点在 AC 由递减上升转入递增上升的拐点的产量上。

由于 $TC = TFC + TVC$，而 TFC 始终不变，因此，MC 的变动与 TFC 无关，MC 实际上等于增加单位产量所增加的可变成本。即：

$$MC = \mathrm{d}TC/\mathrm{d}Q = \mathrm{d}TVC/\mathrm{d}Q \text{（因为 } \mathrm{d}TC = \mathrm{d}TVC + \mathrm{d}TFC\text{，而 } \mathrm{d}TFC = 0\text{）}$$

以上四种成本的曲线以及它们之间的关系如图 5－4 所示。AC、AVC、MC 曲线都是 U 形。AC 曲线在 AVC 曲线的上方，它们之间的距离相当于 AFC，而且 MC 曲线在 AVC 曲线、AC 曲线的最低点分别与之相交，即 M、E 点。

AC 曲线与 MC 曲线、AVC 曲线之间的关系可以用数学方法证明，原理同生产理论部分 MP 与 AP 的关系。

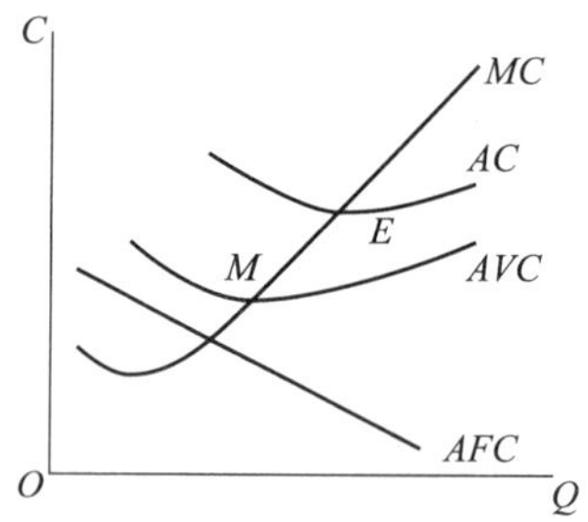

图 5－4　四种成本的曲线及关系

5.3.3　边际报酬递减规律

为什么短期成本曲线具有上述特征？原因在于边际报酬递减规律的作用，边际报酬递减规律是短期生产中的一个基本规律。

边际报酬递减规律是指在短期生产过程中，在其他条件不变的前提下，随着一种可变要素投入量的不断增加，它所带来的边际产量先是递增的，达到最大值之后又开始递减。对于这一规律的理解，可以从产量变化所引起的边际成本的变化这一角度来分析：假定生产要素的价格不变，在开始时的边际报酬递增阶段，增加一单位可变要素投入所产生的边际产量是递增的，在这一阶段增加一单位产量所需要的边际成本是递减的。在以后的边际报酬递减阶段，增加一单位可变要素投入所产生的边际产量是递减的，也就意味着，在这一阶段增加一单位产量所需要的边际成本是递增的。因此，边际报酬递减规律作用下的短期边际产量和短期边际成本之间存在着一定的对应关系：在短期生产中，边际产量的递增阶段对应的是边际成本的递减阶段，边际产量的递减阶段对应的是边际成本的递增阶段，边际产量的最大值对应的是边际成本的最小值。

根据边际报酬递减规律，现在可以用它来解释短期成本曲线的特征。

1. 关于 *MC* 曲线

短期生产开始时，由于边际报酬递增的作用，增加一单位可变投入所产生的边际产量是递增的，反过来，这一阶段增加一单位产量所需的边际成本是递减的。随着可变投入的增加，当超过一定界限后，边际报酬递减规律发生作用，增加一单位可变投入所产生的边际产量是递减的，反过来，这一阶段每增加一单位产量所需要的边际成本是递增的。因此，在边际报酬递减规律作用下，*MC* 曲线随可变投入的增加先递减，然后增加，最终形成一条 U 形的曲线。

2. 关于 *TC* 曲线和 *TVC* 曲线

考虑到 *TC* 曲线和 *TVC* 曲线的形状完全相同，在此仅就 *TC* 曲线的形状进行分析。*MC* 曲线在边际报酬递减规律作用下先降后升，而 *MC* 又是 *TC* 曲线上相应点的斜率，因此，*TC* 曲线的斜率也是先递减后递增的，即 *TC* 曲线先以递减的速度增加，再以递增的速度增加。*MC* 曲线的最低点则对应 *TC* 曲线上由递减向递增变化的拐点，这与图 5－3 中 *TC* 曲线的形状完全相符。

3. 关于 *AC* 曲线和 *AVC* 曲线

在边际报酬递减规律作用下，*MC* 曲线呈 U 形，随着可变要素投入数量的增加，*MC* 先减小，后增加。根据边际产量和平均产量之间的关系，随着可变要素投入数量的增加，*MC* 先减小，则相应的 *AC* 也减小；随着可变要素投入数量的进一步增加，*MC* 开始增加，但小于 *AC* 的数值，则 *AC* 继续减少；当 *MC* 继续增加，且 *MC* 大于 *AC* 时，*AC* 也开始增加。因此，在边际报酬递减规律作用下，*AC* 曲线也呈 U 形，但 *AC* 曲线的最低点晚于 *MC* 曲线的最低点出现。这是因为 *MC* 曲线经过最低点开始上升时，由于 *MC* 小于 *AC*，*AC* 曲线仍在下降。同样的道理也适用于 *AVC* 曲线。随着可变要素投入数量的增加，*MC*、*AC*、*AVC* 曲线最低点出现的先后顺序是 *MC*、*AVC*、*AC* 曲线。

5.3.4　短期产量曲线和短期成本曲线之间的关系

1. 平均产量与平均可变成本

由平均可变成本的定义得：

$$AVC = \frac{TVC}{Q} = \frac{w \cdot L(Q)}{Q} = w \cdot \frac{1}{\dfrac{Q}{L(Q)}}$$

即：

$$AVC = w \cdot \frac{1}{AP_L} \tag{5.14}$$

式（5.14）反映了平均产量与平均可变成本的关系：

首先，AP_L 与 AVC 成反比。当 AP_L 递减时，AVC 递增；当 AP_L 递增时，AVC 递减；当 AP_L 达到最大值时，AVC 最小。因此 AP_L 曲线的顶点对应 AVC 曲线的最低点。

其次，MC 曲线与 AVC 曲线相交于 AVC 的最低点。由于产量曲线中 MP_L 曲线与 AP_L 曲线在 AP_L 曲线的顶点相交，所以 MC 曲线在 AVC 曲线的最低点与其相交。

2. 边际产量与边际成本

由 MC 的定义得：

$$MC = \frac{\mathrm{d}TC}{\mathrm{d}Q} = \frac{\mathrm{d}(w \cdot L(Q) + r \cdot \bar{k})}{\mathrm{d}Q}$$

$$= w \cdot \frac{\mathrm{d}L(Q)}{\mathrm{d}Q} + 0$$

又因为：

$$MP_L = \frac{\mathrm{d}Q}{\mathrm{d}L(Q)}$$

所以：

$$MC = w \cdot \frac{1}{MP_L} \tag{5.15}$$

MC 与 MP_L 成反比关系，二者的变动方向相反。由于 MP_L 曲线先上升，然后下降，所以 MC 曲线先下降，然后上升；且 MC 曲线的最低点对应 MP_L 曲线的顶点。

从以上关系可以看出，生产函数与成本函数存在对偶关系，可以由生产函数推导出成本函数。结合 MP 与 MC 的关系可知：当 TP_L 曲线以递增的速度上升时，TC 曲线和 TVC 曲线以递减的速度上升；当 TP_L 曲线以递减的速度上升时，TC 曲线和 TVC 曲线以递增的速度上升；TP_L 曲线上的拐点对应 TC 曲线和 TVC 曲线上的拐点。

5.4 长期成本曲线

在长期内，厂商可以根据产量的要求调整全部生产要素的投入量，甚至可以进入或者退出一个行业。因此，厂商在长期内所有的成本都是可变的。厂商的长期成本可以分为长期总成本、长期平均成本和长期边际成本。为了区分长期成本和短期成本，从本节开始，在短期成本前都冠以“*S*”，在长期成本前都冠以“*L*”。

5.4.1 长期总成本（*LTC*）和长期总成本曲线

厂商在长期内对全部生产要素的调整意味着对企业生产规模的调整。也就是说，在长期内，厂商生产的每一个产量都可以在最优的生产规模下进行生产。长期总成本是指厂商在长期内在每一个产量水平上通过选择最优的生产规模所能达到的最低成本。相应地，长期总成本函数可以写成如下形式：

$$LTC = LTC(Q) \tag{5.16}$$

根据对长期总成本函数的规定，可以由短期总成本曲线出发，推导出长期总成本曲线。

长期总成本曲线是短期总成本曲线的包络线。如图 5－5 所示，假设长期中有三种可供选择的生产规模，分别由图 5－5 中的三条 STC 曲线表示。这三条 STC 曲线都不是从原点出发，每条 STC 曲线在纵坐标轴上的截距也不同。从图 5－5 中看，生产规模由小到大依次为

STC_1、STC_2、STC_3。现在假定生产 Q_2 的产量。厂商面临三种选择：第一种是在 STC_1 曲线所代表的较小生产规模下生产，相应的总成本在 d 点；第二种是在 STC_2 曲线代表的中等生产规模下生产，相应的总成本在 b 点；第三种是在 STC_3 所代表的较大生产规模下生产，相应的总成本在 e 点。长期内所有的生产要素都可以调整，因此厂商可以通过对生产要素的调整选择最优生产规模，以最低的总成本生产每一产量水平。在 d、b、e 三点中，b 点代表的成本水平最低，所以长期内厂商会在 STC_2 曲线所代表的生产规模下生产 Q_2 产量，b 点在 LTC 曲线上。这里 b 点是 LTC 曲线与 STC_2 曲线的切点，代表着生产 Q_2 产量的最优规模和最低成本。通过对每一产量水平进行相同的分析，可以找出长期内厂商在每一产量水平上的最优生产规模和最低长期总成本，也就是可以找出无数个类似的 b（如 a、c）点，连接这些点即可得到长期总成本曲线。所以，长期总成本曲线是无数条短期总成本曲线的包络线。在这条包络线上，在连续变化的每一个产量水平上，都存在着长期总成本曲线和一条短期总成本曲线的相切点，该短期总成本曲线所代表的生产规模就是生产该产量的最优生产规模，该切点所对应的总成本就是生产该产量的最低总成本。所以，长期总成本曲线表示长期内厂商在每一产量水平上由最优生产规模所带来的最小总成本。

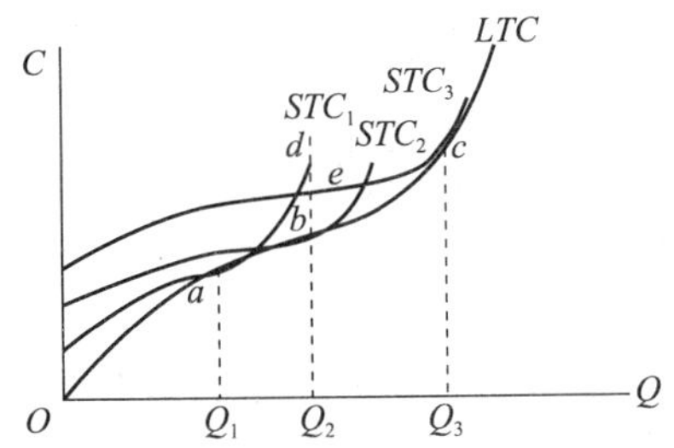

图 5－5　最优生产规模的选择和长期总成本曲线

为了更好地理解长期总成本的概念，还可以从生产扩展线来推导长期总成本曲线。

从前面的分析中可知，生产扩展线上的每一点都是最优生产要素组合，代表长期生产中某一产量的最低总成本投入组合，而且长期总成本又指长期中各种产量水平上的最低总成本，因此可以从生产扩展线推导出长期总成本曲线。如图 5－6 所示。

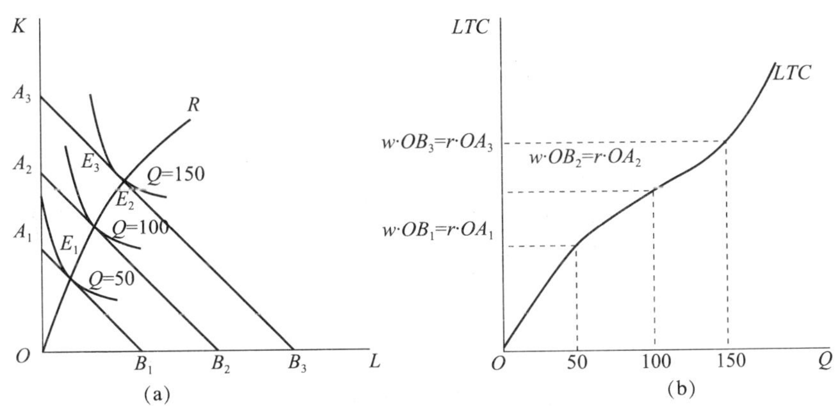

图 5－6　生产扩展线和长期总成本曲线

以图5－6（a）中E_1点为例进行分析。E_1点生产的产量水平为50单位，所应用的要素组合为E_1点所代表的劳动与资本的组合，这一组合在总成本线A_1B_1上，所以其成本即为A_1B_1所表示的成本水平，假设劳动价格为w，则E_1点的成本为$w \cdot OB_1$。将E_1点的产量和成本表示在图5－6（b）中，即可得到长期总成本曲线上的一点。同样的道理，找出生产扩展线上每一个产量水平的最低总成本，并将其标在图5－5（b）中，连接这些点，即可得到*LTC*曲线。

长期总成本*LTC*曲线是从原点出发向右上方倾斜的。它表示：当产量为零时，长期总成本为零，以后随着产量的增加，长期总成本是增加的。而且长期总成本*LTC*曲线的斜率先递增，经拐点之后，又变为递减。

5.4.2 长期平均成本（*LAC*）和长期平均成本曲线

1. 长期平均成本曲线的推导

长期平均成本是指厂商在长期内按产量平均计算的最低成本。公式为：

$$LAC = \frac{LTC}{Q} \tag{5.17}$$

从式（5.17）可以看出，*LAC*曲线是*LTC*曲线相应点与原点连线的斜率。因此，可以从*LTC*曲线推导出*LAC*曲线。此外，根据长期和短期的关系，也可由*SAC*曲线推导出*LAC*曲线。在此主要介绍后一种方法。

假设可供厂商选择的生产规模有三种：SAC_1、SAC_2、SAC_3，如图5－7所示，规模大小依次为SAC_3、SAC_2、SAC_1。现在来分析长期内厂商如何根据产量选择最优生产规模。

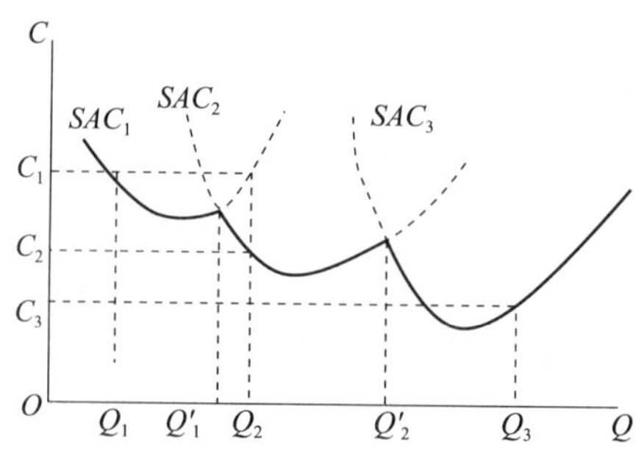

图5－7 最优生产规模

假定厂商生产Q_1的产量水平，厂商选择SAC_1曲线所代表的生产规模进行生产，因为此时的成本OC_1是生产Q_1产量的最低成本。如果生产Q_2产量，厂商会选择SAC_2曲线所代表的生产规模进行生产，其成本为OC_2。如果生产Q_3，则厂商会选择SAC_3曲线所代表的生产规模进行生产。有时某一种产出水平可以用两种生产规模中的任何一种进行生产，而产生相同的平均成本。例如生产Q_1'的产量水平，既可选用SAC_1曲线所代表的较小生产规模进行生产，也可选用SAC_2曲线所代表的中等生产规模进行生产，两种生产规模产生相同的生产成本。厂商究竟选哪一种生产规模进行生产，则要看长期内产品的销售量是扩张还是收缩。如果产品销售量可能扩张，则应选用SAC_2曲线所代表的生产规模；如果产品销售量收缩，则应选用SAC_1曲线所代表的生产规模。由此可以得出，只有三种可供选择的生产规模*LAC*

曲线，即图中 SAC 曲线的实线部分。

在理论分析中，常假定存在无数个可供厂商选择的生产规模，从而有无数条 SAC 曲线，于是便得到如图 5－8 所示的长期平均成本曲线，LAC 曲线是无数条 SAC 曲线的包络线。在每一个产量水平上，都有一个 LAC 与 SAC 的切点，切点对应的平均成本就是生产相应产量水平的最低平均成本，SAC 曲线所代表的生产规模则是生产该产量的最优生产规模。

从图 5－8 可以看到，LAC 曲线相切于与某一产量对应的最小的 SAC 曲线，在切点之外，SAC 高于 LAC。LAC 曲线最低点与某一特定 SAC 曲线最低点相切，其余的点，LAC 并不相切于 SAC 最低点。而是在 LAC 最低点左侧，相切于 SAC 最低点左侧；在 LAC 最低点右侧，相切于 SAC 最低点右侧。

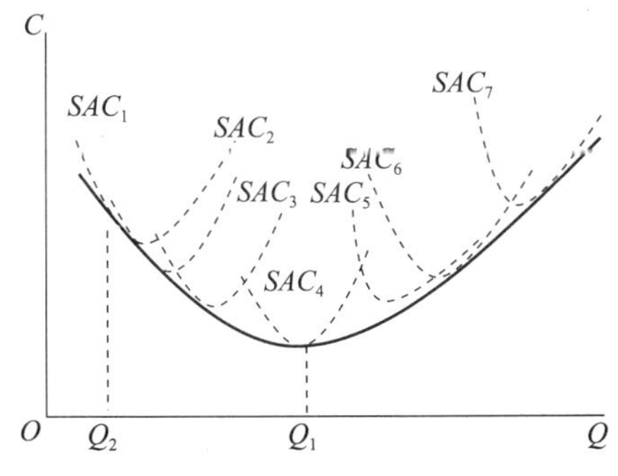

图 5－8　长期平均成本曲线

从上述内容可知，短期内，生产规模不能变动，因而厂商要做到在既定的生产规模下使平均成本降到最低。而长期决策则要在相应的产量下使成本最低，如图 5－8 中的 Q_2 产量水平。从短期看，虽然用小的生产规模达到了 SAC_1 的最低点，但是它们仍高于生产这一产出水平的长期平均成本。尽管用 SAC_2 生产这一产量的平均成本不是在 SAC_2 曲线的最低点，但这是生产 Q_2 产量水平的长期最低平均成本。这是因为短期内厂商仍然受到固定投入的限制，不可能使生产要素的组合比例调整到长期最低水平。只有在长期内，厂商才可能对所有投入要素进行调整，使它们的组合达到最优，从而达到长期平均成本最低点。因此，在其他条件相同的情况下，短期成本要高于长期成本。

2. 长期平均成本曲线的形状

从图 5－8 可以看出，长期平均成本曲线呈现先下降后上升的 U 形形状，这一特征是由长期生产中规模经济与规模不经济所决定的。规模经济是指厂商由于扩大生产规模而使经济效益得到提高，此时，产量增加倍数大于成本增加倍数。规模不经济是指厂商由于生产规模扩大而使经济效益下降，此时，产量增加倍数小于成本增加倍数。或者说，厂商产量增加的倍数大于成本增加的倍数，为规模经济；相反，厂商产量增加的倍数小于成本增加的倍数，为规模不经济。显然，规模经济与规模不经济都是由厂商变动自己的企业生产规模所引起的，所以，又称为内在经济和内在不经济。一般来说，在企业的生产规模由小到大的扩张过程中，会先后出现规模经济和规模不经济。正是规模经济和规模不经济的作用，决定了长期平均成本曲线表现为先降后升的 U 形特征。

规模经济和规模不经济与生产理论中提到的规模报酬不同，二者的区别在于，前者表示在扩大生产规模时，成本的变化情况，而且各种要素投入数量增加的比例可能相同也可能不同；而后者表示在扩大生产规模时，产量的变化情况，并假定多种要素投入数量增加的比例是相同的。一般说来，规模报酬递增时，对应的是规模经济阶段；规模报酬递减时，对应的是规模不经济的阶段，且企业在长期生产过程中规模报酬一般表现为先递增后递减。因此，规模报酬的这种变化规律，也是造成长期平均成本 *LAC* 曲线呈 U 形的一种原因。

3. 长期平均成本曲线的位置移动

前面提到的企业的规模经济和规模不经济（即企业的内在经济和内在不经济）是就一条给定的长期平均成本曲线而言的。至于长期平均成本曲线位置变化的原因，则需要用企业的外在经济和外在不经济来解释。外在经济是由于厂商的生产活动所依赖的外部环境得到改善而产生的。如整个行业的发展，可以使行业内单个厂商从中受益。相反，如果厂商的生产活动所依赖的外部环境恶化了，则是企业的外在不经济。如整个行业的发展，使得生产要素的价格上升，交通运输紧张，从而给行业内的单个厂商的生产带来困难。外在经济和外在不经济是由企业以外的因素所引起的，它影响厂商的长期平均成本曲线的位置。外在经济使得长期平均成本曲线往下移动，外在不经济使得长期平均成本曲线往上移动。

5.4.3 长期边际成本（*LMC*）和长期边际成本曲线

长期边际成本是指厂商在长期内增加一单位产量所增加的最低总成本。公式为：

$$LMC = \frac{\Delta LTC}{\Delta Q} \tag{5.18}$$

当 $\Delta Q \to 0$ 时，

$$LMC = \lim_{\Delta Q \to 0} \frac{\Delta LTC}{\Delta Q} = \frac{\mathrm{d}LTC}{\mathrm{d}Q} \tag{5.19}$$

从式（5.19）中可以看出，*LMC* 曲线是 *LTC* 曲线上相应点的斜率。

1. 长期边际成本曲线的推导

长期边际成本 *LMC* 曲线也可以由短期边际成本 *SMC* 曲线得到，下面对这种方法进行说明。如图 5－9 所示。

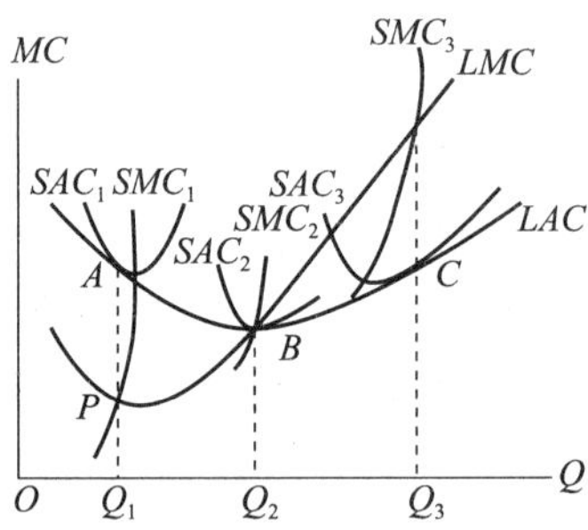

图 5－9 长期边际成本曲线与短期成本曲线

假设长期内有三种生产规模可供厂商选择，规模大小依次为 SAC_3、SAC_2、SAC_1，相应的短期边际成本曲线分别为 SMC_3、SMC_2、SMC_1。由前述 *LAC* 的特点可知，*LAC* 曲线与每条 *SAC* 曲线只有一个切点，设切点分别为 *A*、*B*、*C*。在 *A* 点，*LAC* = *SAC*，对应的产量是 Q_1，

此时亦有 $LTC = STC$。根据边际成本的公式得：

$$\frac{\mathrm{d}LTC}{\mathrm{d}Q} = \frac{\mathrm{d}STC_1}{\mathrm{d}Q}$$

即：

$$LMC = SMC$$

即当 $LAC = SAC$ 时，LTC 与 STC 的斜率相等，$LMC = SMC$。从图5－9上看，Q_1 是 $LAC = SAC$ 时的产量水平，P 点是 Q_1 产量水平与 SMC 曲线的交点，所以 P 点表示的成本水平就是 Q_1 产量水平上的长期边际成本。

同理，找出 B、C 点的产量水平与 SMC 曲线的交点，连接这些交点，即得出 LMC 曲线。在生产规模无限细分的情况下，即可得到无数个如 P 一样的交点，连接这些交点，即可得到一条光滑的长期边际成本曲线。

2. 长期边际成本曲线的形状

如图5－9所示，长期边际成本曲线呈U形，它与长期平均成本曲线相交于最低点。其原因为：根据边际量与平均量之间的关系，当 LAC 曲线处于下降阶段时，LMC 曲线一定处在 LAC 曲线的下方。也就是说，此时 $LMC < LAC$，LMC 将 LAC 拉低；相反，当 LAC 曲线处于上升阶段时，LMC 曲线一定处在 LAC 曲线的上方。也就是说，此时 $LMC > LAC$，LMC 将 LAC 拉高。因为 LAC 曲线在规模经济和规模不经济的作用下呈先降后升的U形，并且两条曲线相交于 LAC 曲线的最低点。

进一步分析，根据 LMC 曲线的形状特征，可以解释 LTC 曲线的形状特征。因为 LMC 曲线呈先降后升的U形，且 LMC 值又是 LTC 曲线上相应点的斜率，所以，LTC 曲线的斜率必定要随着产量的增加表现出先递减达到拐点以后再递增的特征。

5.4.4　长期成本曲线和短期成本曲线的综合关系

在前面的分析中，分别从 STC 曲线、SAC 曲线和 SMC 曲线推导出了 LTC 曲线、LAC 曲线和 LMC 曲线，由此可看出短期成本曲线与长期成本曲线之间存在密切的关系。在前面的推导过程中对这种关系也有说明。这里将短期成本曲线与长期成本曲线之间的关系作一个综合说明。

1. 规模经济和规模不经济情况下的短期成本和长期成本

图5－10是推导 LTC 曲线、LAC 曲线、LMC 曲线的综合图形。在图5－10中可以看出在 Q_1 产量水平上，LTC 与 STC_1 相切于 a 点，LAC 与 SAC_1 相切于 b 点，LMC 与 SMC_1 相交于 c 点，在其他产量水平上也存在类似的情况。这是因为：

如果：$LTC(Q) = STC(Q)$，则：

$$\frac{LTC(Q)}{Q} = \frac{STC(Q)}{Q}$$

$$\frac{\mathrm{d}LTC(Q)}{\mathrm{d}Q} = \frac{\mathrm{d}STC(Q)}{\mathrm{d}Q}$$

即当某一产量水平上的 LTC 与 STC 相等时，该产量水平的 LAC 必等于 SAC，SMC 也必等于 LMC。

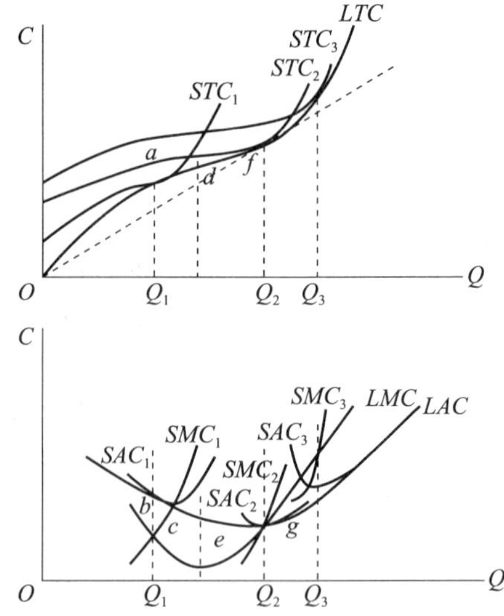

图 5－10　规模经济和规模不经济情况下的短期成本曲线和长期成本曲线

此外，图 5－10 中 LTC 曲线由递减速度增加转向递增速度增加的拐点 d 点所表示的产量水平与 LMC 曲线最低点 e 点的产量水平相等。在 LAC 曲线的最低点 g 点，$LAC=SAC=SMC=LMC$，该点对应于 LTC 曲线上的 f 点。这是因为：LMC 曲线表示 LTC 曲线上相应点的斜率；而在 LAC 曲线的最低点，利用 $\frac{\mathrm{d}LAC(Q)}{\mathrm{d}Q}=0$，对 $LAC(Q)=\frac{LTC(Q)}{Q}$ 求导，便得：

$$\frac{\mathrm{d}LAC(Q)}{\mathrm{d}Q}=\frac{\mathrm{d}}{\mathrm{d}Q}\left[\frac{LTC(Q)}{Q}\right]=\frac{Q\left[\frac{\mathrm{d}LTC(Q)}{\mathrm{d}Q}-LTC(Q)\right]}{Q^2}$$

$$=\frac{1}{Q}\left[\frac{\mathrm{d}LTC(Q)}{\mathrm{d}Q}-\frac{LTC(Q)}{Q}\right]=\frac{1}{Q}(LMC-LAC)=0 \qquad (5.20)$$

即

$$LMC=LAC$$

式（5.20）说明，在 LAC 的最低点，$LMC=LAC$。

又因为在 LAC 的最低点，LAC 与 SAC 的最低点相切；SMC 经过 SAC 的最低点，所以有 $LAC=LMC=SAC=SMC$。

2. 规模报酬不变情况下的短期成本和长期成本

从前面的分析中可知 LAC 曲线的形状是 U 形的，但在实际中，不少行业的企业在由规模经济转到规模不经济的情况时，要经历一个较长的规模经济恒常的阶段，也就是说，LAC 曲线的最低点不是一个产量，而是一条直线，是一个很大的产量范围。如图 5－11 所示。

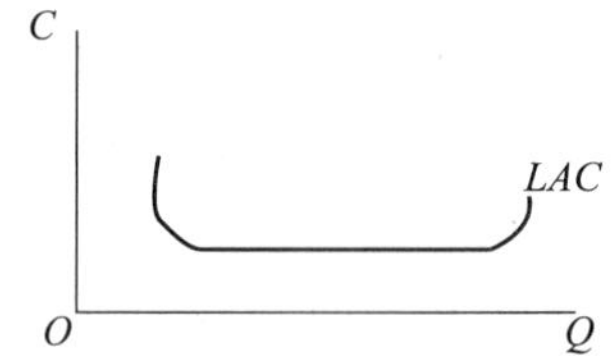

图 5－11　U 形的长期平均成本曲线

LAC 曲线水平段的形状可以用规模报酬不变来解释。当厂商达到 *LAC* 的最低点时，规模经济恰到好处，此时，如果厂商想扩大产量，通常的做法不是继续维持原厂的规模，而是增设相同的工厂。这样，产量增加了，平均成本仍然维持在最低的平均水平上。因而厂商总的平均成本也仍然维持在最低长期平均水平上。

水平段的推导及图形特点如图 5 - 12 所示。

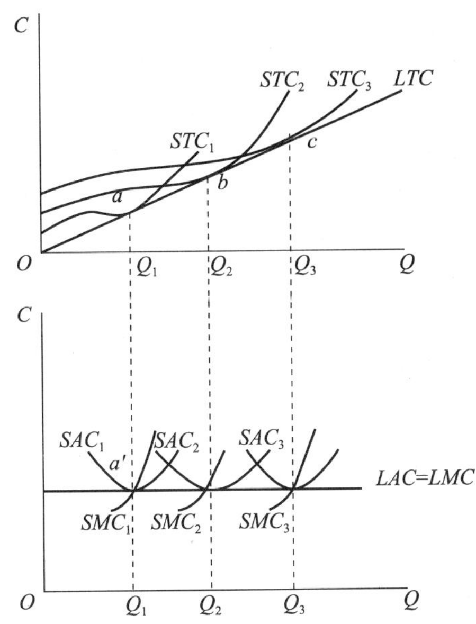

图 5 - 12　规模报酬不变情况下的短期变动成本曲线

在图 5 - 12 中，在 Q_1 产量水平上，厂商拥有一个最优生产规模的工厂，其成本曲线用 SAC_1 和 SMC_1 表示，最低平均成本为 $a'Q_1$，如果厂商的产量增加到 Q_2 时，厂商可以增建一个相同规模的工厂，共同生产 Q_2 的产量，这时厂商的成本曲线为 SAC_2 和 SMC_2，仍然在最低平均成本处生产。类似地，厂商可以建立第三个、第四个分厂，生产更大的产量，但厂商一直在最低平均成本处生产。由此构成的长期平均成本和长期边际成本为一条经过最低成本处的直线。说明在所有的产量水平上，长期边际成本等于长期平均成本。

小　结

1. 厂商的生产成本不能简单地仅从厂商向他人购买生产要素的成本支付的角度来理解。还有一个重要的成本概念是机会成本。所谓机会成本，是指厂商运用一定的生产要素进行生产时所放弃的运用相同的生产要素在其他场合的生产中所能得到的最大收益。由此，厂商生产的成本不仅包括显成本，还应该包括隐成本。其中，显成本指厂商使用或者购买他人所拥有的生产要素时的成本支付；隐成本指厂商使用自己所拥有的生产要素时应该得到的收入报酬。厂商生产的总成本等于显成本和隐成本之和。

2. 成本理论以生产理论为基础。由于生产理论区分为短期生产理论和长期成本理论，相应地，成本理论也区分为短期成本理论和长期成本理论。无论是短期成本还是长期成本，它们都是产量的函数。

3. 短期成本有七种：总成本 TC、固定成本 TFC、可变成本 TVC；平均总成本 AC、平均不变成本 AFC、平均可变成本 AVC；边际成本 MC。在理解七条短期成本曲线的各自特征及其相互关系时，关键是抓住短期生产的基本规律，即边际报酬递减规律。根据该规律，可以由短期生产的先上升而后下降的倒U型的边际产量曲线出发，推导出相应的先下降而后上升的呈U型的短期边际成本曲线，并且进一步由边际成本曲线出发，推导出其他六条短期成本曲线。

4. 长期成本有三种：总成本 LTC、平均总成本 LAC 和边际成本 LMC。在理解三条长期成本曲线的各自特征及其相互关系时，关键要抓住：在长期内，厂商在每一个产量上都是通过对最优生产规模的选择来将生产成本降到最低水平。也就说，在长期内，厂商通过对最优生产规模的选择，使得每一单位的产量都以最小的成本生产出来。因此可以推导出长期总成本曲线是无数条短期总成本曲线的包络线，长期平均成本曲线是无数条短期平均成本曲线的包络线，并进一步推导出长期边际成本曲线。

5. 企业长期生产的规模经济和规模不经济（即内在经济和内在不经济）决定了长期平均成本曲线的U型特征；企业长期生产的外在经济和外在不经济决定了长期平均成本曲线位置的高低。

思考题

一、选择题

1. 随着产量的增加，短期固定成本（　　）。

A. 增加　　B. 减少　　C. 不变　　D. 先增后减

2. 已知产量为8个单位时，总成本为80元，当产量增加到9个单位时，平均成本为11元，那么此时的边际成本为（　　）。

A. 1元　　B. 19元　　C. 88元　　D. 20元

3. 短期平均成本曲线呈U型，是因为（　　）。

A. 外部经济问题　　B. 内部经济问题

C. 规模收益问题　　D. 边际收益（报酬）问题

4. 关于长期平均成本和短期平均成本的关系，以下正确的是（　　）。

A. 长期平均成本曲线上的每一点都与短期平均成本曲线上的某一点相对应

B. 短期平均成本曲线上的每一点都在长期平均成本曲线上

C. 长期平均成本曲线上的每一点都对应着某一条短期平均成本曲线的最低点

D. 每一条短期平均成本曲线的最低点都在长期平均成本曲线上

5. 假定两个职工一个工作日可以生产200公斤大饼，六个职工一个工作日可以生产400公斤大饼，则（　　）。

A. 平均可变成本是下降的　　B. 平均可变成本是上升的

C. 边际产量比平均产量高　　D. 劳动的边际产量是200公斤

6. 对于一个既定的产量，长期平均成本等于短期平均成本，长期平均成本比长期边际成本大，则（　　）。

A. 长期平均成本在上涨

B. 长期平均成本在下降

C. 短期平均成本处于最小点

D. 短期平均成本等于长期边际成本

7. 用自有资金也应计算利息收入，这种利息从成本角度看是（　　）。

A. 固定成本　　B. 隐性成本　　C. 会计成本　　D. 生产成本

8. 如果一个企业经历规模报酬不变阶段，则 LAC 曲线是（　　）。

A. 上升的　　B. 下降的　　C. 垂直的　　D. 水平的

9. 在从原点出发的直线与 TC 的切点上，AC（　　）。

A. 是最小的　　B. 等于 MC　　C. 等于 $AVC+AFC$　　D. 上述都正确

10. 假定某企业全部成本函数为 $TC=30\ 000+5Q-Q^2$，Q 为产出数量。那么 TFC 为（　　）。

A. 30 000　　B. $5Q-Q^2$　　C. $5-Q$　　D. $30\ 000/Q$

二、计算与回答题

1. 假设某厂商的短期边际成本函数 $MC=3Q^2-12Q+10$，当 $Q=5$ 时，总成本 $TC=55$，求：

（1）TC，TVC，AC，AVC；

（2）当企业的边际产量最大时，企业的平均成本为多少？

2. 某企业的短期成本函数为 $C=(2X-K)^3+K^3+10$，其中 X 为产量，K 为资本规模。求该企业的长期成本函数。

3. 假设某产品生产的边际成本函数是 $C^1=3Q^2-8Q+100$。若生产 5 单位产品时总成本是 595，求总成本函数、平均成本函数、可变成本函数及平均可变成本函数。

4. 已知总成本函数为 $TC=5Q^3-35Q^2+90Q+120$，自哪一点起 TC 及 TVC 遵循报酬递减规律？

5. 已知某厂商的长期生产函数 $Q=L^{\frac{1}{2}}K^{\frac{1}{2}}$，$P_L=4$，$P_K=9$，试求该厂商的长期成本函数、平均成本函数和边际成本函数。

6. 如某厂商雇佣目前正处于失业的工人，试问在使用中劳动的机会成本是否为零？

7. 为什么短期平均成本曲线和长期平均成本曲线都是 U 形曲线？

8. 试阐明生产成本从不同计算方法来划分的成本种类及其相互关系。

9. 厂商的短期成本函数是如何得到的？其中平均成本和边际成本与可变要素的平均产量和边际产量有何联系？

10. 试述短期成本与长期成本的关系。

第 6 章

完全竞争市场

本章和下章的内容构成市场论。市场论的中心问题是分析在不同类型市场中商品的均衡价格和均衡产量的决定。本章分析完全竞争市场。

6.1 厂商和市场的类型

6.1.1 市场、厂商与行业

市场是指从事物品买卖的交易场所或接洽点。一个市场可以是一个有形的买卖物品的交易场所，也可以是利用现代化通信工具进行物品交易的接洽点。从本质上看，市场是物品买卖双方相互作用并得以决定其交易价格和交易数量的一种组织形式或制度安排。

任何一种交易物品都有一个市场。经济中有多少种交易物品，就相应地有多少个市场。通常人们把经济中所有的可交易的物品分为生产要素和商品这两类，相应地，经济中所有的市场也可以分为生产要素市场和商品市场这两类。本书在本章和下章研究商品市场，在第 8 章和第 9 章研究生产要素市场。

与市场这一概念相对应的另一个概念是行业。行业是指为同一个商品市场生产和提供商品的所有厂商的总体。市场和行业的类型是一致的。如完全竞争市场对应的是完全竞争行业，垄断竞争市场对应的是垄断竞争行业。

6.1.2 市场的划分标准及类型

在经济分析中，根据不同市场结构的特征，通常把市场划分为完全竞争市场、垄断竞争市场、寡头市场和垄断市场四种类型。

决定市场类型的因素主要有以下四个：

①市场上厂商的数量；

②厂商所生产的产品的差别程度；

③单个厂商对市场价格的控制程度；

④厂商进入或退出一个行业的难易程度。

一般来讲，第一个因素和第二个因素是最基本的决定因素。关于完全竞争市场、垄断竞争市场、寡头市场和垄断市场的划分及其相应的特征可以用表 6－1 来概括。

表 6－1　四种基本的市场类型及其特征

市场类型	厂商数量	产品差别程度	对价格控制的程度	进入市场的难易程度	接近哪种商品市场
完全竞争	很多	无差别	没有	很容易	农产品
垄断竞争	很多	有差别	有一些	比较容易	轻工业、零售业
寡头	几家	有差别或无差别	较大	比较困难	汽车制造、石油开采
垄断	一家	不可替代	很大	不可能	公用事业

表 6－1 只是对四种市场做一个简单的说明。在以后对每一种市场进行考察时，都会对每一类市场的特征进行详细分析。

在这里有必要说明一下，为什么在经济理论研究中要区分不同的市场结构？我们知道，市场的均衡价格和均衡数量取决于市场的需求曲线和供给曲线。消费者追求效用最大化的行为决定了市场的需求曲线，厂商追求利润最大化的行为决定了市场的供给曲线（这一点是本章分析的一个结论），厂商的利润取决于收益和成本。其中，厂商的成本主要由厂商的生产技术方面的因素决定（见第 4 章生产论和第 5 章成本论），厂商的收益由市场对其产品的需求状况决定。在市场类型不同的条件下，厂商的产品所面临的需求状况是不同的。所以，在分析厂商的利润最大化的决策时，必须区分不同的市场类型。

6.2　完全竞争厂商的需求曲线和收益曲线

6.2.1　完全竞争市场的条件

完全竞争市场是指竞争充分而不受任何阻碍和干扰的一种市场结构。一个市场要是完全竞争市场，必须同时具备以下四个条件：

1. 市场上存在着大量的买者和卖者

每一个行为者只占极微小的市场份额，以至于没有谁能够独自影响市场价格。市场上的所有参与者都只能根据自己的利益独自决定如何行动，这些行动汇集起来共同决定了市场价格。但对单个的参与者来说，他只是一个价格的接受者。

2. 市场上的商品是同质的

即在同一市场上所有的生产者都提供完全一样的商品。因此，对消费者来说，购买哪一家厂商的商品都是一样的。如果有一个厂商提价，他的商品就会完全卖不出去。当然，单个厂商也没有必要降价。因为在一般情况下，单个厂商总是可以按照既定的市场价格实现属于自己的那一份相对来说很小的销售份额。

3. 所有的资源都可以自由流动

每个厂商都可以依照自己的意愿自由地进入或退出某个行业，市场上的厂商数量和规模是可以任意变动的。

4. 买卖双方都能得到有关现在和将来市场情况的全部信息，不存在供求以外的因素对价格和市场竞争的影响

这样，市场上的每一个消费者或生产者都可以根据自己所掌握的完全信息，确定自己的最优购买量或最优生产量，从而获得最大的经济利益。而且，这样也排除了由于市场信息不畅通而可能产生的一个市场同时存在几种价格的情况。

显然，在理论分析上所假设的完全竞争市场的条件是很严格的。西方学者承认，在现实经济生活中，完全竞争的市场是不存在的，通常只是将某些农产品市场看成是比较接近完全竞争市场的市场类型。我们之所以要对这一理论上抽象的市场进行分析，是为了使理论体系更完整，并加深对不完全竞争市场的理解。

6.2.2 完全竞争市场的需求曲线和完全竞争厂商的需求曲线

在任何一个商品市场中，市场需求是针对市场上所有厂商组成的行业而言的，消费者对整个行业所生产的商品的需求称为行业所面临的需求，相应的需求曲线称为行业所面临的需求曲线，也就是市场的需求曲线，它一般是一条向右下方倾斜的曲线。如图 6－1（a）中的 D 曲线就是一条完全竞争市场的需求曲线，是向右下方倾斜的。

消费者对行业中的单个厂商所生产的商品的需求量，称为厂商所面临的需求量，相应的需求曲线称为厂商所面临的需求曲线，简称为厂商的需求曲线。在完全竞争条件下，厂商所面临的需求曲线是一条由既定的市场均衡价格出发的水平线。如图 6－1（b）中的 d 曲线就是一条完全竞争厂商的需求曲线，是一条与横轴平行的水平线。

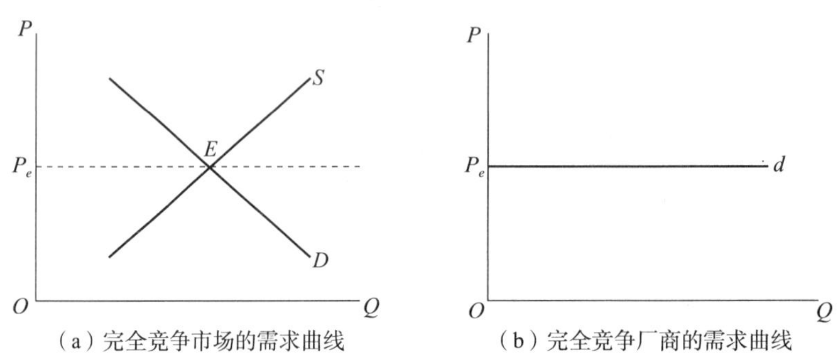

（a）完全竞争市场的需求曲线　（b）完全竞争厂商的需求曲线

图 6－1　完全竞争市场和完全竞争厂商的需求曲线

在完全竞争市场上，单个厂商是市场价格的接受者，而不是价格的设定者。假设某个厂商把价格定得略高于市场价格，由于产品具有同质性，且消费者有完全信息，那么将没有人购买该厂商的产品。也就是说，厂商一旦涨价，它所面临的需求量会下降为零。如果厂商的价格等于市场价格，则由于厂商数目众多，一个厂商的供应量相对于整个市场的需求量是无足轻重的，无论厂商供应多少，价格都维持不变，或者说在既定的市场价格下，厂商可以销售掉任意数量的商品。厂商会不会把价格降到市场价格以下呢？降价原本是为了刺激需求，

既然每个厂商在市场价格下可以供应任意数量，那又何必降价呢？因此，在完全竞争市场上，厂商既不能提高价格，又不必降低价格，只能是市场价格的接受者。从需求的角度看，完全竞争厂商所面临的需求是水平的，水平需求的弹性是无穷大的，价格趋近于零的上升，需求降为零；价格趋近于零的下降，购买者会蜂拥而至，厂商面对的需求会变成无穷大。

图 6－1（b）中厂商的需求曲线 d 是相对于图 6－1（a）中的市场需求曲线和市场供给曲线共同作用所决定的均衡价格 P_e 而言的。如果市场的供给曲线或需求曲线的位置发生移动，就会形成新的市场均衡价格，相应地，在图 6－1（b）中便会形成另一条从新的均衡价格出发的呈水平线形状的厂商的需求曲线。

6.2.3　完全竞争厂商的收益曲线

厂商收益就是厂商的销售收入。厂商的收益可以分为总收益、平均收益和边际收益。

总收益（TR）指厂商按一定价格出售一定数量产品时所获得的全部收入，即价格与销售量的乘积，以 P 表示商品的市场价格，以 Q 表示销售量，则有：

$$TR(Q)=P\times Q \tag{6.1}$$

由于在完全竞争市场上单个厂商无法通过改变销售量来影响市场价格，相反，厂商每销售一单位的商品都接受相同的价格，也就是说，厂商只能被动地接受价格。这样，随着厂商销售量的增加，它的总收益是不断增加的。但由于商品的单位市场价格是固定不变的，所以总收益曲线是一条从原点出发的斜率不变的直线。

平均收益（AR）指厂商在平均每单位产品销售上所得到的收入，也就是平均每单位商品的卖价。它等于总收益与销售量之比。由于在完全竞争市场上厂商只能按既定价格出售，因此平均收益也等于商品的单位价格。即：

$$AR(Q)=\frac{TR(Q)}{Q}=\frac{P\times Q}{Q}=P \tag{6.2}$$

边际收益（MR）指厂商增加一单位产品销售所获得的收入增量。商品价格为既定时，边际收益就是每单位商品的卖价。即：

$$MR=\frac{\Delta TR}{\Delta Q}=P \tag{6.3}$$

可见在完全竞争市场，厂商的平均收益与边际收益相等，且都等于既定的价格，或者说在任何销售量水平上都有 $AR=MR=P$，相应地，可以绘出完全竞争厂商的收益曲线，如图 6－2 所示。

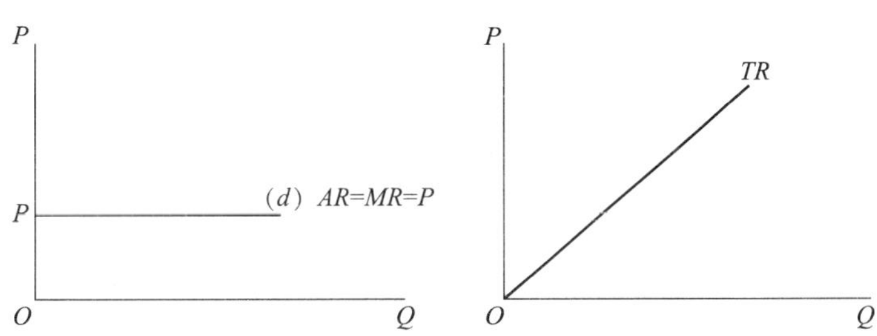

图 6－2　完全竞争厂商的收益曲线

图6－2中横轴表示厂商的销售量或所面临的需求量，纵轴表示商品的价格。图6－2中的收益曲线具有如下特征：完全竞争厂商的平均收益 AR 曲线、边际收益 MR 曲线与需求曲线 d 是重合的，是从既定价格出发的平行于横轴的一条水平线。这正是因为对于完全竞争厂商来说，在既定的市场价格下，任何销售量上都有 $AR=MR=P$，而完全竞争厂商所面临的需求曲线就是一条由既定的市场价格水平出发的水平线。同时，也由于每一销售量上的边际收益值是相应的总收益曲线的斜率，且边际收益是不变的，等于既定的市场价格，所以决定了总收益曲线是斜率不变的直线。

6.3　厂商实现利润最大化的均衡条件

根据前面的假设，厂商生产的目的是追求利润最大化。那么，厂商实现利润最大化的条件是什么呢？本节以完全竞争厂商的短期生产为例来说明厂商实现利润最大化的均衡条件。

先利用图6－3来寻找厂商实现最大利润的生产均衡点。在图6－3中，有某完全竞争厂商的一条短期生产的边际成本 SMC 曲线和一条由既定价格水平 P_e 出发的水平需求曲线 d，这两条线相交于 E 点。E 点就是厂商实现利润最大化的生产均衡点，相应地，产量 Q^* 就是厂商实现利润最大化时的均衡产量。这是因为，当产量小于均衡产量 Q^*，如是 Q_1 时，此时厂商的边际收益大于边际成本，即 $MR>SMC$。这表明厂商增加一单位产量所带来的总收益的增加量大于所付出的总成本的增加量，也就是说，厂商增加产量是有利的，可以使利润得到增加，所以，如图6－3中指向右方的箭头所示，只要 $MR>SMC$，厂商就会增加产量。同时，随着产量的增加，厂商的边际收益 MR 保持不变，而厂商的边际成本 SMC 是逐步增加的，最后，$MR>SMC$ 的状况会逐步变化成 $MR=SMC$ 的状况。在此过程中，厂商得到了增加产量所带来的全部好处，获得了他所能得到的最大利润。相反，当产量大于均衡产量 Q^*，如是 Q_2 时，此时厂商的边际收益小于边际成本，即 $MR<SMC$。这表明厂商增加一单位产量所带来的总收益的增加量小于所付出的总成本的增加量，也就是说，厂商增加产量是不利的，会使利润减少，所以，如图6－3中指向左方的箭头所示，只要 $MR<SMC$，厂商就会减少产量。同时，随着产量的减少，厂商的边际收益 MR 仍保持不变，而厂商的边际成本 SMC 是逐步下降的，最后，$MR<SMC$ 的状况会逐步变化成 $MR=SMC$ 的状况。在此过程中，厂商所获得的利润逐步达到最高水平。

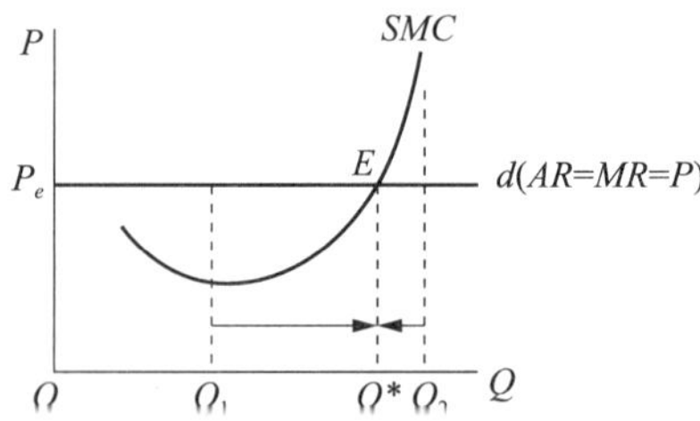

图6－3　完全竞争厂商利润最大化均衡条件

由此可见，不论是厂商增加产量还是减少产量，厂商都在寻找能够给他带来最大利润的均衡产量，而这个均衡产量就是使得 $MR=SMC$ 的产量。所以，我们说，边际收益 MR 等于

边际成本 SMC 是厂商实现利润最大化的均衡条件。

在此需指出，虽然以上是以完全竞争厂商的短期生产为例推导厂商的利润最大化均衡条件，但是，这一均衡条件不仅对于不完全竞争市场的厂商适用，而且对于长期生产，也都是适用的。总之，一般而言，边际收益等于边际成本是厂商实现利润最大化的均衡条件，通常写为$MR = MC$。

$MR = MC$ 的利润最大化的均衡条件，也可以用数学方法证明如下：

令厂商的利润等式为：

$$\pi(Q) = TR(Q) - TC(Q)$$

满足利润最大化的一阶条件为：

$$\frac{\mathrm{d}\pi(Q)}{\mathrm{d}Q} = \frac{\mathrm{d}TR(Q)}{\mathrm{d}Q} - \frac{\mathrm{d}TC(Q)}{\mathrm{d}Q} = MR(Q) - MC(Q) = 0$$

即：

$$MR(Q) = MC(Q) \tag{6.4}$$

最后，需要说明的是，$MR = MC$ 的均衡条件，有时也称为利润最大或亏损最小的均衡条件。这是因为，当厂商实现 $MR = MC$ 的均衡条件时，并不意味着厂商一定能够获得利润。从更广泛的意义讲，实现 $MR = MC$ 的均衡条件，能保证厂商处于由既定的成本状况和既定的收益状况所决定的最好的境况之中。换句话说，如果在 $MR = MC$ 时，厂商是获得利润的，则厂商一定是获得最大的利润；相反，如果在 $MR = MC$ 时，厂商是亏损的，则厂商一定是亏损最小的。

6.4　完全竞争市场的短期均衡和短期供给曲线

6.4.1　完全竞争厂商短期均衡产量的决定

短期内，对完全竞争厂商而言，不仅产品的市场价格是既定的，而且生产中的不变要素投入量也是无法改变的，或者说厂商只能通过变动可变要素的投入量来调整产量，从而通过对产量的调整来实现 $MR = MC$ 的利润最大化均衡条件。在完全竞争的市场中，市场供给和需求相互作用形成的产品价格，可能高于、等于、低于厂商的平均成本，因此在短期内，厂商出售产品就有可能处于盈利、盈亏平衡或亏损等不同状态。完全竞争厂商短期均衡时的盈亏状态可以用图6－4来说明。

图6－4中成本曲线表示了厂商短期内既定的生产规模，从分析中可以看到，完全竞争厂商短期均衡的基本条件满足 $MR = MC$ 的原则，但不同的市场价格水平将直接影响既定规模下厂商短期均衡的盈亏状况。

1. 价格或平均收益大于平均总成本

即 $P = AR > SAC$，厂商处于盈利状态。

如图6－4所示，当市场价格较高，达到 P_1 时，厂商面临的需求曲线为 d_1，为获取最大利润，厂商根据 $MR = SMC$ 的利润最大化原则，把产量确定在 Q_1 上，SMC 曲线与 MR_1 曲线的交点 E_1 即为厂商的短期均衡点。这时平均收益为 OP_1，平均总成本为 Q_1F，单位产品获

得的利润为 E_1F，总收益为 $OQ_1 \times OP_1$，总成本为 $OQ_1 \times Q_1F$，利润总量为 $OQ_1 \times E_1F$，如图 6－4 中矩形 HP_1E_1F 的面积。如果产量超过 OQ_1 以后，$MC > P_1$，增加产量会降低总利润，若产量小于 OQ_1，增加产量能增加总利润，只有使产量确定在 OQ_1，$MR = P = SMC$，总利润达到最大。

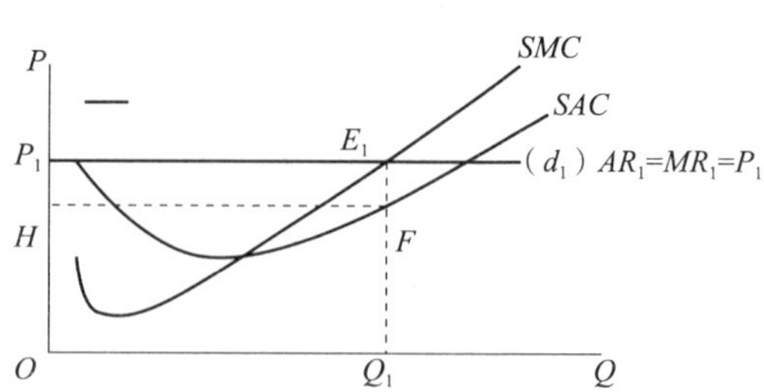

图 6－4　完全竞争厂商短期均衡 1

2. 价格或平均收益等于平均总成本

即 $P = AR = SAC$，厂商的经济利润恰好为零，处于盈亏平衡状态。

如图 6－5 所示，当市场价格为 P_2 时，厂商面临的需求曲线为 d_2，这条需求曲线刚好切于短期平均总成本曲线 SAC 的最低点，同时短期边际成本 SMC 曲线也通过此点，SMC 曲线与 MR_2 曲线的交点 E_2 就是均衡点，相应地，均衡产量确定在 Q_2。在 Q_2 产量上，平均收益等于平均成本，总收益也等于总成本，如图 6－5 中矩形 $OP_2E_2Q_2$ 面积，此时厂商的经济利润为零，但实现了全部的正常利润。由于在该点上，厂商既无经济利润，又无亏损，所以也把 SMC 与 SAC 的交点称为"盈亏平衡点"或"收支相抵点"。

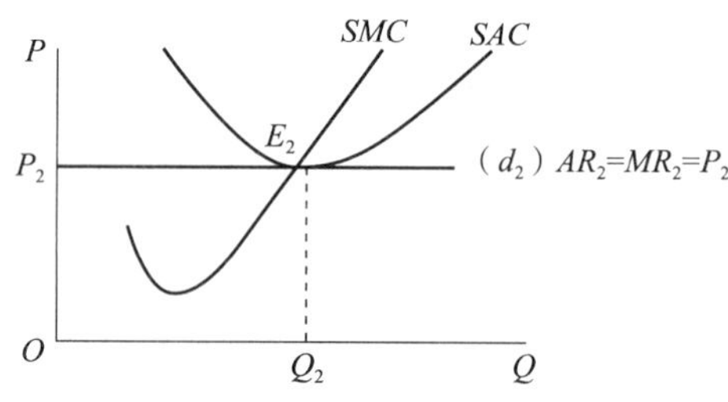

图 6－5　完全竞争厂商短期均衡 2

3. 价格或平均收益小于平均总成本，但仍大于平均可变成本

即 $AVC < AR < SAC$，厂商亏损，在存在沉没成本时，厂商还会继续生产。

如图 6－6 所示，当市场价格为 P_3 时，厂商的平均总成本已经高于产品的市场价格，整个平均总成本曲线 SAC 处于价格 P_3 线之上，出现了亏损。为使亏损达到最小，产量由 SMC 曲线和 MR_3 曲线相交的均衡点 E_3 决定，在 Q_3 的均衡产量上，平均收益为 OP_3，平均总成本为 OG，总成本与总收益的差额构成厂商的总亏损量，如图 6－6 中矩形 P_3GIE_3 面积。不过平均可变成本小于平均收益。在这种情况下，厂商应立即停止生产，还是应继续进行生产？这取决于是否存在沉没成本。沉没成本是指一旦停止生产，已投入的不能再收回的成本。这里我们假定厂商的某些不变成本或全部不变成本是沉没成本，则当价格或平均收益介于平均总成本和平均可变成本之间时，虽然出现亏损，厂商仍会继续生产，因为此时厂商获得的全部收益，不仅能够弥补全部的可变成本，还能够收回一部分固定成本，即厂商继续生产所获得的收益超过继续生产所增加的成本。当然，某厂商一旦停止生产，成本就会变为零，并且所有的不变成本都可以收回，也就是说，厂商没有沉没成本，那么只要价格降到平均总成本水平以下，厂商就会停止生产。

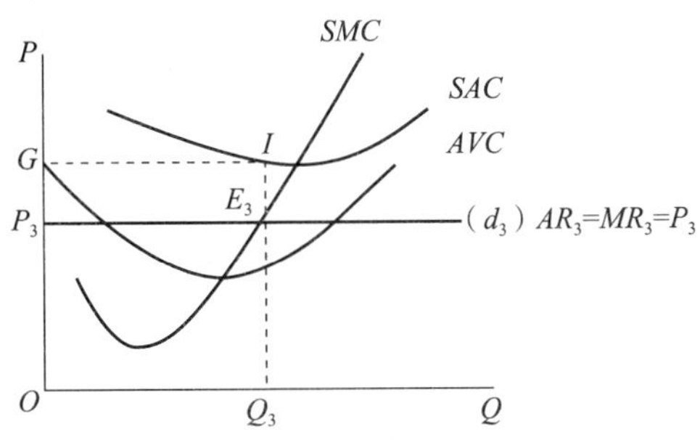

图6－6　完全竞争厂商短期均衡3

4. 价格或平均收益等于平均可变成本

即 $P=AR=AVC$，厂商处于亏损状态，且处于生产与停产的临界点。

如图6－7所示，当价格为 P_4 时，厂商面临的需求曲线为 d_4，此线恰好切于平均可变成本 *AVC* 曲线的最低点，*SMC* 曲线也交于该点。根据 $MR=SMC$ 的利润最大化原则，这个点就是厂商的短期均衡点 E_4，决定的均衡产量为 Q_4。在 Q_4 产量上，平均收益小于平均总成本，必然是亏损的。同时平均收益仅等于平均可变成本，这意味着厂商进行生产所获得的收益，只能弥补可变成本，而不能收回任何的不变成本，生产与不生产对厂商来说，结果是一样的。所以，*SMC* 曲线与 *SVC* 曲线的交点是厂商生产与不生产的临界点，也称为“停止营业点”或“关闭点”。

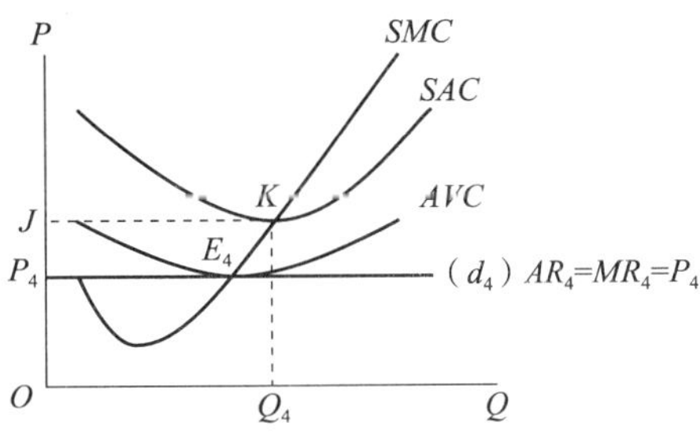

图6－7　完全竞争厂商短期均衡4

5. 价格或平均收益小于平均可变成本

即 $AR<AVC$，厂商处于亏损状态，且停止生产。

如图6－8所示，当价格进一步下降至 P_5 时，厂商面临的需求曲线为 d_5，*MR* 曲线与 *SMC* 曲线相交之点为短期均衡点 E_5，相对应的产量为 Q_5。在这一产量上，平均收益已小于平均可变成本，意味着厂商若继续生产的话，所获得的收益连可变成本都收不回来，更谈不上收回固定成本了，所以厂商停止生产。

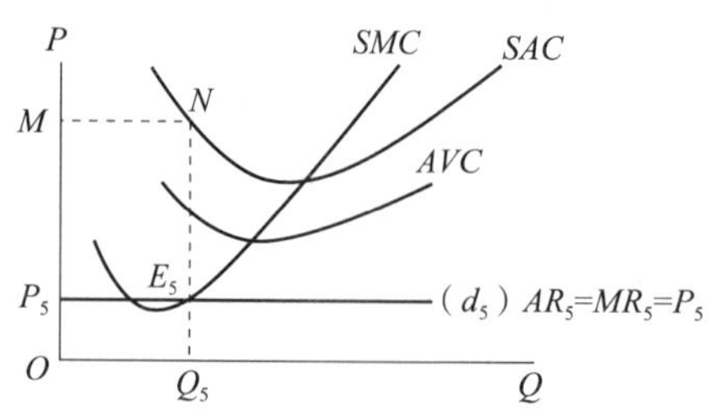

图 6-8 完全竞争厂商短期均衡 5

上述分析表明，完全竞争厂商短期均衡的条件是 $MR = SMC$，其中，$MR = AR = P$。在短期内，完全竞争厂商可能获得最大经济利润，可能利润为零，也可能蒙受最小亏损。

6.4.2 完全竞争厂商的短期供给曲线

1. 完全竞争厂商的短期供给曲线

前面的分析已经表明，厂商实现利润最大化的产量是由边际收益等于边际成本决定的。而在完全竞争市场中，厂商的边际收益等于价格，于是厂商利润最大化的产量也取决于如下条件：$P = SMC(Q)$。该式表明，完全竞争厂商为了获得短期最大利润，应该把最优产量确定在使商品的价格和边际成本相等的水平上。也就是说，在每一个短期均衡点上，厂商的产量与价格之间都存在着一种对应的关系。从图 6-4 至图 6-8 中可以看到，根据 $P = SMC(Q)$或 $MR = SMC(Q)$的短期均衡条件，当商品市场价格为 P_1 时，厂商所选择的最优产量为 Q_1，当商品市场价格为 P_2 时，厂商所选择的最优产量为 Q_2，等等。由于每一个商品价格水平都是市场给定的，所以，在短期均衡点上，商品价格与厂商的最优产量之间的对应关系可以明确地表示为以下的函数关系：$Q_s = f(P)$，其中 P 表示商品的市场价格，Q_s 表示厂商的最优产量或供给量。

同时，在图 6-9（a）中还可以看到，根据 $P = SMC(Q)$或 $MR = SMC(Q)$的短期均衡条件，商品的价格和厂商的最优产量的组合点或均衡点 E_1、E_2、E_3、E_4，都出现在厂商的边际成本 SMC 曲线上。若更加严格地说，商品价格与厂商愿意提供的产量的组合点，并非出现在全部的边际成本曲线上。我们知道，边际成本曲线穿过平均可变成本的最低点，价格低

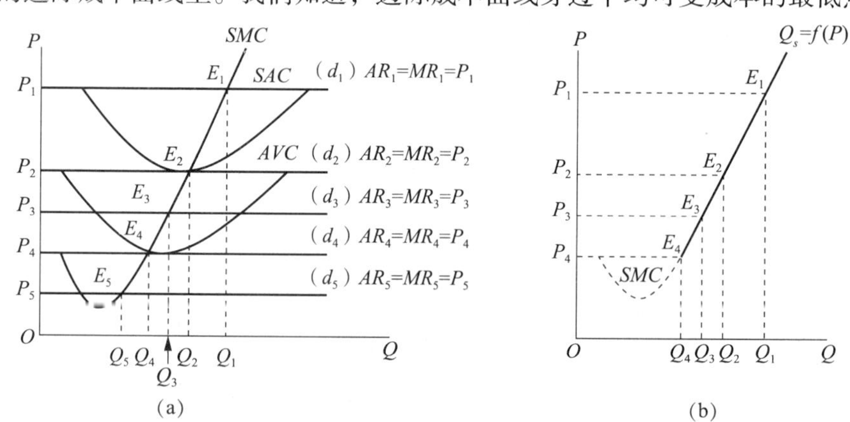

图 6-9 完全竞争厂商短期供给曲线

于这一点，厂商关闭，产量为零；价格超过这一点，产量与价格的关系由边际成本曲线决定。既然是通过边际成本曲线来确定厂商在该价格下的产量，因此，边际成本曲线反映了产量与市场价格之间的关系。

基于以上分析，可以得到如下结论：完全竞争厂商的短期供给曲线，就是完全竞争厂商的短期边际成本 *SMC* 曲线上等于和高于平均可变成本 *AVC* 曲线最低点的部分。毫无疑问，完全竞争厂商的短期供给曲线是向右上方倾斜的。如图 6 -9（b）中实线部分所示即为完全竞争厂商短期供给曲线。

从对完全竞争厂商短期供给曲线的推导过程中，可以清楚地看到供给曲线背后的生产者追求最大利润的经济行为。供给曲线不仅仅是表示在其他条件不变的条件下，生产者在每一价格水平下愿意而且能够提供的产品的数量，更重要的是，生产者所提供的产品数量是在既定价格水平下能够给他带来最大利润或最小亏损的产品数量。

完全竞争厂商短期供给函数说明了厂商的产量是如何随着价格的变化而变化的，但是只有作为价格接受者的厂商其产量才随着价格的变化而变化。厂商若是价格设定者，则价格和产量都是厂商的决策变量。这时，问“给定某一价格，企业将生产多少”是没有意义的。因此，只有价格接受者才有供给函数。

2. 完全竞争行业的短期供给曲线

当我们得到完全竞争厂商的短期供给曲线，也就可以说明完全竞争行业的短期供给曲线。任何一个行业的供给量都是该行业所有厂商供给量的总和。若假定生产要素价格是不变的，那么完全竞争行业的短期供给曲线就是由行业内所有厂商的短期供给曲线水平相加构成的，或者说把行业内所有厂商的等于和高于 *AVC* 曲线最低点以上的那部分 *SMC* 曲线水平相加，便可得到整个行业的短期供给曲线。正因为行业的短期供给曲线是单个厂商短期供给曲线水平的相加，所以行业的短期供给曲线也是向右上方倾斜的。并且，该曲线上的每一点都表示在相应价格水平上能够使所有厂商获得最大利润或最小亏损的行业短期供给量。

6.4.3 生产者剩余

根据厂商的短期供给曲线，可以引申出生产者剩余的概念。

生产者剩余是指厂商在提供一定数量的某种产品时实际接受的总价格或总支付与愿意接受的最小总价格或最小总支付之间的差额。已知厂商从事生产或经营，总是要追求利润最大化，而保证利润最大化的条件就是要使 $MR=MC$，只要 $MR>MC$，厂商就是有利的，由于在完全竞争市场中，$MR=P$，因此只要价格 P 高于边际成本 MC，厂商进行生产，就可以得到生产者剩余。此时厂商实际接受的总价格或总支付就是价格线以下的总收益，而厂商愿意接受的最小总价格或总支付便是边际成本线以下的总边际成本。用图 6 -10 来表示，则价格直线和边际成本曲线所围成的面积即为生产者剩余。如图 6 -10（a）中阴影部分的面积。

在短期内，生产者剩余还可以用厂商的总收益与总可变成本的差额来衡量。因为在短期里，厂商的固定成本是无法改变的，总边际成本必然等于总可变成本。当产量为 1 时，可变成本就是边际成本，即 $VC(1)=MC(1)$，当产量为 2 时，$VC(2)=MC(1)+MC(2)$，以此类推，$VC(Q)=MC(1)+MC(2)+\cdots+MC(Q)$。表明可变成本可以用边际成本曲线与横轴之间的面积来表示。此外，在短期内，厂商无论生产还是不生产，固定成本都是要支付的，实际上只要价格高于可变成本，厂商生产就是有利的。这时继续生产，不仅能收回全部的可变成本，还能够补偿一部分固定成本，可以减少损失，若厂商不生产，将损失全部的固定成本。所以图6－10（b）中阴影矩形 CP_1EB 的面积便是生产者剩余，它等于总收益减去总可变成本。

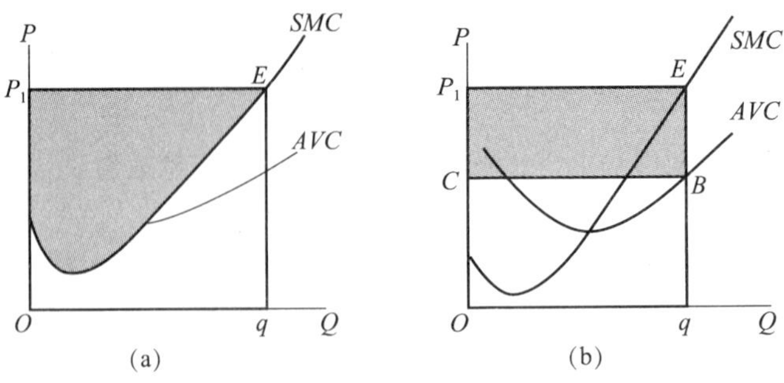

图6－10　生产者剩余

在以后的内容中我们将会看到，生产者剩余与消费者剩余这两个概念结合在一起，是分析经济效率和社会福利十分有用的工具。

6.5　完全竞争厂商的长期均衡

在长期内，完全竞争厂商的所有要素都是可变的，厂商通过对全部生产要素的调整来实现最大利润的原则。完全竞争厂商在长期内对生产要素的调整表现为两方面：一是厂商自身对最优生产规模的调整；二是厂商进入或退出一个行业，即行业中厂商数量的调整。

6.5.1　完全竞争厂商对最优生产规模的调整

在长期内，如果厂商能够获得利润，它会进一步加以调整，以得到更多的利润。从图6－11可以看到，假定产品的市场价格为 P_0，且既定不变，短期内厂商已拥有的生产规模以 SAC_1 曲线和 SMC_1 曲线表示，在短期内厂商生产规模既定，他只能在既定的生产规模下进行生产。根据利润最大化的均衡条件，厂商选择的最优产量为 Q_1，所获得的利润为图6－11中 P_0E_1GF 面积。但是，在长期内，厂商会调整生产规模。假设厂商将生产规模调整为 SAC_2 曲线和 SMC_2 曲线所代表的最优生产规模进行生产，按照 $MR=LMC$ 的利润最

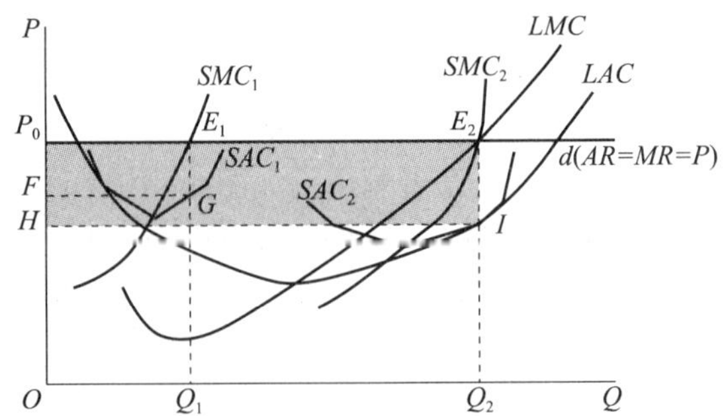

图6－11　长期内厂商对最优生产规模的调整

大化原则，相应地，最优产量达到 Q_2，此时厂商获得的利润增大，为图 6－11 中 P_0E_2IH 所示的面积。很显然，在长期内，厂商通过对生产规模的调整，能够获得比在短期内所能获得的更大的利润。

不过，这里是假定产品的市场价格始终不变。但实际上，如果市场需求不变的话，各个厂商自身都调整规模，即使厂商数量没有变化，整个行业的产量也会相应地发生变化，随着整个市场供给量的增加，往往会引起价格下降。

6.5.2　行业中厂商数量的调整

分析完全竞争厂商在长期内进入或退出一个行业即行业中厂商数量的调整对单个厂商利润的影响。

前面已经指出，在完全竞争市场，生产要素可以在不同部门之间自由流动，或者说厂商可以自由进入或退出一个行业。实际上生产要素总是会流向能获得更大利润的行业，也总是会从亏损的行业退出，正是由于行业之间生产要素的自由流动或厂商的自由进出，导致了完全竞争厂商长期均衡时的经济利润为零。具体来看，如果当某一行业开始时的产品价格较高为 P_1 时，厂商根据利润最大化均衡条件，将选择最优生产规模进行生产，如图 6－12 中的 Q_1 产量。此时厂商获得了利润，这会吸引一部分厂商进入该行业中。随着行业内厂商数量的增加，市场上的产品供给就会增加，在市场需求相对稳定的情况下，市场价格就会不断下降，单个厂商的利润随之逐步减少，厂商也将随着价格的变化进一步调整生产规模。只有当市场价格水平下降到使单个厂商的利润减少为零时，新厂商的进入才会停止，至此，厂商的生产规模调整至 Q_2 产量上。

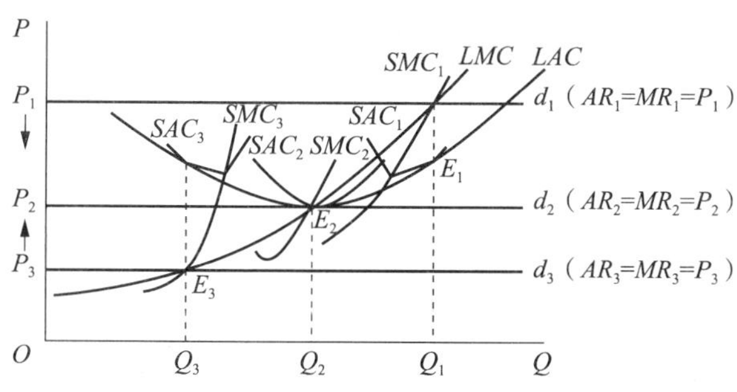

图 6－12　厂商进入或退出行业

相反，如果市场价格较低为 P_3，厂商根据 $MR = MC$ 的条件，相应地，最优生产规模选择在 Q_3 产量上。此时，厂商是亏损的，这会使行业内原有厂商中的一部分退出该行业的生产，随着行业内厂商数量的逐步减少，市场上产品的供给就会减少，若市场需求相对稳定，产品的市场价格就会上升，单个厂商的利润又会随之逐步增加。只有当市场价格水平上升到使单个厂商的亏损消失即利润为零时，厂商的退出才会停止。总之，不论是新厂商的加入，还是原有厂商的退出，最终这种调整将使市场价格达到长期平均成本最低点的水平，如图 6－12中的价格水平 P_2。在这一水平，行业中的每个厂商既无利润，也无亏损，但都实现了正常利润，实现了长期均衡。

图 6－12 中 E_2 点是完全竞争厂商的长期均衡点。在这个长期均衡点上，LAC 曲线达到

最低点，代表最优生产规模的 SAC_2 曲线相切于该点，相应的 SMC_2 曲线和 LMC 曲线都从该点通过，厂商面对的需求曲线与 LAC 曲线相切于这一点。总而言之，完全竞争厂商的长期均衡出现在 LAC 曲线的最低点。此时，不仅生产的平均成本降到长期平均成本的最低点，而且商品的价格也等于最低的长期平均成本。

因此，可以得到完全竞争厂商的长期均衡条件为：

$$MR = LMC = SMC = LAC = SAC = AR = P$$

此时单个厂商的利润等于零。

6.5.3 厂商进入与退出的成本

需要进一步说明的是，完全竞争厂商在长期均衡时利润为零，主要是因为自由进入和退出行业的条件。所谓自由出入，就是假定进出市场是毫无成本的，这显然不太符合现实。从进入成本看，从事任何经营，总要付出一定的开业成本，如熟悉业务、了解市场、筹集资金、物色厂址、寻找原料供应、向有关部门登记注册，等等，这些活动都得耗费时间、精力和金钱，这些都是进入成本。即使市场所提供的利润为正，但如果不足以抵消进入成本，那么新的厂商也不会进入市场。这时，正在经营的厂商的长期利润也就不会等于零。

退出成本也会影响竞争。厂商往往在进入市场时就要考虑退出时的成本，如果退出成本很高，厂商就不太愿意进入市场。退出成本包括沉没成本，企业破产时，如果能把所有的资产以接近成本的价格出售，那么，他的沉没成本就很低，因而退出成本也很低。但有些生产在技术上对设备有特殊的要求，这些特殊设备在行业之外便没有什么用途，因此企业破产时，这些成本昂贵的投入很难收回，退出的成本就比较高。

从完全竞争厂商长期均衡的分析可以看到，如果总收益小于总成本，或者说，$P < LAC$，厂商就退出；如果总收益大于总成本，或者说 $P > LAC$，厂商就进入。所以在长期内，完全竞争厂商的供给曲线是位于长期平均成本 LAC 曲线最低点以上的那部分长期边际成本 LMC 曲线。

6.6 完全竞争行业的长期供给曲线

在短期均衡分析中，存在着生产要素价格不变的假定，于是直接由单个厂商的短期供给曲线水平相加得到行业的供给曲线。但是在长期分析中，情况就有所不同了。当厂商进入或退出一个行业时，整个行业产量的变化有可能对生产要素的市场需求产生影响，进而影响生产要素的价格。完全竞争行业的长期均衡，就是分析长期中需求变化和要素价格变化对行业供给的影响。

根据生产要素价格变动对行业的不同影响，可以把行业区分为三类：成本不变行业、成本递增行业、成本递减行业。当一个行业扩大生产时，使用的生产要素价格保持不变的称为成本不变行业，使用的生产要素价格上涨的称为成本递增行业，使用的生产要素价格下降的称为成本递减行业。

6.6.1 成本不变行业的长期均衡

成本不变行业是指该行业的产量变化所引起的生产要素需求的变化不对生产要素的价格

发生影响。当成本不变时，完全竞争行业达到长期均衡的供给曲线是一条水平线。它表明：成本不变的行业是在不变的均衡价格水平提供产量，该均衡价格水平等于厂商不变的长期平均成本的最低点。或者说，当市场需求变化时，会引起行业长期均衡产量的同方向变化，但长期均衡价格不会发生变化。

在图 6－13 中，起初该行业及其中的厂商都处于均衡状态，由市场需求曲线 D_1 和市场供给曲线 S_1 的交点所决定的市场均衡价格为 P_1，行业的生产量是厂商生产量的总和。现在假定由于各种因素使市场需求增加，需求曲线由 D_1 向右移到 D_2，与原来的供给曲线 S_1 相交，相应的市场价格提高到 P_2。基于新的价格水平，厂商不仅可以获得净利润，而且在原有规模上扩大产量至 Q_{i2}，获得更多的利润。从长期看，新的厂商受到利润的吸引，会不断进入该行业中来，新厂商的加入，虽然没有引起生产要素价格的变化，从而使企业的成本曲线位置不变，但却使供给曲线不断向右移动，总产量增加使价格下降，单个厂商的利润也随之下降，原有厂商沿着它们的边际成本曲线削减生产。这个过程一直要延续到单个厂商的利润消失为止，即供给曲线移动到 S_2 的位置，使得市场价格又回到原来的长期价格水平，单个厂商在原来的长期平均成本曲线 LAC 的最低点实现均衡，仍然生产原来的产量，市场均衡产量的增加量为 Q_1Q_3，它是由新加入的厂商提供的。将各个短期需求曲线和相应的供给曲线的长期均衡点连接起来，就是完全竞争行业成本不变时的长期供给曲线 LS。总之，不变成本行业有着一条水平的长期供给曲线。如果需求增加，产品价格将提高，随着新厂商加入该行业，供给曲线向右移动，最终迫使价格恢复到原有水平。厂商能长期维持成本不变，主要是由于生产要素的供给是完全弹性的。

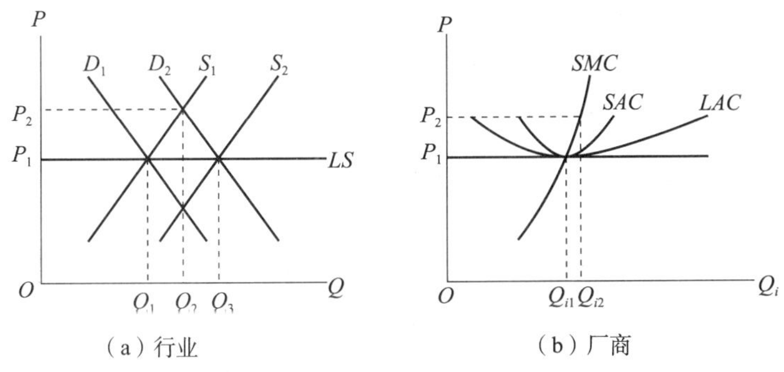

图 6－13　成本不变行业长期均衡及供给曲线

6.6.2　成本递增行业的长期均衡

成本递增行业是指该行业的产量增加所引起的生产要素需求的增加会导致生产要素的价格上升。当成本递增时，完全竞争行业达到长期均衡的供给曲线是一条向右上方倾斜的曲线。这表明：当行业实现长期均衡时，虽然产量增加了，但是其价格也上涨了。这是由于外部不经济提高了投入物的价格或降低了投入物的生产效率引起的。例如，要增加投入物的供应量，就必须提高其价格才能获得；或者由于行业扩大生产后不得不增雇效率较低的工人；再或者一些产业随着行业的扩展，它的产出率发生递减现象等，这些都使行业的长期平均成本曲线 LAC 上移。

图 6－14 表明需求增加时，成本递增行业调整供给的过程。设该行业和其中的厂商是在价格为 P_1 时达到初始的均衡状态。假如这时需求增加，需求曲线向右移动，短期价格上涨，厂商在短期内仍以短期的边际成本曲线所代表的既定的生产规模调整生产，并因此获得利润。长期内，净利润的出现吸引新厂商进入该行业，整个行业的供给增加。行业供给增加，会增加对生产要素的需求，生产要素需求的增加，使生产要素的市场价格上升，从而使厂商的长期平均成本曲线 LAC 的位置上移。同时，随着行业内新厂商的加入，产量也增加了，供给增加使供给曲线向右移动为 S_2。最终在 LAC_2 曲线和 SMC_2 曲线的位置及 S_2 曲线的位置，实现厂商和行业的长期均衡。虽然新厂商的进入增加了全行业的产量，但成本的上升不会使价格回跌到原来的水平，而是形成一个新的均衡价格水平 P_2，厂商在 LAC_2 曲线的最低点实现长期均衡，每个厂商的利润又都为零。连接行业的两个长期均衡点的直线就是行业的长期供给曲线 LS。它是一条向右上方倾斜的长期供给曲线。很显然，对于成本递增行业，在长期内，行业的产品价格和供给量呈同方向变动，市场需求的变动不仅会引起行业长期均衡价格同方向变动，还会引起行业长期均衡产量的同方向变动。

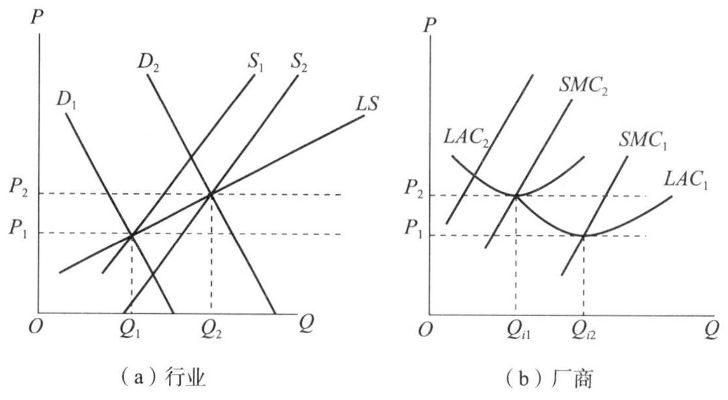

图 6－14　成本递增行业长期均衡及供给曲线

6.6.3　成本递减行业的长期均衡

成本递减行业是指该行业的产量增加所引起的生产要素需求的增加会导致生产要素的价格下降。当成本递减时，完全竞争行业达到长期均衡的供给曲线是一条向右下方倾斜的曲线。它表明：当行业实现长期均衡时，不但产量增加，而且其价格也降低了。这主要是由于外部经济在起作用。随着一个行业的发展而产生的外部经济可以概括为两个方面：①降低了投入物的价格；②提高了投入物的生产效率，从而降低了厂商的长期平均成本。图 6－15 表明需求增加时，成本递减行业调整供给的过程。设该行业和其中的厂商是在价格为 P_1 时达到初始的均衡状态。假如这时需求增加，需求曲线向右移动，短期价格上涨，厂商在短期内仍以短期的边际成本曲线所代表的既定的生产规模调整生产，并因此获得利润。长期内，净利润的出现吸引新厂商进入该行业，整个行业的供给增加。行业供给增加会增加对生产要素的需求，但生产要素的增加使生产要素的市场价格下降了，从而使厂商的长期平均成本曲线 LAC 的位置下移。同时随着行业内新厂商的加入，产量也增加了，供给增加使供给曲线向右移动为 S_2。最终在 LAC_2 曲线和 SMC_2 曲线的位置及 S_2 曲线的位置，实现厂商和行业的长期均衡。虽然新厂商的进入增加了全行业的产量，但成本的下降不会使价格回跌到原来的水平，而是形成一个新的均衡价格水平 P_2，厂商在 LAC_2 曲线的最低点实现长期均衡，每个厂商的利润又都为零。连接行业的两个长期均衡点的直线就是行业的长期供给曲线 LS。它是一条向右下方倾斜的长期供给曲线。

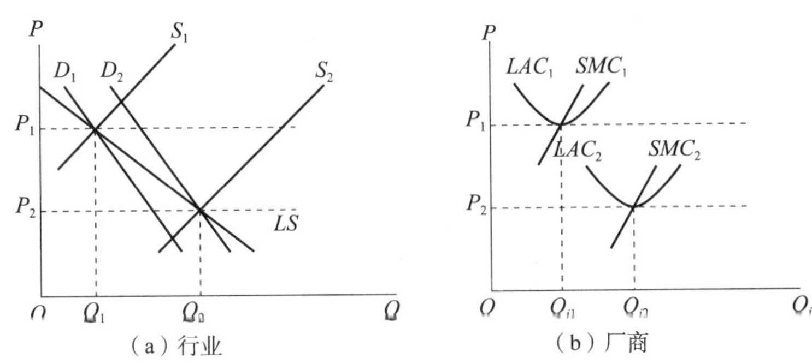

图 6－15　成本递减行业长期均衡及供给曲线

很显然，对于成本递减行业，在长期内，行业的产品价格和供给量呈反方向变动。市场需求的变动引起行业长期均衡价格反方向变动，引起行业长期均衡产量的同方向变动。

以上分析可见，我们不能通过将行业内厂商的长期边际成本曲线加总的方法推导行业的长期供给曲线。不能否认，每个厂商都是在长期供给曲线上 $LMC = P$ 的每一个点上进行生产的，但当行业沿 LS 曲线进行调整时，厂商正在进入或退出该行业。因此，不可能像在短期内那样，对于既定数量厂商的 LMC 曲线进行加总。而且对于成本递增或成本递减行业来说，LMC 曲线本身也会由于要素价格的变化而移动。

6.7　完全竞争市场的短期均衡和长期均衡

6.7.1　完全竞争市场的短期均衡和长期均衡

完全竞争市场长期均衡状态的形成及其特征表明，完全竞争的市场机制能够以最有效率的方式配置经济资源。这部分内容构成了对完全竞争市场经济“看不见的手”的原理进行论证的重要组成部分。

6.7.2　消费者主权说法的理论基础

消费者主权是指在一个经济社会中消费者在商品生产这一最基本的经济问题上起决定性作用。这种作用表现为：消费者用货币购买商品是向商品投“货币选票”。“货币选票”的投向和数量，取决于消费者对不同商品的偏好程度，体现了消费者的经济利益和意愿。生产者根据消费者“货币选票”确定生产的数量、雇佣的劳动和所需的生产资料，同时改进技术、降低成本、增加品种等，以满足消费者的需要，获得最大利润。或者说，生产者是根据消费者的意志来组织生产、提供产品的。这种消费者主权的经济关系，可以促使社会经济资源得到合理的利用，从而使全社会的消费者都能获得最大满足。而完全竞争市场的长期均衡分析通常被用来作为对消费者主权说法的一种证明。

根据前面对消费者追求效用最大化的经济行为的分析，推导出了消费者的需求曲线，并证明了需求曲线上的每一点都代表在一定价格水平和一定收入下能够给单个消费者带来最大效用的需求量。由于市场需求曲线是所有单个消费者的需求曲线水平加总而得到的，所以，市场需求曲线上的每一点也同样表示在一定价格下能够给全体消费者都带来最大效用的商品需求量。

在完全竞争厂商均衡分析中，从厂商按照 $MR=MC$ 的利润最大化原则决定产量的经济行为中推导出厂商的短期供给曲线，该曲线上的每一点都表示在一定价格水平下可以给单个厂商带来最大利润的供给量。由于完全竞争行业短期供给曲线是所有厂商短期供给曲线加总得到的，因此，市场短期供给曲线上的每一点同样表示在一定价格水平下可以给行业中每一个厂商都带来最大利润的供给量。

当市场短期供给曲线与需求曲线相交时，就形成了市场的短期均衡，实际上，这个均衡点同时也是市场的一个长期均衡点，因为一条长期供给曲线通过该均衡点。在该均衡点的长期均衡价格等于厂商 LAC 的最低点。这表明，在完全竞争市场的长期均衡点上，厂商的生产成本降到了最低水平，长期均衡价格也降到了这一最低水平，长期均衡数量既等于市场上所有消费者的需求量总和，也等于市场上所有厂商的供给量总和，市场供求平衡。更重要的是，所有厂商在 $MR=MC$ 的利润最大化原则下，以最低的成本提供产品，所有消费者都以最低价格购买产品，并都得到最大效用。

6.7.3 生产者主权

随着经济的发展，在科学技术进步的影响下，西方社会经济发生了变化，加尔布雷斯通过对大公司发展特征的研究，提出消费者主权被生产者主权所取代的观点。新工业国的形成，使企业权利从资本所有者手中转入“专家组合”手中，专门知识是最重要的。企业权利的转移，决定了企业目标的变化，企业的稳定、经济增长和技术进步，成为更重要的目标。因此，在现代社会中，大企业总是不断自行研究、设计、开发新的产品，自行安排生产，自行规定价格，然后通过庞大的广告网、通信网和推销机构向消费者进行劝说，让消费者按照品种、规格、价格来购买商品，形成了消费者听从生产者的意旨来购买的情况，即“生产者主权”。

6.7.4 完全竞争市场简评：优缺点

1. 完全竞争市场的优点

完全竞争市场最理想，价格可充分发挥其“看不见的手”的作用，调节整个经济的运行。

① 社会的供给与需求相等，资源得到最优配置，生产不会有不足或过剩，需求也得到了满足。

② 在长期均衡时达到的平均成本最低点，使生产要素的效率得到了最有效的发挥。

③ 平均成本最低决定了产品的价格最低，对消费者是有利的。

2. 完全竞争市场的缺点

① 各厂商的平均成本最低，并不一定是社会成本最低。

② 产品无差别，消费者的多种需求无法得到满足。

③ 生产者的规模都很小，就没有能力去实现重大的科学技术突破，不利于技术发展。

④ 在实际中，完全竞争的情况是很少的，而且竞争一般必然引起垄断。

小 结

1. 在经济研究中，划分市场结构的标准主要有：市场上厂商的数量、行业中厂商各自生产的产品的差异程度、单个厂商对市场价格的控制程度、厂商进入或退出一个行业的难易程度。根据这些标准，市场结构可以分为四类：完全竞争市场、垄断竞争市场、寡头市场和垄断市场。

2. 在一个完全竞争市场中，有大量的买者和卖者；市场上每一个厂商生产的产品无差异；所有资源可以在各行业间完全自由流动；市场上从事交易活动的每一个经济主体所掌握的信息是完全的。由此可见，在完全竞争市场上的每一个消费者和每一个生产者都是既定市场价格的接受者，而且，厂商在长期均衡时经济利润为零。

3. 在完全竞争市场上，厂商所面临的对其产品的需求曲线，即厂商的需求曲线是一条从既定的市场价格出发的一条水平线。由此，厂商的平均收益曲线、边际收益曲线和厂商的需求曲线三线重合。

4. 完全竞争厂商实现利润最大化或亏损最小化的原则是：边际收益等于边际成本，即 $MR=MC$。此原则对于所有不同市场结构条件下的厂商短期生产和长期生产都是适用的。

5. 短期内，完全竞争厂商是在既定的生产规模下，通过对产量的调整来实现 $MR=MC$ 的利润最大化原则的。在厂商 $MR=MC$ 的短期均衡点上，其利润可以大于、等于或者小于零。当厂商的利润小于零（即亏损）时，厂商需要根据平均收益 AR 与平均可变成本 AVC 的比较，来决定是否继续生产。当 $AR>AVC$ 时，厂商虽然亏损，但还继续生产；当 $AR<AVC$ 时，厂商必须停产；当 $AR=AVC$ 时，厂商处于生产与不生产的临界点。

6. 以完全竞争厂商的短期均衡分析为基础，可推导出完全竞争厂商的短期供给曲线。完全竞争厂商的短期供给曲线是厂商短期边际成本曲线的一部分，具体来说，它是厂商短期边际成本曲线上大于和等于平均可变成本曲线最低点的那一部分。

7. 将完全竞争厂商的短期供给曲线水平加总，便可以得到完全竞争行业的短期供给曲线。显然，在完全竞争市场上，行业的短期供给曲线保持了厂商短期供给曲线的基本特征与性质，即完全竞争行业的短期供给曲线也是向右下方倾斜的，所以，它表示整个行业的供给量与商品价格成同方向的变化；此外，行业的短期供给曲线还表示在每一价格水平上的行业供给量都是可以给行业内每个厂商带来最大利润或最小亏损的最优的行业生产量。

8. 由厂商的短期供给曲线可以得到生产者剩余的概念。生产者剩余表示生产者提供一定数量产品时，他所得到的实际支付与他所愿意接受的最小支付之间的差额。生产者剩余可以推广到一个行业。

9. 在长期内，完全竞争厂商是通过对全部生产要素的调整来实现 $MR=MC$ 的利润最大化原则的。厂商对全部生产要素的调整可以表现为两方面：一是厂商在每一个产量水平上都选择最优的生产规模进行生产；二是厂商可以根据经营状况选择进入或退出一个行业。完全竞争厂商在长期均衡时利润为零。据此可以推断，完全竞争厂商的长期均衡一定发生在长期成本 LAC 曲线的最低点，在这个最低点上，生产者的平均成本降到了 LAC 曲线的最低水平，消费者购买商品的价格也降到了 LAC 曲线的最低水平。

10. 在推导完全竞争行业的长期供给曲线时，需要考虑当一部分厂商进入或退出一个行业时，他们对生产要素市场的需求对生产要素市场的价格所产生的影响。当一部分厂商进入一个行业并增加对生产要素的需求时，生产要素市场的价格可以保持不变、上升或下降。由此，相应地便有了成本不变行业、成本递增行业、成本递减行业。在此基础上，可推导出成本不变行业的长期供给曲线是一条水平线，成本递增行业的长期供给曲线是向右上方倾斜的，成本递减行业的长期供给曲线是向右下方倾斜的。

思考题

一、填空题

1. 在完全竞争条件下，生产某种商品的厂商很多，他们的商品彼此之间（　　）差别，他们增减产量对价格（　　　）影响。

2. 在完全竞争的市场上，厂商的产量和价格处于短期均衡的条件是（　　　　　　）。

3. 在（　　　　）的市场上，厂商的产量和价格处于长期均衡的条件是 $MR = MC$，$AR = AC$。

4. 在完全竞争的前提下，假如价格曲线位于平均成本曲线的上方，这表明厂商获得了（　　）。这样，别的行业的厂商将（　　　）这个行业，商品的供给将（　　），价格趋于（　　　　　）。

二、选择题

1. 完全竞争的市场是指（　　）。

A. 市场参与者的购销量只占整个市场交易量的极小一部分

B. 市场参与者只能接受价格，而不能影响价格

C. 交易的商品是完全无差别的

D. 以上全对

2. 假如一个完全竞争厂商的收益不能弥补可变成本，为了减少损失，它应该（　　）。

A. 减少生产　　B. 增加生产

C. 提高价格　　D. 停止生产

3. 为使收益最大化，完全竞争厂商将按照何种价格来销售其产品？（　　）

A. 低于市场的价格　　B. 高于市场的价格

C. 市场价格　　D. 略低于距它最近的竞争对手的价格

4. 在完全竞争市场上，厂商短期均衡条件是（　　）。

A. $P = AR$　　B. $P = MC$

C. $P = MR$　　D. $P = AC$

5. 短期内，完全竞争厂商利润最大化时，其利润水平为（　　）。

A. 正值　　B. 负值

C. 零　　D. 不确定

6. 在完全竞争厂商的短期均衡产量上，*AR* 小于 *SAC*，但大于 *AVC*，则厂商（　　）。

A. 亏损，立即停产　　B. 亏损，但应继续生产

C. 亏损，生产或不生产都可以　　D. 获得正常利润，继续生产

7. 在完全竞争市场条件下，厂商的需求曲线与下列哪种曲线重合？（　　）

A. 边际收益曲线与平均收益曲线　　B. 平均收益曲线与总收益曲线

C. 边际收益曲线和总收益曲线　　D. 总收益曲线

8. 一个完全竞争的厂商不会降价推销自己的产品，因为（　　）。

A. 他的竞争对手不允许

B. 由于需求缺乏弹性，总收益将会减少

C. 可以按市场价格出售任何数量的产品

D. 由于需求富有弹性，总收益总是在增加

9. 厂商获取最大利润的条件是（　　）。

A. 边际收益大于边际成本　　B. 边际收益等于边际成本

C. 平均收益等于平均成本　　D. 平均收益等于边际成本

10. 边际收益是指（　　）。

A. 增加一单位产量所导致的总产量的增加量

B. 增加一单位生产要素引起的总成本增加量

C. 增加一单位产品所引起的总收益的增加量

D. 增加一单位生产要素引起的总收益的增加量

11. 完全竞争厂商的短期供给曲线应该是（　　）。

A. *SMC* 曲线上超过停止营业点的部分

B. *SMC* 曲线上超过收支相抵点的部分

C. *SMC* 曲线上的停止营业点和超过停止营业点以上的部分

D. *SMC* 曲线上的收支相抵点和超过收支相抵点以上的部分

12. 在一般情况下，厂商得到的价格若低于以下哪种成本就停止营业（　　）。

A. 平均成木　　B. 平均可变成本

C. 边际成本　　D. 平均固定成本

13. 一般来说，成本递增行业的长期供给曲线是（　　）。

A. 水平直线　　B. 自左下方向右上方倾斜

C. 垂直于横轴　　D. 自左上方向右下方倾斜

14. 若生广要素的价格和数量变化方向相同，则该行业是（　　）。

A. 成本不变行业　　B. 成本递增行业

C. 成本递减行业　　D. 以上任何一个

15. 在完全竞争的市场上，已知某厂商的产量是500单位，总收益是500美元，总成本是800美元，总不变成本是200美元，边际成本是1美元，按照最大利润原则或最小成本原

则，他应该（　　）。

A. 增加产量　　B. 停止生产

C. 减少产量　　D. 不确定

三、计算与问答题

1. 假定某完全竞争市场的需求函数和供给函数分别为 $D=22-4P$，$S=4+2P$。

试求：

（1）该市场的均衡价格和均衡数量。

（2）单个完全竞争厂商的需求函数。

2. 请区分在完全竞争市场条件下，单个厂商的需求曲线、单个消费者的需求曲线以及市场的需求曲线。

3. 请分析在短期生产内追求利润最大化的厂商一般会面临哪几种情况？

4. 已知某完全竞争行业中的单个厂商的短期成本函数为 $STC=0.1Q^3-2Q^2+15Q+10$。

试求：

（1）当市场上产品的价格为 $P=55$ 时，厂商的短期均衡产量和利润如何？

（2）当市场价格下降为多少时，厂商必须停产？

（3）厂商的短期供给函数。

5. 已知某完全竞争的成本不变行业中的单个厂商的长期总成本函数 $LTC=Q^3-12Q^2+40Q$。

试求：

（1）当市场商品价格为 $P=100$ 时，厂商实现 $MR=LMC$ 时的产量、平均成本和利润。

（2）该行业长期均衡时的价格和单个厂商的产量。

（3）当市场的需求函数为 $Q=660-15P$ 时，行业长期均衡时的厂商数量。

6. 已知某完全竞争的成本递增行业的长期供给函数 $LS=5\ 500+300P$。

试求：

（1）当市场需求函数为 $D=8\ 000-200P$ 时，市场的长期均衡价格和均衡产量。

（2）当市场需求增加，市场需求函数为 $D=10\ 000-200P$ 时，市场长期均衡价格和均衡产量。

（3）比较（1）、（2），说明市场需求变动对成本递增行业的长期均衡价格和均衡产量的影响。

7. 已知某完全竞争市场的需求函数为 $D=6\ 300-400P$，短期市场供给函数为 $SS=3\ 000+150P$；单个企业在 LAC 曲线最低点的价格为 6，产量为 50；单个企业的成本规模不变。

（1）求市场的短期均衡价格和均衡产量。

（2）判断（1）中的市场是否同时处于长期均衡？求行业内的厂商数量。

（3）如果市场的需求函数变为 $D'=8\ 000-400P$，短期供给函数为 $SS'=4\ 700+150P$，求市场的短期均衡价格和均衡产量。

（4）判断（3）中的市场是否同时处于长期均衡？并求行业内的厂商数量。

（5）判断该行业属于什么类型？

（6）需要新加入多少企业，才能提供由（1）到（3）所增加的行业总产量？

8. 在一个完全竞争的成本不变行业中，单个厂商的长期成本函数为 $LTC = Q^3 - 40Q^2 + 600Q$，该市场的需求函数为 $Q^d = 13\,000 - 5P$。

试求：

（1）该行业的长期供给曲线。

（2）该行业实现长期均衡时的厂商数量。

9. 已知完全竞争市场上单个厂商的长期成本函数为 $LTC = Q^3 - 20Q^2 + 200Q$，市场的产品价格为 $P = 600$。

试求：

（1）该厂商实现利润最大化时的产量、平均成本和利润各是多少？

（2）该行业是否处于长期均衡？为什么？

（3）该行业处于长期均衡时每个厂商的产量、平均成本和利润各是多少？

（4）判断（1）中的厂商是处于规模经济阶段，还是处于规模不经济阶段？

10. 某完全竞争厂商的短期边际成本函数 $SMC = 0.6Q - 10$，总收益函数 $TR = 38Q$，且已知产量 $Q = 20$ 时的总成本 $STC = 260$。

求该厂商利润最大化时的产量和利润。

11. 画图说明完全竞争厂商短期均衡的形成及其条件。

12. 为什么完全竞争厂商的短期供给曲线是 SMC 曲线上等于和高于 AVC 曲线最低点的部分？

13. 画图说明完全竞争厂商长期均衡的形成及其条件。

14. 为什么完全竞争厂商和行业的短期供给曲线都向右上方倾斜？完全竞争行业的长期供给曲线也向右上方倾斜吗？

15. 你认为花钱做广告宣传是完全竞争厂商获取更大利润的手段吗？

第 7 章

不完全竞争市场

在经济学中，市场有四类，前面的章节介绍了比较理想化的完全竞争市场。但是在现实生活中，理想化的市场极少，几乎不存在，更多的是下面要介绍的三种市场：垄断、垄断竞争和寡头市场。这三种市场统称为不完全竞争市场。这三种市场都带有不同程度的垄断因素。

7.1 垄断市场

7.1.1 垄断市场的定义

1. 垄断市场

垄断市场，又称完全垄断市场，是指整个行业中只有唯一的一个厂商的市场组织。

作为垄断市场，须具备下面三个条件：

① 市场上只有唯一的一家厂商生产和销售某种商品。

② 该商品没有任何相近的替代品。

③ 其他厂商进入该行业极为困难，几乎不可能。

2. 造成垄断的原因

造成垄断的原因有很多，但主要有以下四条：

（1）对制造某种商品的主要原材料或基本投入品供给的独家垄断

例如，“一战”前的美国铝业公司（Alcoa）。矾土是制铝过程中所需用的一种投入品，而Alcoa曾一度控制了矾土矿的所有来源，故而该公司在很长一段时期内独霸美国铝制品行业。

（2）自然垄断

有些行业的生产具有这样的特点：生产的规模效益需要在一个很大的产量范围内和相应的巨大的资本投资水平上才可以获得。以至于在整个行业的产量都由一个企业来生产时才能达到这样的生产规模。而且，只要发挥这一企业在这一生产规模上的生产能力，就可以满足整个市场对产品的需求。如欧洲的空中客车公司。

（3）专利权垄断

某一企业可能因为拥有某一产品的生产专利权或其生产工艺的专利权而形成对该产品的生产垄断。例如上面提到的美国铝业公司（Alcoa）就曾在制铝的基本工艺上拥有重要的专利权，这些专利权有助于保持其垄断地位。

（4）政府特许

有些政府往往在某些行业实行垄断的政策，如供水行业、供电行业、邮政行业、电信行业等。于是独家企业就成了这个行业的垄断者。而在中国，这些企业都是事关国计民生的国有大型企业。

7.1.2　垄断厂商的短期均衡和长期均衡

1. 短期均衡

垄断厂商和完全竞争厂商一样，为了获得最大的利润，也必须遵循 $MR = SMC$ 的原则。在短期内，垄断厂商无法改变生产规模（厂房、设备等），只能在既定的生产规模下通过对产量和价格的调整来实现利润最大化。如图 7－1 所示，一般用短期平均成本（SAC）来表示生产规模。垄断厂商要根据 $MR = SMC$ 的均衡条件将产量和价格分别调整为 Q 和 P 的水平。在短期均衡点 E 上，厂商的平均收益为 FQ，平均成本为 DQ。因此，单位产品的平均利润为 FD，总利润为阴影部分的 $PFDC$ 矩形面积。

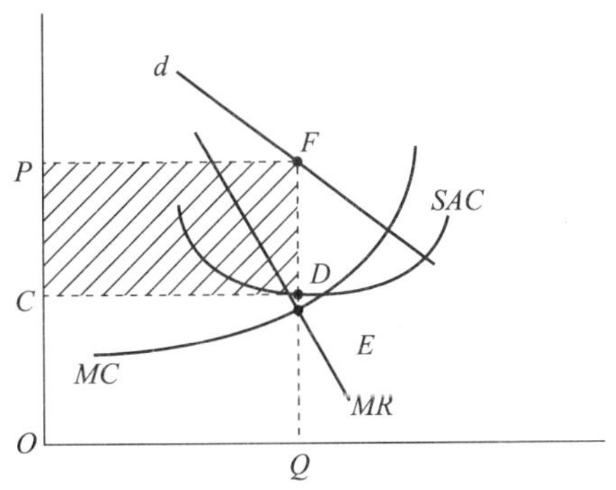

图 7－1　垄断企业的短期均衡

为什么垄断厂商只有在 $MR = SMC$ 的均衡点上才能获得最大利润呢？我们可以考虑不在均衡点的两种情况：

当 $MR > SMC$ 时，垄断厂商增加一单位的产量所获收益大于生产的成本，对于一个理性的厂商来说，它肯定要增加产量以获取更高的利润。而当产量不断增加时，根据边际报酬递减规律，MR 要不断下降，而边际成本上升，直至 $MR = SMC$ 时，才会停止增加产量，这时候厂商也得到了增加产量的所有好处。

当 $MR < SMC$ 时，垄断厂商增加产量是没有好处的，每增加一单位产量，就会减少相应的利润，因为单位成本高于单位收益。厂商理智的做法是减少产量，减少损失。当产量逐渐减少时，根据边际报酬递减规律，MR 会增加，边际成本会逐渐减小，直至 $MR = SMC$ 时，

厂商将产量和价格调整到了最佳状态，即利润最大化的均衡点。

由此可以得出垄断厂商的短期均衡条件为：

$$MR = SMC$$

2. 垄断厂商的供给曲线

在前面的章节中，完全竞争厂商是有短期供给曲线的，也就是说，在每一价格水平下，厂商都有愿意提供的产量与之一一对应。而在垄断市场条件下，并不存在这种规律性的价格和产量的对应关系。

从图 7－2 中看到，在同一个价格水平 P_1 下，有两个产量水平 Q_1 和 Q_2 与之对应，如图 7－2（a）所示；在同一产量个 Q_1 水平下，有两个价格水平 P_1 和 P_2 与之对应，如图 7－2（b）所示。价格和产量没有一一对应的函数关系，也就没有规律性的供给曲线存在。

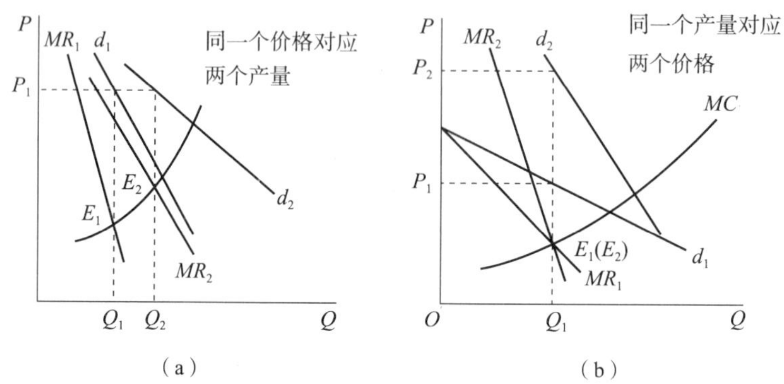

图 7－2　垄断厂商没有供给曲线

3. 长期均衡

在完全竞争市场下，厂商的长期均衡状态是没有经济利润，也没有经济亏损的。但是在垄断市场下，厂商在长期内可以调整全部生产要素的投入量，即生产规模，从而实现最大的利润。

垄断厂商在长期内对生产的调整一般有三种可能的结果：

①在短期内，它是亏损的，在长期内，也不存在使他获得利润的最优生产规模，它就退出该行业；

②厂商在短期内是亏损的，但是在长期内，通过最优生产规模的选择，它可以摆脱亏损，甚至会盈利；

③厂商在短期内就可以获得利润，在长期内，通过调整生产规模，可以获得更大的利润。

图 7－3 就是所说的第三种结果。

从图 7－3 中可以看出，在短期内，在固定的生产规模下（以 SAC_1 表示），平均收益为 P_1，平均成本为 SAC_1，用 OH 的长度表示，厂商的短期利润为面积 P_1ABH 的矩形部分。而在长期内，厂商充分调整产量和价格，价格下调为 P_2，产量调整为 Q_2。这时候最优的生产规模是以 SAC_2 表示的，利润部分是图 7－3 中阴影的矩形面积 P_2FGI，可以明显看到，这部分利润要比短期利润 P_1ABH 大。

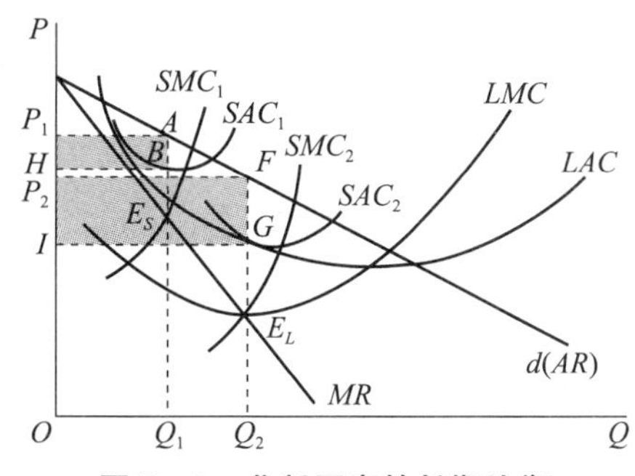

图7－3　垄断厂商的长期均衡

由此可以得出垄断厂商长期均衡的条件为：

$$MR = LMC = SMC$$

7.1.3　价格歧视

同一商品以不同的价格出售，称为“价格歧视”。例如，乘坐公交车，对于老年人、儿童、成年人、残疾人、公交公司职工收取的车票是不同的；公共事业单位对于企业用电、用水与民用电和用水，收取不同价格；一些旅游景区对于本地人和外地人，会收取不同的门票，等等。需要注意的是，相似商品收取不同价格还不能笼统地称为价格歧视，只有这些价格差异不反映成本差异时，才能叫做价格歧视。价格歧视是垄断厂商获取垄断利润的一种手段。

垄断厂商实行价格歧视，必须具备以下条件：

①垄断厂商对市场有很强的控制力，可以操控价格。

②不同市场的需求弹性不同。垄断厂商可以根据不同的弹性区分市场。

③不同弹性的市场相互分离。而且商品的转售十分困难。

1. 一级价格歧视

一级价格歧视也称完全价格歧视，是指厂商按每一单位产品消费者愿意支付的最高价格，确定单位产品价格的行为。

一级价格歧视实现的条件：

①购买者数量少；

②厂商确切了解消费者愿意支付的最高价格；

③产品无替代品。

如图7－4所示，垄断厂商清楚地知道哪些消费者愿意出哪类价格。从P_1的最高价到均

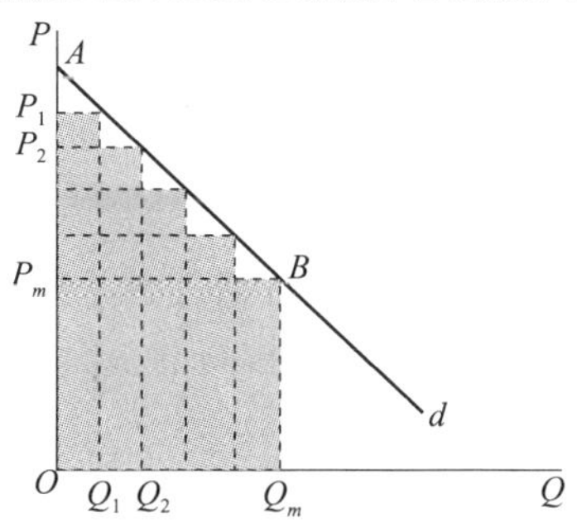

图7－4　一级价格歧视

衡价格 P_m，都有相应的消费群。如果 P_m 是厂商能够承担的供给价格，那么三角形 AP_mB 的面积就是消费者剩余部分。

2. 二级价格歧视

二级价格歧视在现实中是最常见的。二级价格歧视是指，厂商按照消费者不同的购买量分段确定不同的价格，购买量越小，索价越高；购买量越大，索价越低。其实现条件如下：

①购买者数量多；

②产品容易计量和登记。

如图 7－5 所示，在二级价格歧视中，垄断厂商获取了消费者部分的消费者剩余，其中三角形 AP_1B、BGC 和 CFD 面积的消费者剩余留给了消费者，而不是全部被厂商占有。

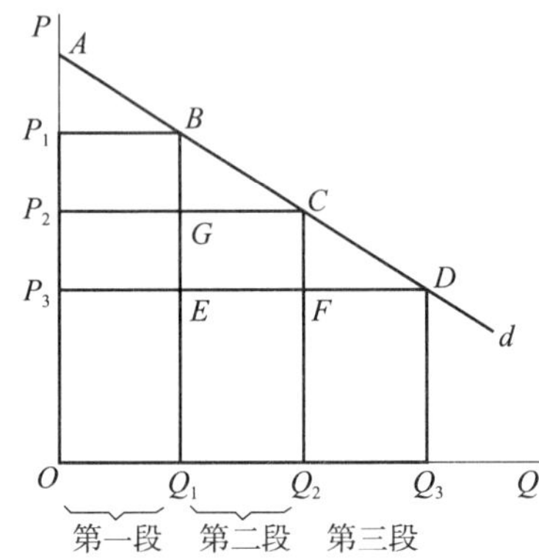

图 7－5　二级价格歧视

3. 三级价格歧视

三级价格歧视也称局部价格歧视。是指厂商对同一种产品在不同的消费群、不同市场上分别确定不同的价格。其实现条件如下：

①存在可以分隔的市场；

②不同市场的价格弹性不同；

③不同市场之间无法套利。

实行三级价格歧视的垄断厂商应根据 $MR_1=MR_2=MC$ 的原则确定产量和价格。

根据上述原则，推论如下：

$$\left.\begin{aligned} MR_1 &= P_1\left(1-\frac{1}{e_{d1}}\right) \\ MR_2 &= P_2\left(1-\frac{1}{e_{d2}}\right) \\ MR_1 &= MR_2 \end{aligned}\right\} \Rightarrow \frac{P_1}{P_2}=\frac{1-\dfrac{1}{e_{d2}}}{1-\dfrac{1}{e_{d1}}} \tag{7.1}$$

由上述公式（7.1）可知，厂商要在需求价格弹性小的市场制定较高价格；在需求价格弹性高的市场制定较低的价格。这样就能获得较高的垄断利润。

7.1.4　对垄断的治理

如前所述，垄断厂商为了获取高额利润，往往是在牺牲消费者利益和效率的基础上。所以，政府为了纠正市场，会对垄断进行治理。在这里介绍两种常见的治理措施：对最高价格的管制和对收益率的管制。

如图 7－6 所示，通常在没有管制的情况下，该厂商将把价格定在 P_0，生产 Q_0 单位产品。然而政府为了满足消费者的需求，把最高价格限定在 P_1，促使厂商为了获得最大利润，就必须把产量定在 Q_1 位置上。具体过程是：经过政府的限价，厂商真实的边际收益曲线变为 P_1BCF。厂商为了获得最大利润，就必须让边际收益（MR）= 边际成本（MC）。也就是在价格 P_1 下，最优产量为 Q_1。

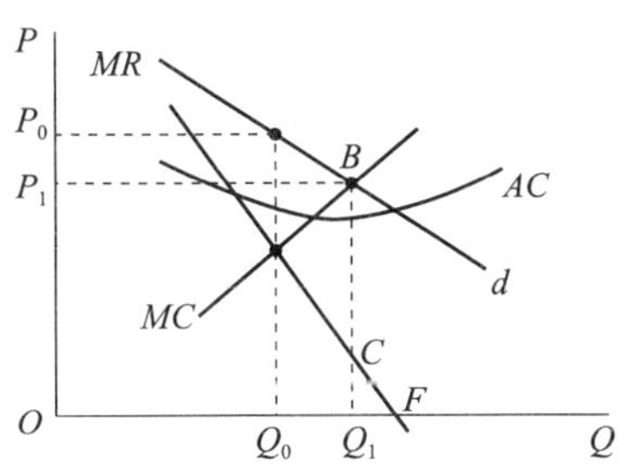

图 7－6　最高价格的管制

如图 7－7 所示，政府除了上面那种直接先定一个价格的办法外，还可以采取把价格限定在厂商平均总成本的地方 P_1。在平均总成本中，包含了厂商合理的收益率。这是比较温和的管制措施。

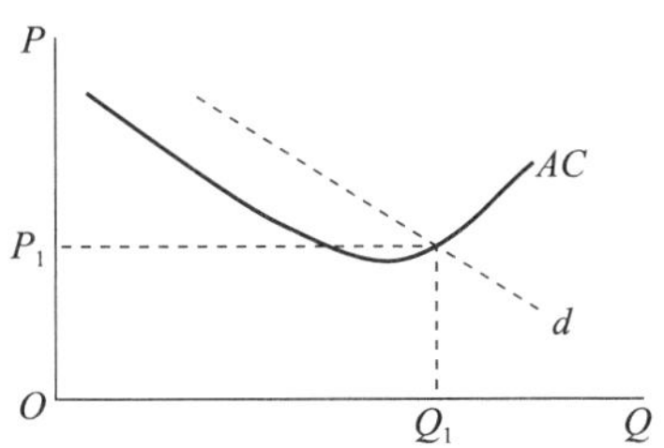

图 7－7　对收益率的管制

7.2　垄断竞争市场

7.2.1　垄断竞争市场的定义和特征

1. 定义和特征

垄断竞争市场是一种既有竞争成分又有垄断因素的市场。它处在完全竞争和完全垄断之间，而又接近完全竞争。

垄断竞争的特征一般如下：

① 大量的厂商生产具有一定差别的产品，这些产品都是相近的替代品。

② 厂商的数量很多，以至于每个厂商都预期它自身的行动不为其竞争对手所注意。

③ 和完全竞争市场相似，垄断竞争厂商可以自由进出市场。

2. 产品差别和产品集团

产品差别是指在消费者或买者心目中同类产品之间存在的差异。形成产品差别的因素很多，主要有产品的品质、包装、设计、商标、广告宣传等。产品差别是导致垄断与竞争相结合的一个重要根源。

产品集团（张伯伦提出）是指生产同类的近似产品的厂商归入一个产品集团。譬如，在鞋业里面有皮鞋、布鞋、运动鞋等，我们可以把生产皮鞋的所有企业集合看成是一个皮鞋产品集团。

轻工业产品市场是显著的垄断竞争市场，如方便面、矿泉水、牙膏、理发、饭馆、香烟市场，等等。

7.2.2 垄断竞争厂商的短期均衡和长期均衡

1. 垄断竞争厂商的需求曲线

如图7－8所示，垄断厂商面临的需求曲线有两条：d 曲线表示主观需求曲线，是指生产集团内某一厂商变动其产品的价格而其他厂商价格保持不变时，该厂商面对的需求曲线。D 曲线表示客观需求曲线，是指生产集团内某一厂商变动其产品的价格，而其他厂商同样变动价格时，该厂商面对的需求曲线。

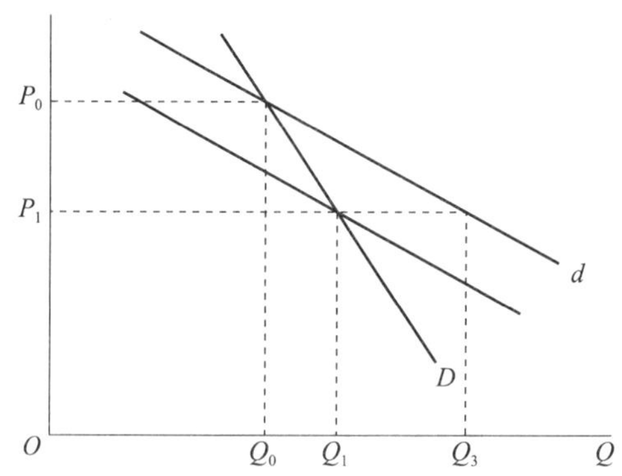

图7－8　垄断竞争厂商的需求曲线

D 曲线和 d 曲线的关系如下：

① 当产品集团内的所有厂商都以相同方式改变价格时，单个竞争厂商的 d 曲线的位置沿着 D 曲线发生平移。

② 若是 d 曲线（表示单个厂商预期的销量）和 D 曲线（每个垄断厂商实际面临的市场需求）相交，则表示，垄断竞争厂商的市场供求相等。

2. 垄断竞争厂商的短期均衡

在图7－9中，垄断竞争厂商短期均衡的条件是 $MR = SMC$。由于是在短期内，生产规模不变，用 SAC 表示。如图7－9所示，在短期内，厂商可以获得阴影部分的经济利润。但厂商不是总能获得利润，也有亏损之时。当价格低于短期平均成本的时候，厂商就会亏损，但是只要价格不低于平均可变成本（AVC），厂商一般就会生产。

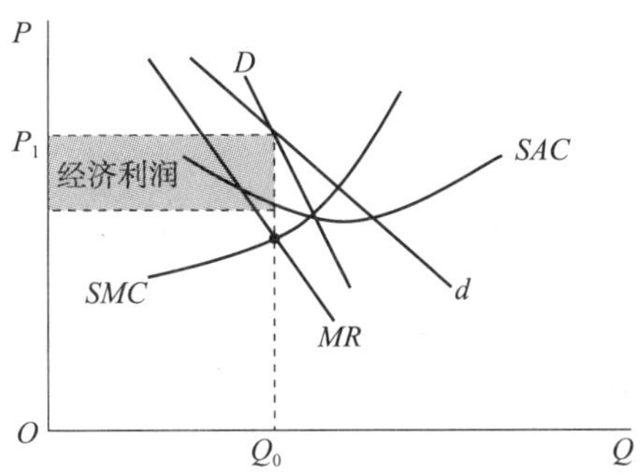

图7－9　垄断竞争厂商的短期均衡

而在长期内，厂商就可以调整生产规模并决定进出该行业。如图7－10所示，均衡价格为P_2，均衡产量为Q_2。由于在长期内，垄断竞争厂商可以自由进出，所以在长期均衡状态，行业中所有厂商的经济利润为零。这点类似于完全竞争厂商。需要注意的是，在均衡产量水平上，需求曲线和长期平均成本是相切的（由于厂商的经济利润为零），切点即为长期均衡位置。

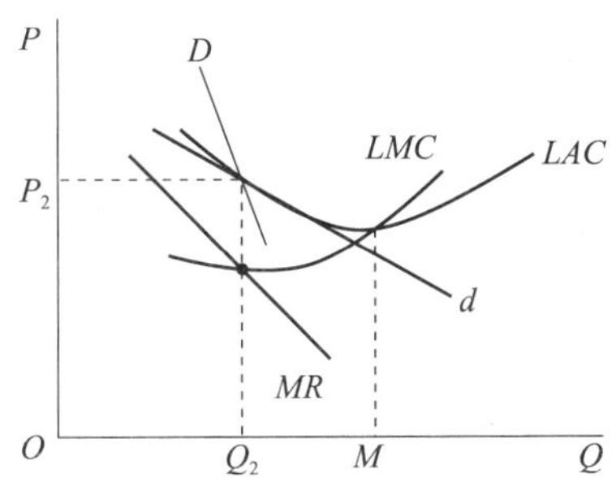

图7－10　垄断竞争厂商的长期均衡

故而，垄断厂商的长期均衡条件为：

$$MR = LMC$$
$$AR = LAC$$

3. 垄断竞争厂商的供给曲线

与垄断厂商相同，在厂商面临的需求曲线向右下方倾斜的情况下，厂商的价格和产量之间不存在一一对应的关系，也就是说，垄断竞争厂商没有规律性的供给曲线。

4. 垄断竞争的效率问题

从以上的论述可以知道，垄断竞争厂商的产量（需求曲线与长期平均成本曲线相切于长期成本曲线的左上侧）是低于完全竞争厂商的理想产量的（需求曲线与长期平均成本曲线相切于其最低点），所以，通常认为垄断竞争的效率是低于完全竞争厂商的效率的。

那么，怎么看待这种非效率情况呢？

首先，在大多数垄断竞争市场中，垄断的力量并不大，通常都有足够多的厂商相互竞争，他们的产品相互之间的替代性相当强，没有哪个厂商能取得有影响的垄断力量。其次，虽然在垄断竞争条件下，厂商的产量低于长期平均成本最低时的产量，由此会产生一定程度的非效率，但它有一个不可忽视的大好处，那就是产品的多样性。垄断竞争理论的创始人张伯伦也认为，这种非效率是由于想得到多样化而付出的代价。

7.2.3 非价格竞争

在垄断竞争市场上，由于各厂商产品的差异性，厂商既可以进行价格竞争，也可以进行非价格竞争。但是从长期看，价格竞争导致两败俱伤，利润减少甚至消失。所以在当今，更多的厂商采取的是非价格竞争。

非价格竞争主要有以下几个类型：

1. 品质竞争

品质竞争即产品差异化竞争，包括提高质量、改进性能和结构、增加功能、完善服务等，以减轻替代品的威胁，吸引更多消费者。也可通过市场细分、产品定向来争取局部市场的竞争优势。

2. 营销竞争或广告竞争

营销竞争或广告竞争是品质竞争的补充，它将差异化的作用通过营销特别是广告而得以充分发挥。包括广告宣传、销售网点、委托代理、售后服务等。

3. 制造产品差别

制造产品差别就是努力使产品适应消费者的需要，而开展市场营销，则是努力使消费者的需要适应产品的差别，所谓广告创造需求。

经济学家对于非价格竞争评价不一。有人认为，非价格竞争作为厂商之间的一种竞争方式，强化了市场竞争，并且非价格竞争的一些做法也在一定程度上满足了消费者的需要；另外一部分经济学家则认为，非价格竞争增加了消费者对于某种产品的依赖，从而加强了垄断厂商对该产品的垄断程度。

7.3 寡头市场

7.3.1 寡头市场的定义和特征

1. 寡头市场的定义

寡头市场，又称寡头垄断市场。是指少数几家厂商控制整个市场产品的生产和销售的市场组织。

2. 寡头市场的特征

寡头市场在现实生活中被认为是普遍存在的市场类型。它一般具有以下特点：

① 厂商极少，一般只有两三家。

② 生产同质或者异质的产品。

③ 进入或者退出该行业很难。

④ 寡头之间竞争激烈且相互依存。

寡头市场在现实中多以钢铁、电气、汽车、化工等形式存在。

如果说垄断竞争市场与完全竞争市场接近的话，而寡头就与完全垄断接近。产生寡头的原因和完全垄断也接近，主要是因为行业中存在着明显的规模经济性和进出的极大障碍。

寡头市场由于其千变万化的表现形态，历来是人们研究的热点。学者们研究出了很多模型，在这里只列举两种经典的模型——古诺模型和斯威齐模型。

7.3.2　古诺模型

古诺模型是最早的寡头模型，是由法国经济学家古诺在 1838 年提出的。古诺模型是一种只有两个寡头厂商的简单模型，也称为双头模型。

1. 古诺模型的基本假设

① 两个厂商相互竞争，同时决策。

② 生产同质产品，价格取决于两个厂商的产量之和，边际成本为零。

③ 需求曲线是线形的，双方准确地了解需求曲线。

④ 双方决策时都将对方产量视为既定：即各厂商在决定自己的利润最大化产量水平时，都假定其他厂商不会变化。需要注意的是，古诺模型的双方竞争的是产量。

2. 古诺模型价格和产量的决定

我们以图 7 – 11 来说明整个过程。在图 7 – 11 中，*D* 曲线是两个厂商共同面临的线性的市场需求曲线，由于成本为零，故无成本曲线。

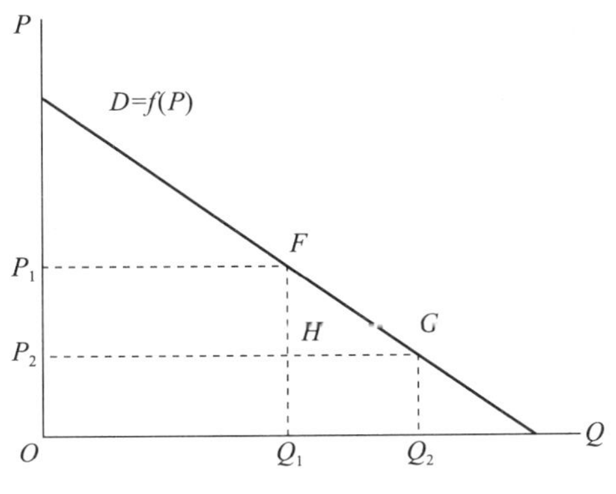

图 7 – 11　古诺模型

在第一轮，A 厂商首先进入市场。由于生产成本为零，厂商的收益就等于利润。A 厂商面临市场需求曲线，将产量定为市场总容量的 1/2，价格定为 OP_1，实现了最大利润，相当于图 7 – 11 中矩形 OP_1FQ_1。[①] 然后，B 厂商进入市场。B 厂商准确地知道 A 厂商本轮留给自己的市场份额为容量的 1/2，B 厂商也按照同样的方式，生产他所面临的市场容量的 1/2，此时市场价格下降为 OP_2。A 厂商的利润也减少为矩形面积 OP_2HQ_1。

---

① 对于这个直角三角形而言，OP_1FQ_1 是最大的内接矩形，也就是利润最大的面积。故而，A 厂商会选择产量为 1/2 处。

在第二轮，A 厂商知道 B 厂商留给自己的市场份额为市场容量的 3/4,，为了实现最大利润，A 厂商将产量定位为自己所面临市场容量的（3/4）×1/2。即市场容量的 3/8，与上一轮相比，A 厂商的产量少了 1/8。然后 B 厂商进入市场，他所面临的市场容量为 5/8，于是 B 厂商选择市场容量的 1/2，即 5/16，与上一轮相比，B 厂商多了 1/16 市场容量的产量。

在这样一轮一轮的反复角逐中，A 厂商的产量会越来越少，而 B 厂商的产量会越来越多。最后，直到 A、B 两个厂商的产量相等的时候，才达到均衡。在均衡状态中，A、B 两个厂商的产量各为市场容量的 1/3，行业的总产量为市场容量的 2/3。

计算过程如下：

A 厂商的均衡产量为：

$$OQ\left(\frac{1}{2}-\frac{1}{8}-\frac{1}{32}-\cdots\right)=\frac{1}{3}OQ$$

B 厂商的均衡产量为：

$$OQ\left(\frac{1}{4}+\frac{1}{16}+\frac{1}{64}+\cdots\right)=\frac{1}{3}OQ$$

所以，行业总产量为$\frac{2}{3}OQ$。

进一步延伸，如果有 m 个厂商，那么，每个厂商的均衡产量为：

$$市场容量\times\frac{1}{m+1}$$

市场总容量为：市场容量$\times\frac{m}{m+1}$。

7.3.3 斯威齐模型

1. 模型假设

① 如果一个寡头厂商提高价格，行业中的其他厂商都不会跟着改变自己的价格，因而提价的寡头厂商的销售量会减少很多。

② 如果一个寡头厂商降低价格，行业中的其他寡头厂商会将价格下降到相同的水平，以避免销售份额的减少，因而该寡头厂商的销售量的增加是很有限的。

2. 模型解释

斯威齐模型具有弯折的需求曲线。如图 7－12 所示，在 B 点上，一企业提价，对手是不跟着提价的，正好增加自己的需求。而企业降价，对手就会紧跟着降价。所以造成了弯折的需求曲线。B 点之上，企业提价会丧失很多客户，而 B 点之下，企业降价，却不会得到所料想的需求增加量，因为有其他企业的竞争。而弯折的需求曲线形成了不连续的边际收益曲线 MR_1 和 MR_2。

利用间断的边际收益曲线便可以解释寡头市场上的价格刚性现象。只要边际成本位置变动不超过边际收益曲线的垂直间断范围，寡头厂商的均衡价格和均衡数量都不会发生变化。

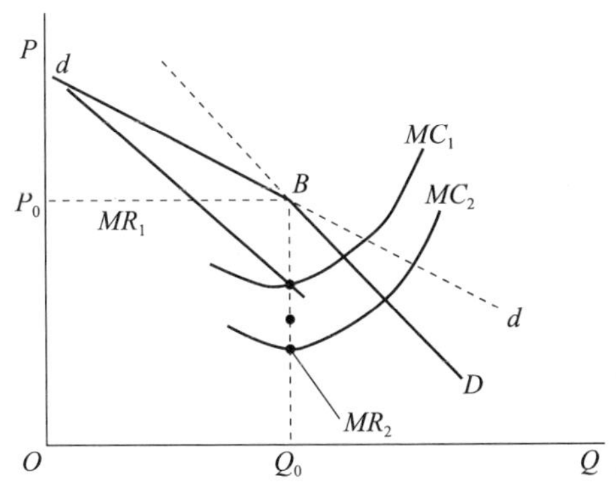

图 7－12　斯威齐模型

3. 寡头厂商的供给曲线

寡头厂商和前面讲到的两种市场相同，都不存在价格和数量之间一一对应的函数关系。故而，寡头厂商也没有确定的供给曲线。

7.4　寡头间的博弈

一般认为，博弈论出现于 1944 年由冯·诺依曼（Von · Neumann）和摩根斯坦恩（Morgenstern）合作的《博弈论和经济行为》一书。严格地讲，博弈论并不是经济学的一个分支。它是一种方法，应用范围不仅包括经济学，还包括政治学、军事学、外交学、国际关系学以及犯罪学。实际上，好多人把博弈论看成是数学的一个分支。纳什在 1951 年的奠基性文章就是发表在数学杂志上，而不是经济学杂志上，在相当长的一段时间里，经济学家并不把纳什当作一个经济学家。

1950 年约翰·纳什在普林斯顿的博士论文中，首次提出了纳什均衡，并证明了纳什定理，这是对博弈论高度的原创性和重要的贡献。30 岁后，他曾陷于精神疾病数十年。1994 年，他与 Harsanyi（海萨尼）和 Selten（泽尔腾）共获诺贝尔经济学奖。

博弈论在经济学中的绝大多数应用模型都是在 20 世纪 70 年代中期之后发展起来的。大概从 80 年代开始，博弈论逐渐成为主流经济学的一部分，甚至可以说已成为微观经济学的基础。不少当今赫赫有名的经济学家就成名于其在博弈论方面的研究成果。

7.4.1　博弈论的基本概念

1. 博弈和博弈论

博弈是指两个及两个以上的个人或组织都在追求各自的利益，却没有人能够支配结果的一种竞争态势。

博弈论（Game Theory），是研究决策主体的行为发生直接相互作用时的决策以及这种决策的均衡问题。也就是说，当一个主体，好比说一个人或一个企业的选择受到其他人、其他企业选择的影响，而且反过来影响到其他人、其他企业选择时的决策问题和均衡问题。所以从这个意义上说，博弈论又称为对策论。

2. 博弈论的三要素

（1）参与人（Players）

一个博弈中独立决策、独立承担结果的主体。

（2）策略（Strategies）

参与人在给定信息集的情况下的行动规则。

（3）得益（Pay off）（或支付、报酬）

指在一个特定的策略组合下参与人得到的确定效用水平，或者是指参与人得到的期望效用水平。

另外，与策略紧密相关的还有一个概念是行动（Actions or Moves）。行动是指参与人在博弈的某个时点的决策变量。

下面用图 7－13 说明这几个要素。

寡头 2	寡头 1		
		高价	低价
	高价	100，100	20，105
	低价	150，20	70，70

图 7－13　双寡头的价格博弈

如图 7－13 所示，博弈的参与人有两个：寡头 1 和寡头 2。两个寡头的策略都有两个相同的策略：定高价和定低价。得益情况分别是在四种策略组合下（寡头 1 的一个策略和寡头 2 的一个策略的随机组合）的矩阵所示。例如，在第一个矩阵中，逗号前面的数字 100 表示在策略组合（高价，高价）下，寡头 1 得到的收益；后面一个数字 100 表示寡头 2 在此策略组合下的收益。以此类推其余三个矩阵。

7.4.2　优势策略均衡和纳什均衡

1. 优势策略均衡

优势策略，是指无论其他参与者采取什么策略，某参与者唯一的最优策略。

博弈均衡，是指博弈的所有参与者都不想改变自己的策略的一种相对静止的状态。

优势策略均衡，简言之，就是由博弈中的所有参与者的占优策略所构成的均衡。

如图 7－14 所示，这是一个很有名的博弈，“囚徒困境”，是一个典型的优势策略均衡。

甲	乙		
		坦白	抵赖
	坦白	－3，－3	0，－5
	抵赖	－5，0	1，1

图 7－14　优势策略均衡：“囚徒困境”

“囚徒困境”的故事大致是这样的：两个嫌疑犯作案后被警察抓住，分别被关在不同的屋子里审讯。警察告诉他们：如果两人都坦白，各判刑 3 年；如果两个都抵赖，各判 1 年

（或许因证据不足）；如果其中一人坦白而另一人抵赖，坦白者放出去，不坦白者判刑5年（这就是“坦白从宽、抗拒从严”的道理）。

对于这样的两个囚徒博弈，最后的均衡是什么呢？是“坦白，坦白”。对于甲囚徒而言，无论乙囚徒选择什么策略，他选择坦白而获得的支付都要大于抵赖而获得的支付，所以，甲的优势策略是坦白。同理，对于乙囚徒而言，优势策略也是坦白。所以，最后的结果是两个囚徒都选择了坦白，被各判三年。

“囚徒困境”在经济学上有着广泛的应用，这里举个例子：两个寡头企业选择产量的博弈。

如果两个企业联合起来形成卡特尔协定，选择垄断利润最大化的产量，每个企业都可以得到更多的利润。但卡特尔协定不是均衡状态，因为在假定对方遵守协议的情况下，每个企业都想增加生产，结果是每个企业都只得到均衡产量的利润。它严格小于卡特尔产量下的利润。这个例子也说明，在有些情况下，个人理性与集体理性的冲突对整个社会来说也许是一件好事，尽管它对该集体的成员而言是一件坏事。

2. 纳什均衡

纳什均衡指的是这样一种策略组合，这种策略组合由所有参与人的最优策略组成。也就是说，在假定某一策略的情况下，没有任何单个参与人有积极性选择其他策略，从而没有任何人有积极性打破这种均衡。更通俗地说，纳什均衡是一种“僵局”：在假定别人不动的情况下，没有人有兴趣动。

纳什均衡的精髓就是：没有人愿意单独偏离目前状态，或者说单独偏离目前状态没好处。

如图7－15所示的博弈就是个典型的纳什均衡的博弈。参与人是一对情侣，他们各有两个策略：看足球和看芭蕾。组成四个策略组合，按照纳什均衡的定义，在对方的策略已定的情况下，你选择你的相对优势的策略。双方能形成的稳定的均衡组合有两个：“足球，足球”和“芭蕾，芭蕾”。仔细分析可以发现，这两个均衡都符合纳什均衡的精髓：参与人没有任何一方愿意单独偏离该策略组合。

男		女	
		看足球	看芭蕾
	看足球	2，1	0，0
	看芭蕾	−1，−1	1，2

图7－15　纳什均衡：情侣博弈

7.4.3　厂商间的竞争与合作

很多学者认为博弈的含义其实是一种竞合游戏，即既有竞争又有合作的游戏。在现实中，厂商间的关系的确是既有竞争的一面，又有共生、共存的一面。

1. 进入障碍博弈——厂商间的竞争

图7－16的博弈矩阵表明两个厂商之间围绕是否进入该行业和是容忍还是抵制新企业展

开的博弈。这两个厂商明显带有很强的竞争性。作为当位者（垄断者），他不愿意有人分享他的市场。而作为新兴的企业，他面临着到底是进入还是不进入该行业的选择。这样就形成了四个对局：“进入，容忍”、“进入，抵制”、“不进，容忍”、“不进，抵制”。但是在这里面，当位者的抵制策略存在是否可信的问题。很明显，从此博弈来看，抵制是不可信的。容忍对于在位者是一个优势策略。在此情况下，最后的博弈结果可能是进入者选择进入，当位者选择妥协，即容忍。

进入者		当位者	
		容忍	抵制
	进入	1，5	-2，2
	不进	0，10	0，4

图 7-16　进入障碍博弈

但如果上述矩阵的支付状况不是这样，抵制是可信的情况，那么博弈结果可能又是另一个样子。这就涉及博弈中的策略性行为：承诺、允诺和威胁。篇幅有限，这里不展开讨论。

2. 垄断组织——参与者之间的共谋合作

企业（政府）之间除了激烈的竞争之外，为了达到共同目的，也会携起手来，在一定程度上进行合作共谋。譬如卡特尔、辛迪加、康采恩、托拉斯等。

在这里以卡特尔为例说明企业间、政府间的合作共谋。

卡特尔组织是一种重要的垄断组织形式，指生产同类商品的企业，为了获取高额利润，在划分销售市场、规定商品产量、确定商品价格等方面达成协议而形成的一种垄断联合。参加卡特尔的企业在生产上、贸易上、财务上和法律上都保持各自的独立性。因此，卡特尔这种垄断联合并不稳固。

OPEC（石油输出国组织）是政府间合作控制石油产量和价格的一个典型例子。它是一个自愿结成的政府间组织，对其成员国的石油政策进行协调、统一。它的宗旨是，协调和统一各成员国的石油政策，并确定以最适宜的手段维护其各自和共同的利益。在此基础上，OPEC 自成立以来，致力于石油市场的稳定与繁荣，并为保证石油生产者与消费者的利益实行了原油生产配额制。

OPEC 的成立的确为中东以及南美发展中国家维护资源利益、反对西方资源垄断起了很好的作用。通过政府间的合作，各成员国的经济利益得到了保障，在稳定世界石油价格方面起到了很好的作用。

7.5　四种市场的评说

1. 基本评价（静态分析）

比较不同市场，一般采用经济效益标准。经济效益是指利用经济资源的有效性。对资源的利用越充分、越有效，表示经济效益越高；反之，则表示经济效益越低。西方经济学家分析了不同市场条件下厂商的长期均衡后，认为，完全竞争市场的效益最高，垄断竞争市场次高，寡头市场较低，垄断市场经济效益最低。也就是说，竞争程度越高，经济效益越高；反之，垄断因素越高，经济效益越低。

这是西方经济学家对四种市场组织的基本评价，是从静态分析的角度来说的，具体理由如下：

在完全竞争条件下，厂商的需求曲线是一条水平线。在厂商达到长期均衡时，水平需求曲线相切于 LAC 曲线的最低点，这时，产品的均衡价格最低，而产量最高。这时的产量是个理想产量，相比于垄断竞争市场，完全竞争市场发挥了全部的生产能力。而垄断竞争市场的产量和理想产量之间则有一个差额，称为“多余的生产能力”。

如图 7－17 所示，完全竞争市场的理想产量 Q_C 要比垄断竞争市场的均衡产量 Q_A 大很多。而更多的产品意味着满足了更多的消费者需求，所以，完全竞争市场的经济效益是高于垄断竞争市场的。

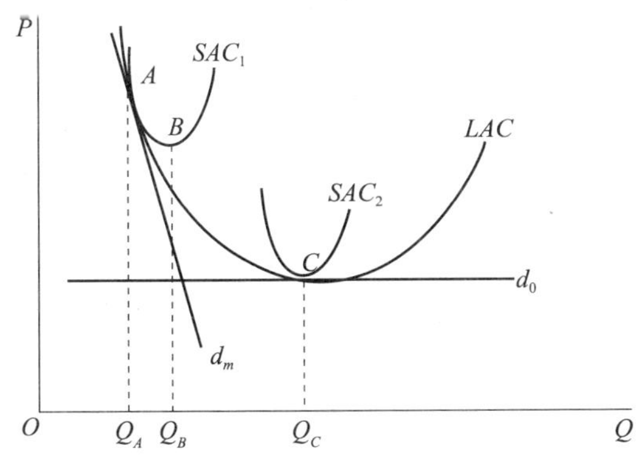

图 7－17　理想产量和多余生产能力

而垄断市场是在四个市场中垄断因素最大的一个，它的经济效益最低是因为垄断造成了无谓损失，即消费者剩余和生产者剩余总和的净损失。从图 7－18 可以看出，消费者剩余 $= -A-B$；生产者剩余 $=A-C$。总的剩余 $=-B-C$，是个负值，也就是净损失。

寡头市场是介于垄断市场和垄断竞争市场之间的市场类型，它更接近于垄断市场，因为市场上只有两三家企业。这些企业基本上是可以左右市场的。

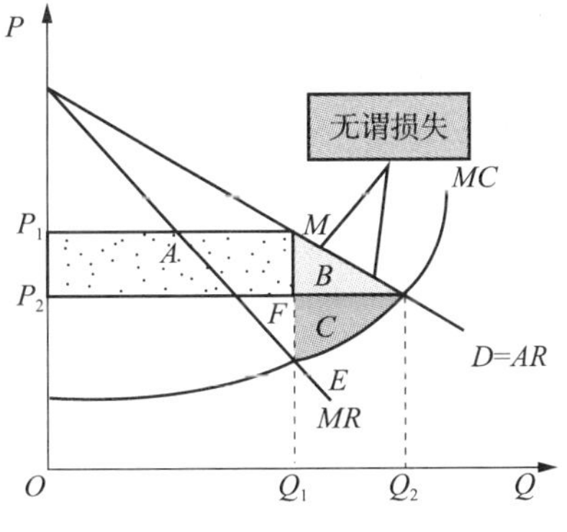

图 7－18　垄断带来的损失

2. 动态分析

(1) 产品差别化

按照静态分析，垄断竞争市场因为有一定的垄断因素，所以经济效率不如完全竞争市场。但是从动态角度来看，垄断竞争的厂商（譬如餐饮业）一般都会以产品差别化策略提高销售量，而不仅仅是价格竞争。虽然产量不如完全竞争市场大，但满足了消费者对于产品多样化的需求。垄断竞争理论的创始人张伯伦认为，垄断竞争市场存在的多余生产能力是由于想得到产品多样化而付出的代价。随着人们生活水平的提高，人们对商品也有了更高的要求，消费具有了层次性和差别性。不同设计、不同功能、不同品牌的商品正是人们追求的一种结果。所以，从这个角度来说，垄断竞争市场有其优势。

(2) 垄断与技术进步、技术创新

在垄断和技术进步的关系上有两种观点：一是垄断阻碍技术进步；二是垄断有利于进步。诚然，垄断厂商会通过对市场的垄断而获取超额垄断利润，因而缺乏进行技术创新的动力，甚至还会为了防止其他企业威胁自己的利益，阻止其他企业进行技术创新。但是垄断厂商也有有利于技术创新的因素。

其理由有三点：

①垄断厂商由于能得到超额垄断利润，因而最有实力去开展技术研发。

②垄断厂商并非没有技术进步的动力，因为他时时会感到他人对自己这一充满了利润空间的市场的觊觎，技术上的一点漏洞都可能成为别人乘虚而入的切入点，技术上的一点点落后也可能导致满盘皆输的结局。

③由于存在制度上的障碍，事实上没有哪家企业能够靠挤垮对手来维持自己的地位，而只有靠不断的技术创新才有可能长期将潜在的竞争对手排斥在自己的市场之外。

(3) 垄断产生规模效益

垄断市场和寡头市场一般都是大企业，而完全竞争市场和垄断竞争市场一般都是小企业，这些小企业很难产生规模效益。而垄断企业和寡头企业则可以凭借雄厚的财力、物力、人力，产生巨大的规模效益。

(4) 广告支出

一般认为过于庞大的广告支出是资源的浪费，而且商业性广告良莠不齐，会对消费者产生误导。但是广告也分为建设性广告和竞争性广告。建设性广告传播有用的信息，它提供了消费者选择时所必须知道的价格、质量以及产品特色等信息，使企业的新产品为更多的消费者所知晓，因而能够扩大企业的市场规模，增加了产品的总需求量，因而是有益的。而竞争性广告完全是为了打压竞争对手，只是提高了运营成本，是不利的，所以要减少。

总之，从动态角度来说，除完全竞争市场外的三种不完全竞争市场，其经济效益高低还需要具体分析，不能一概而论。

小 结

1. 垄断市场只有一个厂商，所以其需求曲线就是市场的需求曲线。垄断厂商的需求曲线是向右下方倾斜的，表示垄断厂商可以通过调整产量而操纵价格。

2. 垄断厂商的短期均衡条件为 $MR = SMC$，在均衡点上，垄断厂商可能获利，也可能亏损。厂商要根据 AR 与 AVC 的大小，决定是否继续生产。

3. 垄断厂商的长期均衡条件是 $MR = LMC = SMC$，所以厂商的长期均衡利润总是大于短期均衡利润。

4. 由于垄断因素，垄断厂商可以以不同的价格卖同一产品，这叫做价格歧视。由歧视程度分为：一级价格歧视、二级价格歧视、三级价格歧视。

5. 各国对于垄断企业都采取监管和治理的策略，其主要方法是价格管制和征税。

6. 垄断竞争市场介于完全竞争市场和垄断市场之间，但是更类似于完全竞争市场。也有众多的企业，规模都不大，但是销售有差别的产品，企业间存在激烈竞争。

7. 垄断竞争市场会导致生产能力过剩、非价格竞争（如广告）等。

8. 垄断竞争市场既有垄断因素，也有竞争因素。所以它有两条需求曲线：单个厂商的需求曲线 d 和市场需求曲线 D，其交点是商品市场供求相等之处。

9. 寡头市场介于完全垄断市场和完全竞争市场之间，但是它类似于垄断市场，市场上只有两三家大型企业，可以共同操纵市场，但是也存在竞争。

10. 寡头市场的著名模型有古诺模型和斯威齐模型。古诺模型竞争的是产量；斯威齐模型具有弯折的需求曲线，利用其间断的边际收益曲线可以解释市场上的价格刚性现象。

11. 三种非完全竞争市场的厂商都没有确定的价格和产量关系，故都没有供给曲线。

12. 博弈论是分析寡头市场的重要工具和方法。

13. 完全竞争市场的经济效益最高，垄断竞争市场次高；寡头市场经济效益较低，完全垄断市场经济效益最低。但是从动态视角来看，这三种非完全竞争市场也不是完全不可取，在促进技术进步、产生建设性广告、规模经济方面都是其有利的方面。

思考题

一、名词解释

1. 垄断；
2. 价格歧视；
3. 多余生产能力；
4. 产品集团；
5. 产品差别；
6. 寡头；
7. 博弈；
8. 纳什均衡。

二、简答题

1. 垄断形成的原因是什么？
2. 政府如何管制垄断企业的价格？
3. 垄断竞争市场的非价格竞争内容都有哪些？
4. 为什么垄断企业没有供给曲线？

5. 博弈的三要素是什么？

6. 斯威齐模型为什么有弯折的需求曲线？

三、计算题

1. 某垄断厂商短期总成本函数为 $STC=0.3Q^3+6Q^2+140$，需求函数为 $Q=140-2P$，求短期均衡产量和均衡价格。

2. 某垄断厂商面对的需求曲线上某一点的点弹性 $Ed=5$，商品的价格 $P=6$，假定在该点实现了短期均衡，求相应的边际收益 MR 与边际成本 MC。

四、论述题

1. 试以全面的视角比较不同市场组织的经济效率。

2. 试述垄断竞争厂商的两条需求曲线的含义及其相互关系，并说明垄断竞争厂商短期和长期均衡形成的过程和条件。

第 8 章

生产要素价格的决定

前面的章节讨论了产品的价格和数量的决定。但是除了产品市场之外，还有要素市场。否则，对于价格决定的论述就不完全。缺少了对生产要素价格和数量的说明，对于市场来讲是不完整的。本章就来说明生产要素的价格和数量是怎么决定的。

因为生产要素价格和数量是决定消费者收入水平的重要因素，所以，生产要素价格理论在西方经济学中又称为分配理论，也就是说，从本章开始要从价格理论转到分配理论。

微观经济学的主要分析方法在前面产品市场的论述中都已经讲明，产品市场的内容是本书的重点部分。

8.1 生产要素价格决定的需求方面

8.1.1 理论基础：分配论

生产要素价格的决定是分配论的一个重要部分，但不是全部，除此之外，还有收入不平等程度以及收入差异等内容。

生产要素是为进行生产和服务活动而投入的各种经济资源。19 世纪的西方经济学家习惯把生产要素分为三类：土地、劳动、资本。到 19 世纪末，第四种要素——企业家才被发现。

生产要素价格决定的主要理论基础是克拉克提出的边际生产力分配理论。他认为，在其他条件不变和边际生产力递减的前提下，一种生产要素的价格决定于其边际生产力。后来的经济学家对此作了修改，认为生产要素价格不仅取决于边际生产力，而且要考虑生产要素的边际成本。另外，不仅要考虑生产要素的需求方面（厂商），而且要考虑生产要素的供给方面（要素生产商、劳动者）。

8.1.2 引致需求

在产品市场中，消费者为了直接满足自己的吃、穿、住、行等需要而购买产品的需求，我们称之为直接需求。

生产要素市场不是直接满足消费者需求的，而是因为消费者对于产品的需求而引起的厂商对生产要素的需求，我们称之为“引致需求”，也称之为派生需求。

譬如消费者对面包的需求，引致面包生产厂商对面粉和劳动具有需求。

引致需求的内涵如下：

①在生产要素市场上，厂商成为生产要素需求方，消费者成为生产要素供给方。

②厂商购买生产要素不是为了自己的直接需要，而是为了生产和出售产品以获得收益。

③厂商之所以对生产要素产生需求，是因为消费者对产品有需求，厂商为了满足消费者对产品的需求，就要使用生产要素来生产出产品。

8.1.3 完全竞争厂商使用要素原则

和完全竞争产品市场一样，完全竞争要素市场的基本性质可以描述为：要素的供求双方人数都很多，要素没有任何区别，要素供求双方都具有完全的信息，要素可以充分自由地流动，等等。显然，完全满足这些要求的要素市场在现实生活中是不存在的。

这里假定，完全竞争厂商只使用一种生产要素，生产单一产品，追求最大限度的利润。在这些假定下，完全竞争厂商使用生产要素的一般原则为利润最大化，要求任何经济活动的边际收益和边际成本必须相等。这一点不仅适用于产品数量的决定，而且也适用于要素使用量的决定。只不过在这两种决定中，它们的边际收益和边际成本的含义有所不同。而由于不同的含义，边际收益和边际成本又有不同的名称。

下面先来考察厂商使用要素的“边际收益”。

1. 使用要素的边际收益——边际产品价值

在前面的章节中介绍过，在产品市场中，完全竞争厂商的收益函数是：

$$R(Q)=Q\cdot P \tag{8.1}$$

R（或 TR）、Q 和 P 分别为厂商的总收益、产量和产品价格。在公式（8.1）中，产品价格 P 是既定常数。这是因为，在完全竞争条件下，产品买卖双方数目很多，产品毫无差别，故任何一家厂商单独增加或减少其产量都不会影响产品价格。换句话说，产品价格与单个厂商的产量多少没有关系。由于产品价格固定不变，厂商的收益便可以看成是决定于另一个因素，即产量。因此，总收益 R 被看成是产量 Q 的函数。由收益函数求收益对产量的一阶导数，即得边际收益。边际收益表示厂商增加一单位产量所增加的收益。

把讨论转入要素市场。一旦转入要素市场，产量 Q 本身就是要素数量 L 的函数：

$$Q=Q(L) \tag{8.2}$$

把公式（8.2）代入公式（8.1）则有：

$$R(L)=Q(L)\cdot P \tag{8.3}$$

在产品市场理论中，收益是产量的函数。收益对产量的导数就是产品的边际收益 MR。而在完全竞争条件下，这个边际收益等于产品的价格，即 $MR=P$。现在研究的是生产要素的使用问题。在要素市场理论中，收益成了要素的（复合）函数。因此，为了求得要素的边际收益，必须以要素为自变量求取导数。求得的导数是什么呢？根据公式（8.3），这个导数为 $MP \cdot P$。第一个因子 MP 就是要素的边际产品（或边际生产力），即：

$$MP = \frac{\mathrm{d}Q(L)}{\mathrm{d}L} \tag{8.4}$$

它表示增加使用一个单位要素所增加的产量。要素边际产品 MP 与既定产品价格 P 的乘积 $MP \cdot P$ 表示增加使用一单位要素所增加的收益。这就是完全竞争厂商使用生产要素的边际收益。为了与前面的产品的边际收益概念相区别，通常把使用要素的边际收益叫做边际产品价值。并用 VMP 表示，则有：

$$VMP = MP \cdot P \tag{8.5}$$

它表示在完全竞争条件下，厂商增加使用一个单位要素所增加的收益。这里再次强调，应特别注意边际产品价值 VMP 与产品的边际收益 MR 的区别：产品的边际收益（简称边际收益）通常是对产量而言，故称为产品的边际收益；边际的产品价值则是对要素而言，是要素的边际产品价值。如图 8－1 所示。

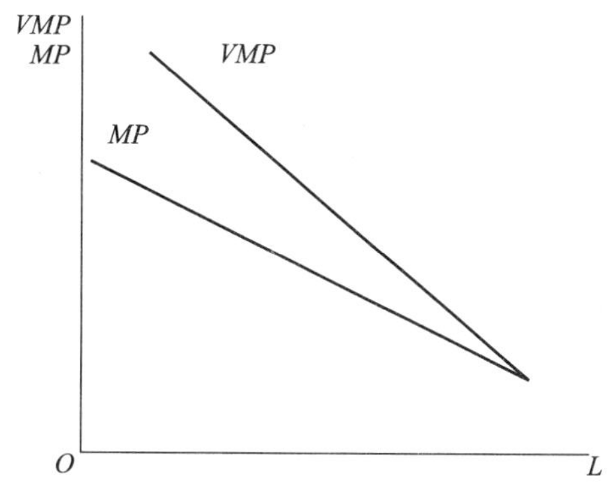

图 8－1　完全竞争厂商的边际产品收益和边际产品价值

2. 使用要素的边际成本——要素价格

在这里，成本仅被看成为产量的函数：

$$C = C(Q) \tag{8.6}$$

但是由于产量本身又取决于所使用的生产要素的数量，故成本也可以直接表示为生产要素的函数。根据成本方程，便可以得到所使用要素的成本概念。若设所使用的劳动要素的价格即工资为 W，则使用要素的成本就可表示为：

$$C = W \cdot L \tag{8.7}$$

使用要素的边际成本即成本函数对要素的导数就等于劳动价格：

$$W = \frac{\mathrm{d}C(L)}{\mathrm{d}L} \tag{8.8}$$

它表示完全竞争厂商增加使用一单位生产要素所增加的成本。但是在完全竞争条件下，要素价格其实是一个常数，故 W 不随着 L 的变化而变化。

3. 完全竞争厂商使用要素的原则

$$VMP = W \tag{8.9}$$

或者

$$W = MP \cdot P \tag{8.10}$$

8.1.4 完全竞争厂商对生产要素的需求曲线

1. 单个厂商的需求曲线

单个厂商的需求曲线如图 8 - 2 所示。

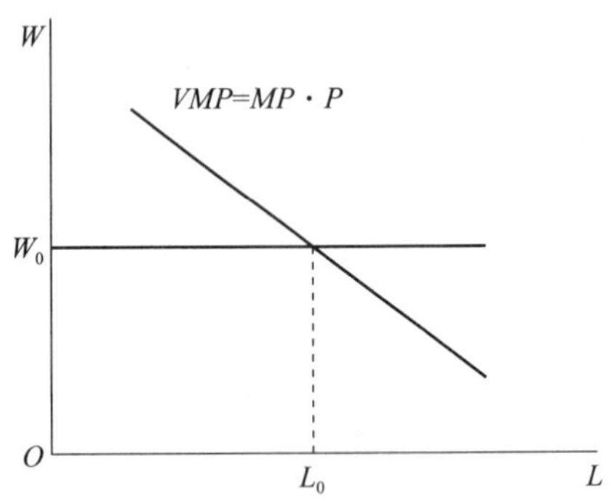

图 8 - 2 单个厂商的需求曲线

由公式（8.4）可知，MP 其实也是 L 的函数：$MP = MP(L)$。

故公式（8.10）也可以写为：

$$VMP = P \cdot MP(L) = W \tag{8.11}$$

从这个公式（8.11）可以得出，当 P 为常数时，W 和 L 之间是一一对应的关系，也就是函数关系。也就是说，这时候需求曲线和 VMP 曲线是重合的。

2. 多个厂商互相作用后的实际需求曲线

多个厂商互相作用后的实际需求曲线如图 8 - 3 所示。

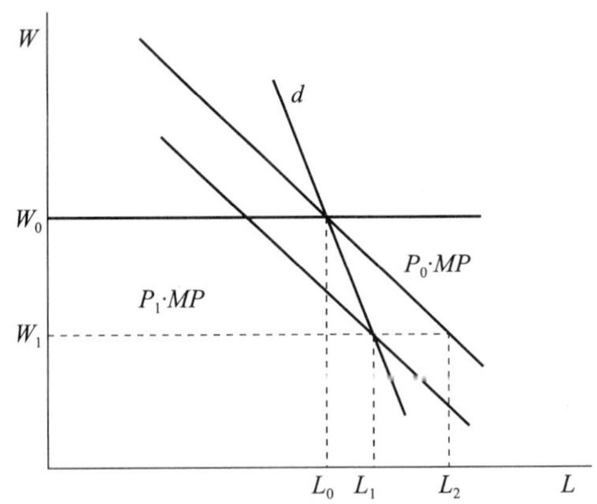

图 8 - 3 多个厂商相互作用后的实际需求曲线

从图8－3可以看出，在行业内有众多厂商时，*VMP* 和需求曲线是不重合的，实际的需求曲线 d 要比 *VMP* 曲线更陡些。

3. 从单个厂商需求曲线导出市场需求曲线

简单地说，整个市场的需求曲线 D 就是对各个厂商要素需求曲线的水平加总……。即：

$$D = \sum_{m=1}^{n} d_m \tag{8.12}$$

8.1.5　卖方垄断下的情况和买方垄断下的情况

1. 卖方垄断厂商使用要素的原则

在这里，卖方垄断厂商指的是，厂商在产品市场上（卖方）是垄断的，在要素市场上是完全竞争的。

当厂商是产品市场的垄断者时，其边际收益 *MR* 不再等于价格。此时，这个值为边际收益产品，记为 *MRP*。

$$MRP = MR \cdot MP \tag{8.13}$$

而卖方垄断厂商使用要素的边际成本为要素价格 W，故买房垄断厂商使用要素的原则是：

$$MRP = W \tag{8.14}$$

或者
$$MR \cdot MP = W \tag{8.15}$$

2. 买方垄断厂商使用要素的原则

买方垄断厂商指的是，厂商在要素市场上（买方）是垄断的，但是在产品市场上是完全竞争的。

由于买方垄断厂商在产品市场是完全竞争的，所以其边际收益和价格相等，故 $VMP = MP \cdot P$，也就是说，边际收益就是边际产品价值。但是由于其在要素市场上不再是完全竞争的，所以其要素价格不再是固定不变的，其边际成本不再等于要素价格。

用 *MFC* 表示边际要素成本，通过导数推导得出：

$$MFC = MC \cdot MP \tag{8.16}$$

所以最后得出，买方垄断厂商使用要素的原则是：

$$VMP = MFC \tag{8.17}$$

8.2　生产要素价格决定的供给方面

要素的所有者（也就是供给者）可能是消费者（提供劳动力），也可能是厂商（提供中间产品或者原材料）。但无论是消费者还是厂商，要素供给的原则都是最大化。消费者是效用最大化，厂商是利润最大化。

因为一般的要素可以分为劳动力、土地和资本。所以本节依次说明这三种要素的供给状况。

8.2.1 劳动供给曲线和工资

1. 劳动和闲暇

劳动供给涉及消费者对其拥有的既定时间资源的分配。消费者拥有的时间资源是既定的，这句话有两层含义：首先，每天只有 24 小时，这是不会改变的；其次，在这固定的 24 小时之中，有一部分必须用于睡眠而不能挪为他用，必需的睡眠时间虽不是绝对不变，但对于特定的消费者而言，短期内变化不会很大。如果将必需的睡眠时间挪作他用，则消费者的满足程度即效用以及劳动生产力都将受到很大的影响。为了便于理解，这里假定消费者每天必须睡眠 8 个小时。因此。消费者可以自由支配的时间资源每天为固定的 $24-8=16$（小时）。

由上述假定可知，消费者可能的劳动供给只能来自这 16 小时，而不能超过它。其最大劳动供给为16 小时。设劳动供给量为6 小时，则全部时间资源中的剩余部分为（16 -6） = 10（小时），称为闲暇时间。闲暇时间包括除必需的睡眠时间和劳动供给之外的全部活动时间。例如，用于吃、喝、玩、乐即用于各种消费活动的时间。在现实生活中，闲暇时间也可用于非市场活动的“劳动”，例如干家务活。若用 H 表示闲暇，则 $16-H$ 就代表消费者的劳动供给量。因此，劳动供给问题就可以看成是消费者如何决定其固定的时间资源 16 小时中闲暇 H 所占的部分，或者说，是如何决定其全部资源在闲暇和劳动供给两种用途上的分配。

在后面的叙述中，闲暇和劳动类似于消费者消费的两种商品。消费者会在两种“商品”（闲暇和劳动）中做出选择和组合。

2. 劳动供给曲线

从图 8 -4 中我们看出，劳动供给曲线是一个向后弯曲的曲线。究其原因如下：

劳动供给取决于工资变动所引起的替代效应和收入效应，随着工资增加，由于替代效应的作用，工作代替闲暇，从而劳动供给增加。同时，随着工资增加，由于收入效应的作用，家庭需要更多的闲暇，从而劳动供给减少。当替代效应大于收入效应时，劳动供给随工资增加而增加，当收入效应大于替代效应时，劳动供给随工资增加而减少，一般规律是，当工资较低时，替代效应大于收入效应，当工资达到某个较高水平时，收入效应大于替代效应。

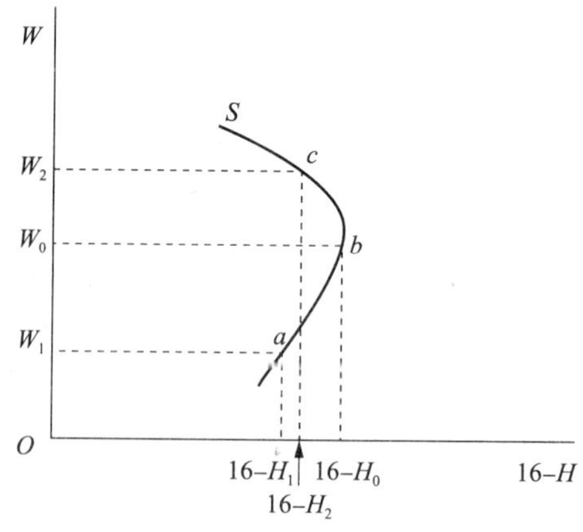

图 8 -4 劳动供给曲线

简单地说，当人们收入较低时，人们倾向于偏好工作，得到工资报酬。所以在 b 点之前的曲线是一条近似于向右上方倾斜的曲线，表示劳动供给随工资的提高而提高。但是当收入达到一定水平时，人们就更偏好闲暇，认为闲暇带来的效用更大。这时候增加工资，反而使人们更有条件去享受闲暇，而不愿工作。因此，劳动供给曲线是一条向后弯曲的供给曲线。

3. 均衡工资的决定

西方经济学崇尚均衡，所以工资的决定取决于劳动力市场上需求和供给双方力量的均衡。如图 8－5 所示。

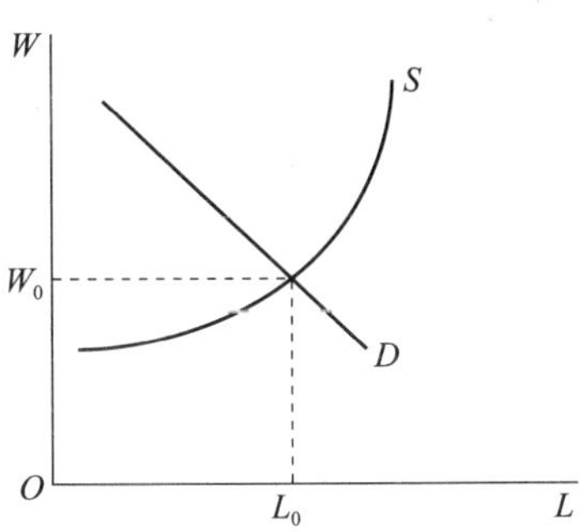

图 8－5　均衡工资的决定

8.2.2　土地的供给和地租

经济学上的土地，泛指一切自然资源，其特点被描述为“原始的和不可毁灭的”。说它是原始的，因为它不能被生产出来；说它是不可毁灭的，因为它在数量上不会减少。土地数量既不能增加也不能减少，因而是固定不变的，或者也可以说，土地的“自然供给”是固定不变的，它不会随着土地价格的变化而变化。

1. 土地、土地供给和土地价格

在讨论土地供给之前，有几个概念需要厘清：

（1）生产服务的源泉和生产服务本身

生产服务的源泉不同于生产服务本身。例如，劳动服务的源泉是人类或劳动者，但劳动服务却是“人・时”（代表劳动者在某个特定时期工作的其他单位）之类的单位衡量；同样，土地是生产服务的源泉，但该生产服务本身却是用“公顷・年”（即使用 1 公顷土地 1 年）之类的单位来衡量。类似的区别也适用于资本，比如，建筑物和机器作为源泉也不同于它们所提供的服务。

（2）源泉的供给（以及需求）和服务的供给（以及需求）

源泉的供求是指卖和买生产服务的“载体”；服务的供求则是指卖和买生产服务本身而非其“载体”。有些生产要素的源泉及其服务都可以在市场中交易，例如土地和资本；有些生产要素则不能，例如劳动。劳动服务可以被买卖，但劳动服务的源泉（即人类自身）却不能被买卖，至少在现在的文明社会是这样。

（3）源泉的价格和服务的价格

如果源泉和服务二者均可在市场上交易，则就有两个价格，即源泉价格和服务价格。例如，就土地而言，有一个“1公顷土地（即源泉）的价格”，还有一个“使用1公顷土地1年（即服务）的价格”。再如建筑物和机器，它们本身有一个市场价格（即源泉价格），还有一个使用它们一定时间的价格（即服务价格）。这两个价格显然不同，因而要加以区别。生产要素源泉的价格，特别是资本物品（如机器）的价格，是由它们的市场供求曲线所决定，其过程与前面已经论述过的商品价格的决定大致相同。分配论中所论述的是生产要素服务价格的决定。劳动是一个例外，由于只有劳动服务能够买卖，因此只有一个价格，即劳动服务的价格。

为便于理解，假定下面讨论的土地、土地供给及土地价格（资本、资本供给及资本价格）均是指土地的服务、土地服务的供给及土地服务的价格（资本服务、资本服务的供给以及资本服务的价格）。其中，土地服务的价格称为地租（资本服务的价格称为利息）。

2. 土地的供给曲线

如图8-6所示，土地的供给曲线是一条垂直线，意味着土地的数量是固定的，而且土地的位置也是固定不变的。无论租金多高，土地的供给都是$\overline{Q}$这么多，不会因租金高而多出，也不会因租金少而减少。

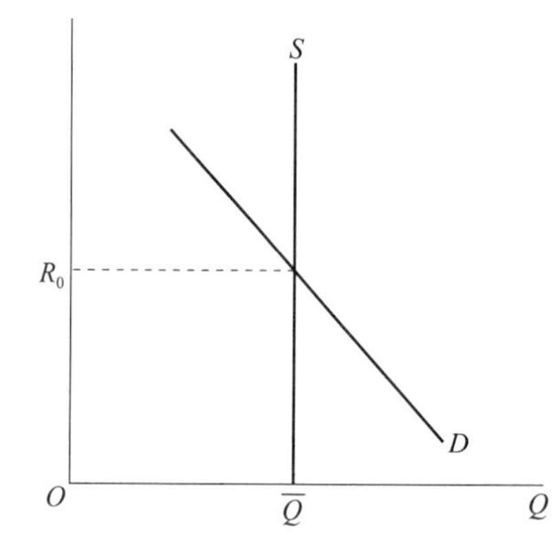

图8-6　土地的供给曲线和土地的地租的决定

3. 地租的决定

从图8-6中可以看出，土地的服务价格即地租，是由市场上的需求曲线和供给曲线决定的。因为土地供给是一条垂线，所以，当土地供给一定时，地租的决定主要由需求决定。需求曲线若是降低到和横轴交接，那么地租就会消失。随着需求上升，地租也越来越高。究其缘由，按照马克思的理论地租的产生是因为两点：一是土地资源稀少；二是在资本主义国家，土地所有权是私有的，掌握在地主手中。由于土地所有权的垄断，使用土地，就必须缴纳地租，无论土地贫瘠与否。

4. 租金的概念

按照上面的定义，地租是当土地供给固定时的土地服务价格，因而地租只与固定不变的土地有关。但在很多情况下，不仅土地可以被看成是固定不变的，而且有许多其他资源在某些情况下，也可以被看成是固定不变的，例如某些人的天赋才能，有些就很像土地一样，其供给是自然固定的。这些固定不变的资源也有相应的服务价格。这种服务价格显然与土地的地租非常类似。为与特殊的地租相区别，可以把这种供给数量同样固定不变的一般资源的服务价格叫做“租金”。换句话说，地租是当所考虑的资源为土地时的租金，而租金则是一般化的地租。

还有些情况类似于租金。有些要素在长期内是可变的，但是在短期内却是不变的。如厂商的生产规模在短期内就不能调整。这种要素的服务价格叫做“准租金”。“准租金”可以定义为：对供给量暂时固定的生产要素的支付，即固定生产要素的收益。还可以进一步引申出“经济租金”的含义，即如果从该要素的全部收入中减去这一部分，并不会影响要素的供给。人们将这一部分要素收入叫做“经济租金”。

8.2.3　资本的价格和利息

1. 资本

在日常生活中，资本常常被看成是一个包罗万象的东西：“它代表着一个经济系统的有形资源，包括劳动人口以及一切有用之物”。例如，消费品（住房、家具等）、生产资料（工厂、机器等），甚至现金余额和自然资源如土地等。显而易见，这个关于资本的概念并不适合我们在此分析的目的。如果以此作为定义，则资本不再是与劳动及土地并列的生产要素（因为它包括了后两者），甚至也不再是生产要素（因为它包括了消费商品）。

作为与劳动和土地并列的一种生产要素，资本的独特点可以概括如下：

① 它的数量是可以改变的，即它可以通过人们的经济活动生产出来。

② 它之所以被生产出来，其目的是因此而获得更多的商品和劳务。

③ 它是作为投入要素，即通过用于生产过程而得到更多的商品和劳务的。

2. 利息

作为生产服务的源泉，资本本身具有一个市场价格，即所谓资本价值。例如，一台机器、一幢建筑物在市场上可按一定价格出售；另外，资本也与土地和劳动等其他要素一样，可以在市场上被租借（不是出售）出去。因此，作为生产服务，资本也有一个价格，即使用资本（或资本服务）的价格，或者说，资本所有权所得到的价格。这个价格通常称为利息率（简称利率），并用 γ 来表示。

例如，一台价值为 1 000 元的机器被使用一年得到的收入为 100 元。用这个年收入除以机器本身的价值，即得到该机器每单位价值服务的年收入，100/1 000 = 10%，这就是该机器服务的价格，或叫年利率。

由此可见，资本服务的价格或利率等于资本服务的年收入与资本价值之比。公式为：

$$\gamma = \frac{Z}{P} \tag{8.18}$$

式中，Z 为资本服务的年收入；P 为资本价值。

8.2.4　洛伦兹曲线和基尼系数

除了要素价格决定理论之外，分配论还有其他内容，其中一个重要的内容就是关于分配的公平性。为了研究国民收入在国民之间的分配，美国统计学家 M · O · 洛伦兹提出了著名的洛伦兹曲线。

洛伦兹首先将一国总人口按收入由低到高排队，然后考虑收入最低的任意百分比人口所得到的收入百分比，例如，收入最低的 20% 的人口、40% 的人口所得到的收入比例分别为 3%、7.5%。最后，将这样得到的人口累计百分比和收入累计百分比的对应关系描绘在图形上，即得到洛伦兹曲线。如图 8－7 所示。

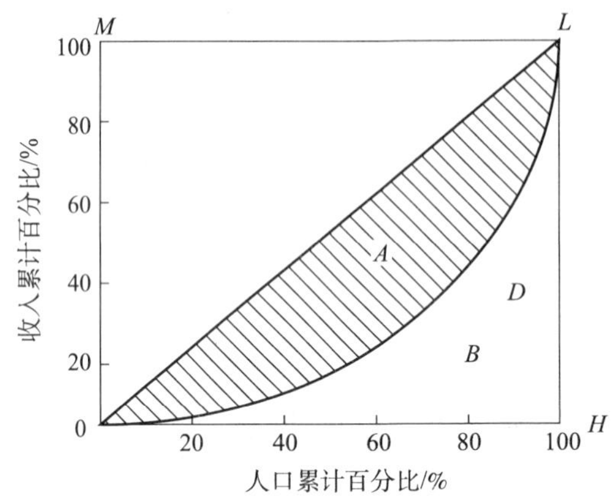

图 8－7　洛伦兹曲线

图 8－7 中横轴 *OH* 表示人口（按收入由低到高分组）的累计百分比，纵轴 *OM* 表示收入的累计百分比，*ODL* 为该图的洛伦兹曲线。由该曲线可知，在这个国家中，收入最低的 20% 的人口所得到的收入仅占总收入的大约 3%；而收入最低的 80% 的人口所得到的收入还不到总收入的一半。

显而易见，洛伦兹曲线的弯曲程度具有重要意义。一般来说，它反映了收入分配的不平等程度。弯曲程度越大，收入分配程度越不平等；反之亦然。特别是，如果所有收入都集中在某一个人手中，而其余人口均一无所获时，收入分配达到完全不平等，洛伦兹曲线成为折线 *OHL*；另外，如果任一人口百分比均等于其收入百分比，从而人口累积百分比等于收入累积百分比，则收入分配就是完全平等的，洛伦兹曲线成为通过原点的 45°线 *OL*。

OHL 与 45°线之间的面积“$A+B$”就是完全不平等面积。不平等面积与完全不平等面积之比就是基尼系数，用于衡量一个国家的贫富差距。若用 G 表示基尼系数，则有：

$$G=\frac{A}{A+B} \tag{8.19}$$

小　结

1. 克拉克的分配理论认为，一种要素的价格取决于其边际生产力。

2. 生产要素的需求是一种引致需求，是由于消费者对产品的需求而引致厂商对生产要素产生的需求。

3. 在单一厂商情况下，完全竞争厂商的边际产品价值曲线和需求曲线重合。

4. 在多个厂商共同相互作用下，厂商的边际产品价值和需求曲线不一致。需求曲线往往更加陡直。

5. 完全竞争厂商使用要素的原则是：要素的边际产品价值等于要素价格。即 $VMP=W$。

6. 卖方垄断情况下，厂商使用要素的原则变为 $MR \cdot MP = W$，即边际收益产品价值等于要素价格。

7. 买方垄断情况下，厂商使用要素的原则为：边际产品价值等于边际要素成本，即 $VMP = MFC$。

8. 劳动供给曲线是一条向后弯曲的曲线。原因是劳动供给者在工作和休闲间做选择。而且在替代效应和收入效应的相互作用下，出现如下情形：当人们收入水平较低时，会偏好工作而放弃休闲，所以劳动供给随工资提高而上升；当人们收入达到一定高度后，人们更偏好休闲，所以供给随工资提高而下降。

9. 劳动的价格即工资决定于要素的需求和供给。

10. 租金的含义是，固定不变的资源在使用中所要求的服务价格。

11. 资本服务的价格或利率等于资本服务的年收入与资本价值之比。

12. 洛伦兹曲线反映了收入分配的不平等程度。该曲线弯曲程度越大，收入分配程度越不平等；反之亦然。

13. 基尼系数是表示一国贫富差距的常用指标：$G = \dfrac{A}{A+B}$。

思考题

一、名词解释

1. 引致需求；
2. 边际收益价值；
3. 租金；
4. 经济租金；
5. 基尼系数。

二、简答题

1. 为什么完全竞争厂商的市场需求曲线比单个厂商的需求曲线陡峭？
2. 完全竞争厂商使用要素的原则是什么？
3. 劳动供给曲线为什么是向后弯曲的？
4. 洛伦兹曲线的含义是什么？

三、论述题

试述西方经济学的地租理论和马克思地租理论的本质区别。

第9章

一般均衡和福利经济学

以上各章节只对一个市场进行分析，而且分析时往往把被研究的市场与其他市场孤立开来，也就是说，我们假定，当某一市场的价格发生变化时，这一变化不会影响其他市场的价格，这样的分析叫做局部均衡分析。在局部均衡分析里，我们只考察一种产品的价格变化，而其他产品的价格被看作是固定不变的。

局部均衡分析虽然很有用，并被广泛采用，但其缺陷也是显而易见的。因为各个市场是相互关联的，某一市场的价格变化不会不波及其他市场的价格，而其他市场的价格又会影响最初产生变化的市场。例如，人们对于鱼类需求的提高不仅会影响到鱼类的价格，同时也会影响到肉类、禽蛋、乳制品等产品的价格，反过来，肉类、禽蛋、乳制品等价格的变化，又会影响人们对鱼类的需求。可见，对于诸如此类的问题，局部均衡分析的局限性便成了致命的弱点，因此，必须运用一般均衡的分析方法才能解决。一般均衡分析考虑到市场之间的相互作用，它把整个经济里所有市场的价格放在一起来考察。例如，在产品市场的一般均衡分析中，每一商品的需求和供给不仅取决于该商品本身的价格，而且也取决于所有其他商品（如替代品和互补品）的价格。即当整个经济的价格体系恰好使所有的商品都供求相等时，市场就达到了一般均衡。

本章着重要讨论的问题是：在市场经济体系中，这种一般均衡状态是否存在？如果存在，它是否具有经济效率？前一个问题自然是一般均衡论的对象，后一个问题则属于福利经济学的内容。

9.1　一般均衡的定义及其存在性

1. 一般均衡的存在

所谓一般均衡的存在，是指存在一系列价格，使所有的市场都处于均衡状态，即需求等于供给。这一表述看似简单，但其内涵却极其丰富，因为在每个市场需求和供给的背后，是许许多多消费者、生产者和资源拥有者的独立决策。给定一系列价格，每个经济个体都会作出相应的决策。

①每个消费者提供自己所拥有的投入要素，并在各自的预算约束下购买产品，以最大化自己的效用。

②每个企业在给定价格下决定产品的产量和对投入的需求，以最大化各自的利润。

③如果存在一套价格，使每个产品市场和每个要素市场上的总需求等于总供给，那么该经济存在一个一般均衡，而这套价格便称为一般均衡价格。即如果某经济存在这样一套价格，那么该经济就存在一个一般均衡。

2. 一般均衡的存在与否本身有着重要的意义

市场经济是建立在理性经济人都是自私自利的假设基础之上的，每个消费者追求自身的效用最大化，每个企业追求各自的利润最大化。问题是，在这样一个为各自私利而算计的经济制度里，有没有一种稳定的状态呢？或者说，这样的经济制度会不会造成你抢我夺的混乱动荡的局面呢？

法国经济学家里昂·瓦尔拉斯在经济学说史上最先充分地认识到一般均衡问题的重要性。他第一个提出了一般均衡的数学模型，并试图解决一般均衡的存在性问题。除此之外，他还对一般均衡的唯一性、稳定性及最优性等问题作过探索。瓦尔拉斯的一般均衡体系是按照从简单到复杂的路线一步步建立起来的。他首先撇开生产、资本积累和货币流通等复杂因素，集中考察所谓交换的一般均衡。在解决了交换的一般均衡后，他加入更加现实一些的假定：商品是生产出来的，从而讨论生产（以及交换）的一般均衡。但是，生产的一般均衡仍然不够“一般”，它只考虑了消费品的生产，而忽略了资本品的生产和再生产。因此，瓦尔拉斯进一步提出其关于资本积累的第三个一般均衡模型。他的最后一个模型是“货币和流通理论”，考虑了货币交换和货币窖藏的作用，从而把一般均衡理论从实物经济推广到了货币经济。

尽管瓦尔拉斯最先认识到一般均衡问题的重要性，但他关于一般均衡存在性的证明却是错误的。直到 20 世纪 50 年代，著名经济学家阿罗、狄布鲁等才用数学模型严格证明了一般均衡存在的条件。可惜，一般均衡的模型相当复杂，其证明要用到较高深的数学，本教材无法作出详细的介绍。这里，仅概括他们的研究结果：在一些比较宽松的条件下（如消费者的偏好为凸性等），完全竞争的经济里存在着一般均衡。而且，一个完全竞争的经济可能存在多个一般均衡状态。

9.2　帕累托最优

9.2.1　帕累托最优的含义

当一个经济处于一般均衡时，就达到了所谓帕累托最优，从而实现了社会福利最大化。

帕累托最优是指这样一种状态：资源配置的任何改变都不可能使一个人的状况变好，又不能使他人的状况变坏。帕累托最优状态又称为经济效率。如果资源配置满足帕累托最优状态，就是具有经济效率的；反之，如果不满足帕累托最优状态，就是缺乏经济效率的。例如，如果产品在消费者之间的分配已经达到这样一种状态，即任何重新分配都会至少降低一个消费者的满足水平，那么，这种状态就是最优的或是最有效率的状态。同样地，如果要素在厂商之间的分配已经达到这样一种状态，即任何重新配置都会至少降低一个厂商的产量，那么，这种状态就是最优的或最有效率的状态。

利用帕累托最优状态标准，可以对资源配置状态的任意变化作出“好”与“坏”的判断。如果既定的资源配置状态的改变使得在没有任何人状况变坏的情况下至少能使一个人的状况变好，则认为这种资源配置状态的变化是“好”的，否则，可以认为是“坏”的。这种以帕累托最优状态标准来衡量为“好”的状态改变称为帕累托改进。

9.2.2 交换的帕累托最优条件

本节开始论述达到帕累托最优状态所必须满足的条件。这些条件称为帕累托最优条件。它们包括交换的最优条件、生产的最优条件以及交换和生产的最优条件。本节先讨论交换的最优条件。下面以两个消费者的交换为例，来看交换的帕累托最优问题。

假定一个经济社会只有两个消费者 A 和 B，消费者 A 拥有较多的产品 Y 和较少的产品 X，消费者 B 拥有较多的产品 X 和较少的产品 Y，两个消费者的无差异曲线分别如图 9－1（a）和图 9－1（b）所示。在图 9－1 中消费者 A 拥有的产品 X 的量是 X_1，拥有的产品 Y 的量是 Y_1，因而其产品 X 和 Y 组合点位于 F 点；消费者 B 拥有的产品 X 的量是 X_2，拥有的产品 Y 的量是 Y_2，因而其产品 X 与 Y 的组合点位于 H 点。

现在两个消费者开始交换其产品。消费者 A 以一定量的产品 Y 去交换消费者 B 一定量的产品 X，交换的结果是：消费者 A 所拥有的产品 Y 将下降，产品 X 将上升，其产品组合点将从 F 点运动到 G 点；消费者 B 所拥有的产品 X 将下降，产品 Y 将上升，其产品组合点将从 H 点运动到 J 点。可以看出，在交换之前，消费者 A 的效用水平以无差异曲线 ⅠA 为代表，交换以后，他的效用水平以无差异曲线ⅡA 为代表，效用水平提高；在交换之前，消费者 B 的效用水平以无差异曲线ⅡB 为代表，交换以后，他的效用水平以无差异曲线ⅢB 为代表，效用水平也提高。可以看出，两个人的效用都提高，这是一种帕累托改进。

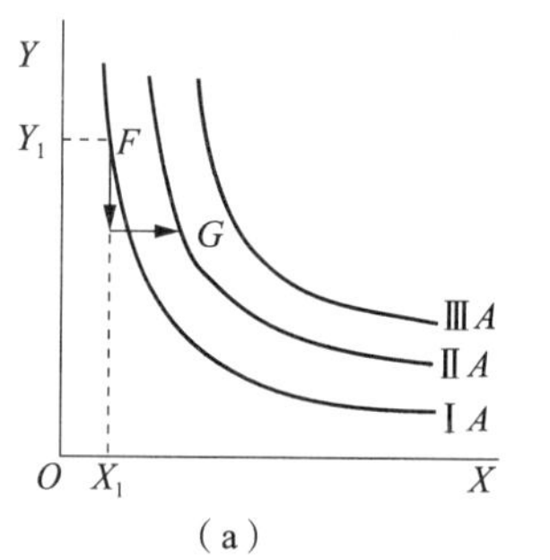

（a）

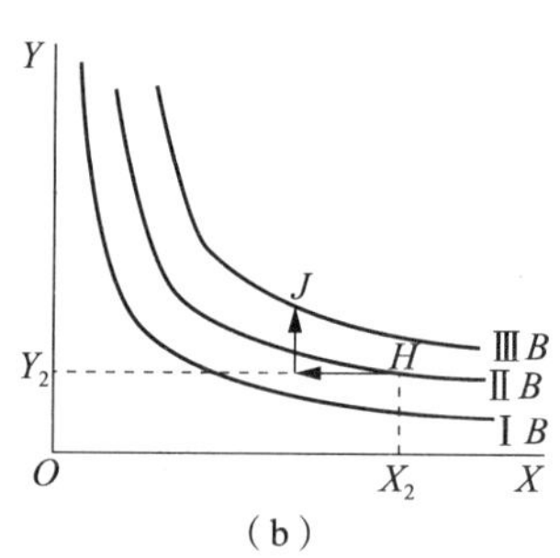

（b）

图 9－1　两个消费者的交换过程

只要通过交换才能够使两个消费者的效用都提高，或者一个消费者的效用提高，而另一个消费者的效用不变，消费者就有动力将交换不断进行下去。下面的问题是：什么时候两个消费者的交换达到均衡。就是说，在什么情况下不能再实现帕累托改进，也就是实现帕累托最优了。

为了研究上述问题，我们把图 9－1（b）逆时针旋转 180°，再与图 9－1（a）组合而成一个矩形盒子，如图 9－2 所示。该矩形的长为 $\overline{X}=X_1+X_2$，宽为 $\overline{X}=Y_1+Y_2$，这样，矩形的长宽实际上就是产品 X 和 Y 的总量。因而在图 9－2 中的每一点的坐标均满足：

$$
\begin{aligned}
X_A+X_B&=\overline{X}\\
Y_A+Y_B&=\overline{Y}
\end{aligned}
\tag{9.1}
$$

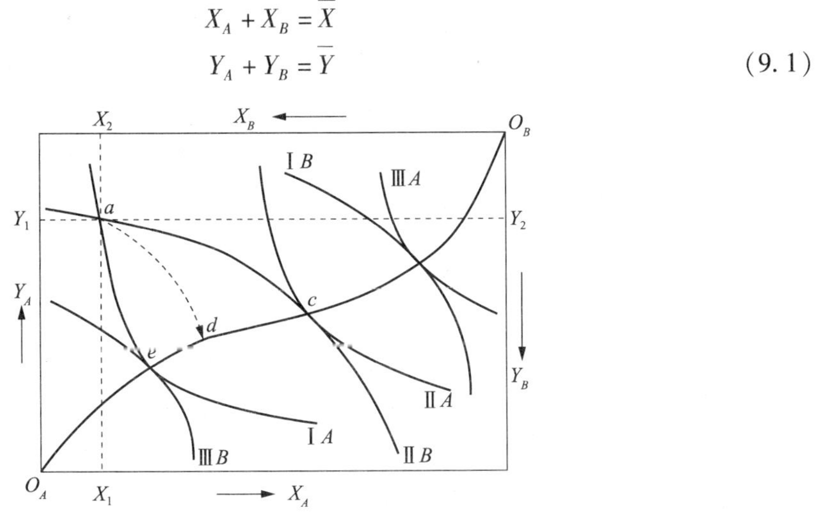

图 9－2　交换的帕累托最优

这个矩形盒子，我们称之为埃奇沃斯盒。在埃奇沃斯盒中标绘出消费者 A 和 B 的无差异曲线，由于两个消费者的无差异曲线都是无数条，所以对任意一条消费者 A 的无差异曲线来说，都可以找出一条消费者 B 的无差异曲线与之相切。将所有这些切点连接起来，就得到一条曲线，如图 9－2 中 O_AedcO_B 曲线，该曲线称为交换的契约线。

现在来研究两个消费者交换产品的过程。在交换之前，两个消费者拥有产品 X 和 Y 的量位于图 9－2 中的 a 点，如果他们的产品组合点由 a 沿着无差异曲线ⅡB 运动到 c，可以看出消费者 A 的产品 X 在增加，产品 Y 在减少，而消费者 B 的产品 Y 在增加，而产品 X 在减少，可以知道消费者 A 是以产品 Y 来换取消费者 B 的产品 X。由于产品的组合点沿着消费者 B 的无差异曲线ⅡB 运动，所以消费者 B 的效用是不变的，但消费者 A 却由无差异曲线ⅠA 运动到ⅡA，所以消费者 A 的效用是提高的。因此从 a 点到 c 点的交换过程是一个帕累托改进的过程。

再来研究消费者 A 与 B 由产品组合点 a 沿着无差异曲线ⅠA 运动到 e 点的交换过程。这一过程仍然是消费者 A 以产品 Y 交换消费者 B 的产品 X，按照同样的道理可以知道，消费者 A 的效用不变，但消费者 B 的效用提高了，这也是一种帕累托改进。

再来研究两个消费者的产品组合点由 a 运动到 d 的过程，仍然是消费者 A 以产品 Y 交换消费者 B 的产品 X，在这一过程中，两个消费者的效用水平都提高了，毫无疑问，这一过程也是帕累托改进的过程。可以看出，两个消费者通过交换实现帕累托改进的路径并不是唯一的，交换的结果即两个消费者效用的提高程度也不一样，但站在全社会的角度看，社会的总福利是增加了。可以证明当两个消费者的产品组合点不在交换的契约线上的时候，我们总能够找到数条路径，通过两个消费者之间的交换来实现帕累托改进。

现在再来研究当消费者沿交换的契约线来进行交易时的情况。假设两个消费者通过交换由组合点 e 运动到 d，即消费者 B 拿出一定的产品 X 和 Y 给消费者 A，那么消费者 A 的效用提高的同时，消费者 B 的效用却在下降，因而不符合帕累托改进的定义。同样，我们研究消费者的组合点由 c 运动到 d 的过程，这也不是帕累托改进。

综上所述，可以知道，凡是产品组合点不位于交换的契约线的情况，总是可以通过交换实现帕累托改进，当产品的组合点运动到交换的契约线上的时候，则不存在帕累托改进的余地。因此可以得出结论，交换的契约线就是所有帕累托最优的产品组合点的集合。由于交换的契约线是由两个消费者的无差异曲线的切点的轨迹组成，在切点处，两个消费者的边际替代率必然是相等的，因而交换的帕累托最优的条件就可以写成：

$$MRS_{XY}^{A} = MRS_{XY}^{B} \tag{9.2}$$

我们从一个例子来看。假设有 A、B 两地。A 地棉花丰富而小麦稀缺，1 斤小麦可换5 斤棉花（$MRS=5$）；B 地小麦丰富而棉花稀缺，1 斤小麦可换 2 斤棉花（$MRS=2$）。A 地的人会将棉花贩到 B 地，以 2 斤棉花换 1 斤小麦；B 地的人会将小麦贩到 A 地，以 1 斤小麦换 5 斤棉花。随着两地之间的贸易，A 地的小麦越来越多，B 地的棉花也越来越多，再继续交换的话，交换比例就会发生变化，A 地的 MRS 不断降低，B 地的 MRS 不断提高。只要交换能使两地的满足程度不断提高，交换就会进行下去，当两地的 MRS 变得相等的时候，进一步的交易就会停止。

由此可见，当两个消费者的边际替代率不相等时，总能够通过交换提高双方的满足程度，而一旦双方的边际替代率相等，则进一步的交换就会使至少一方的满足程度下降。所以，交换的帕累托最优的条件就是交换双方的边际替代率相等。

9.2.3 生产的帕累托最优条件

现在来讨论当经济中资源总量为既定情况时，厂商通过调整生产要素来实现经济的帕累托最优状态的过程。为研究方便，仍然以只有两个厂商及两种要素的简单经济为讨论对象。

假设经济中有两个厂商 C 和 D，使用两种要素资本 K 和劳动 L，分别生产两种产品 X 和 Y。如图 9－3（a）所示，厂商 C 在初始状态拥有的劳动的量是 L_1，拥有的资本的量是 K_1，所以其组合点位于 E 点，ⅠC、ⅡC、ⅢC 是厂商 C 的等产量线；如图 9－3（b）所示，厂商 D 在初始状态使用 L_2 的劳动和 K_2 的资本，要素组合点位于 G 点，ⅠD、ⅡD、ⅢD 是厂商 D 的等产量线。所以，经济中劳动的总量是 L_1+L_2，资本的总量是 K_1+K_2。

现在来研究两个厂商如何实现帕累托改进。从图 9－3 可以看出，厂商 C 使用了较多的劳动和过少的资本，而厂商 D 使用了较多的资本和过少的劳动。如果厂商 C 减少劳动的使用，同时增加资本的使用，即从图 9－3 中的 E 点运动到 F 点，那么其产量将从ⅡC 增加到ⅢC；同样，如果厂商 D 减少资本的使用，同时增加劳动的使用，即从图中的 G 点运动到 H 点，其产量也会从ⅠD 运动到ⅡD。可以看到，在资源总量一定的条件下，厂商 C 和厂商 D 通过调整资本和劳动的比例，增加了产量，这毫无疑问是一种资源配置状况的改善，属于帕累托改进。为了搞清帕累托改进究竟能够进行到什么时候，在何种条件下达到帕累托最优，我们同样引入埃奇沃斯盒这一工具。

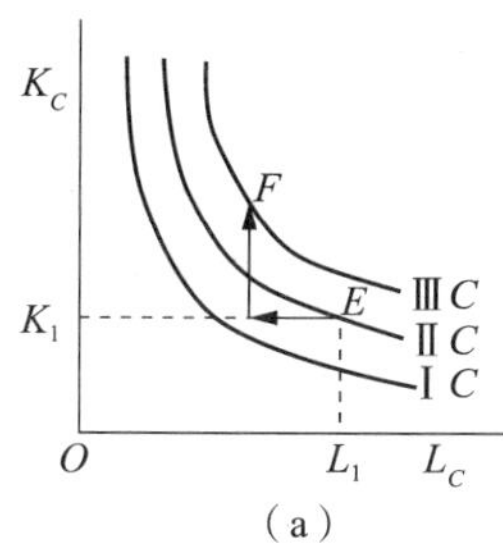

(a)

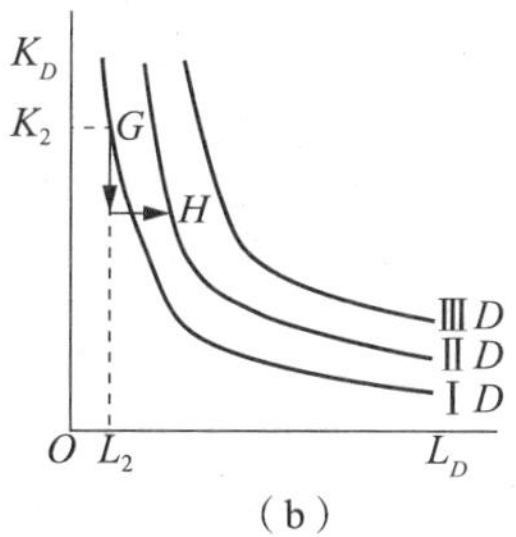

(b)

图 9-3　厂商对生产要素的调整过程

我们把图 9-3（b）逆时针旋转 180°，然后与图 9-3（a）对接成为一个矩形，如图 9-4所示，矩形的长是 $\bar{L} = L_1 + L_2$，宽是 $\bar{K} = K_1 + K_2$，这个矩形就是生产的埃奇沃斯盒。在埃奇沃斯盒中的每一点的坐标都满足下式：

$$L_C + L_D = \bar{L}$$
$$k_C + K_D = \bar{K} \tag{9.3}$$

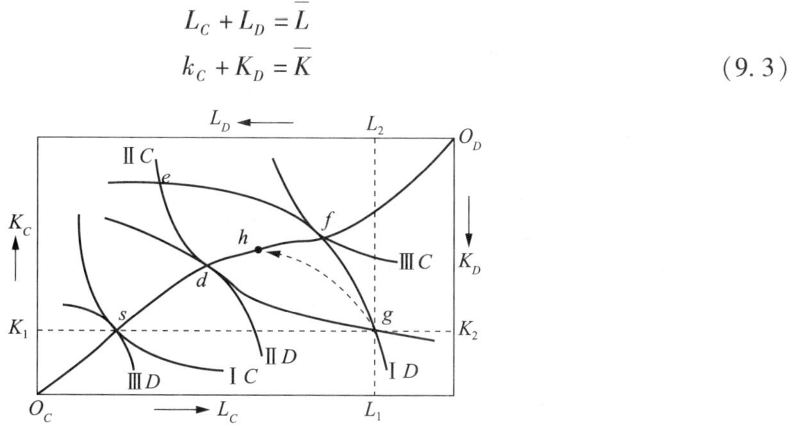

图 9-4　生产的帕累托最优

在埃奇沃斯盒中标绘上两个厂商的等产量线，对于厂商 C 的任意一条等产量线而言，都可以找到一条厂商 D 的等产量线与之相切，将所有切点连接起来，就得到 $O_C sdhfO_D$ 这条曲线，这条曲线称为生产的契约线。这样，在图 9-3 中的 E 和 G 两点，在埃奇沃斯盒中就是一点 g。假定两个厂商 C 和 D 将生产要素从 g 沿等产量线调整到 f，即厂商 C 增加资本，减少劳动，而厂商 D 增加劳动，减少资本，则厂商 C 的产量从ⅡC 增加到ⅢC，厂商 D 的产量不变，所以这是一种帕累托改进；假定厂商 C 和 D 将生产要素从 g 沿等产量线ⅡC 调整到 d，即厂商 C 增加资本，减少劳动，厂商 D 增加劳动，减少资本，则厂商 C 的产量不变，而厂商 D 的产量由ⅠD 增加到ⅡD，显然这也是一种帕累托改进；如果厂商 C 和厂商 D 将生产要素从 g 调整到 h，两个厂商的产量都将增加，所以，仍然是帕累托改进。可以看出，对于初始的资源配置 g，帕累托改进的路径并非只有一条。和 g 点一样，对于埃奇沃斯盒中的任一点，只要不在生产的契约线上，我们总可以找出帕累托改进的路径，使得至少一个厂商的产量增加，而没有厂商的产量减少。

如果厂商的初始点处于生产的契约线上的一点 h，厂商沿生产的契约线调整至 d 或者调整至 f，都无法实现帕累托改进，因为一个厂商产量增加的同时，另一个厂商的产量却在下降。

综上所述，可以看出，生产的契约线就是厂商实现帕累托最优状态的点的集合。厂商将生产要素调整到生产的契约线上之后，便不再有继续调整的动力，所以契约线上的点同时也是均衡点。由于生产的契约线就是等产量线的切点，所以在生产的契约线的任一点，两个厂商的边际技术替代率必然相等。因此，生产的帕累托最优的条件也可以写成：

$$MRTS_{LK}^{C}=MRTS_{LK}^{D} \tag{9.4}$$

9.2.4 生产与交换的帕累托最优条件

1. 生产可能性曲线

从生产的契约线，再引入生产可能性曲线。我们发现，生产的契约线表示了厂商实现帕累托最优的点，即经济的一般均衡点，在契约线上的一点实际上表示在一个厂商的产量一定时，另一个厂商所能实现的最大产量。由于在埃奇沃斯盒中已经标绘了厂商的等产量线，所以，生产的契约线上的每一点所表示的厂商 C 和厂商 D 的产量都是可以知道的。如果沿着生产的契约线由 O_C 运动到 O_D 的时候，可以发现，当厂商 C 的产量 X 不断增加的同时，厂商 D 的产量 Y 却在不断下降。也就是说，如果总的生产要素的数量一定，技术水平一定，一个厂商实现帕累托最优时的产量增加的同时，另一个厂商实现帕累托最优时的产量必定是下降的（如果不是这样，一个厂商产量增加的时候，另一个厂商的产量也增加或者不变，就可以实现帕累托改进，就不会是帕累托最优状态）。将生产的契约线上的各点所代表的产量 X 和 Y 标绘在一个图中，如图 9－5 所示，就可以得到生产可能性曲线。生产可能性曲线表示在技术水平和生产要素总量一定时，一个经济所能达到的最大产出组合，在这些组合中，任何一种产品的产量都是与另一种产品的产量相对应的该产品的最大产量。在现有技术水平下，要达到生产可能性曲线以外的一点是不可能的。只要生产是有效率的，产出的组合点就应该落在生产可能性曲线上，如果一个经济的产出只是达到曲线以内的某一点，比如图 9－5 中的 H 点，则说明虽然该点的产量可以实现，但该经济是无效率的，存在帕累托改进的可能性。正因为如此，生产可能性曲线又称为生产可能性边界。

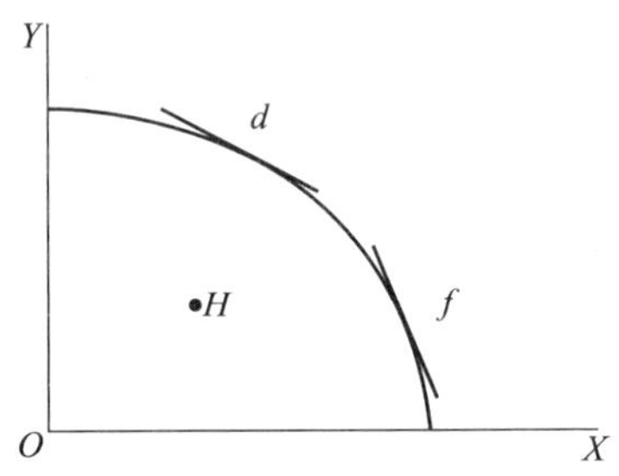

图 9－5　生产可能性曲线

生产可能性曲线有两个特点：一是它向右下方倾斜；二是它向右上方凸出。它向右下方倾斜是因为随着 X 的产量的增加，Y 的产量必定是减少的，即 X 与 Y 之间存在着替代关系。为了理解该曲线向右上方凸出的原因，我们引入边际转换率的概念。从生产可能性曲线我们知道，要增加 X 的产量，就必须减少 Y 的产量，我们把增加 1 个单位 X 产量时必须减少的 Y 的产量，叫做边际转换率，用 MRT 来表示，写成极限的形式，就是：

$$MRT = \lim_{\Delta X \to 0} \left| \frac{\Delta Y}{\Delta X} \right| = \left| \frac{\mathrm{d}Y}{\mathrm{d}X} \right| \tag{9.5}$$

从式（9.5）可以看出，边际转换率实际上就是生产可能性曲线的斜率的绝对值。换一种说法，生产可能性曲线的第二个特点也就是：随着 X 产量的不断增加，边际转换率是递增的。为了理解这一特性，将式（9.5）进行以下转换：

$$MRT = \left| \frac{\mathrm{d}Y}{\mathrm{d}X} \right| = \left| \frac{\mathrm{d}Y}{\mathrm{d}(L+K)} \cdot \frac{\mathrm{d}(L+K)}{\mathrm{d}X} \right| = \left| \frac{\mathrm{d}Y}{\mathrm{d}(L+K)} \Big/ \frac{\mathrm{d}X}{\mathrm{d}(L+K)} \right| \tag{9.6}$$

式（9.6）中 $\mathrm{d}Y/\mathrm{d}(L+K)$、$\mathrm{d}X/\mathrm{d}(L+K)$ 就是投入要素生产 Y 和 X 的边际产量。随着 X 的产量不断递增，投入 X 的生产中去的要素也不断增加，其边际产量不断递减，与此同时，投入 Y 的生产中去的生产要素却不断递减，因而其边际产量不断递增。因此，边际转换率是不断递增的。

2. 生产与交换的帕累托最优条件

前面讨论了生产的帕累托最优和交换的帕累托最优，但在生产和交换同时存在的经济中，要实现经济效率，不仅要实现不同生产要素在厂商的生产过程中的有效配置，而且要同时实现不同产品在消费者之间的有效配置，即厂商生产的产品组合要与消费者的购买意愿相一致，符合消费者的需要。下面讨论同时实现生产和交换的帕累托最优所需要满足的条件。

假定经济中有两个厂商 C 和 D，生产两种产品 X 和 Y，有两个消费者 A 和 B，消费产品 X 和 Y。图 9－6 中 PP' 是厂商的生产可能性曲线，在曲线上任取一点 B，由于生产可能性曲线上任一点都对应生产的契约线上一点，因而，B 点满足生产的帕累托最优，这时 X 的产量是 X^*，Y 的产量是 Y^*，消费者 A 和 B 只能在既定产量 X^* 和 Y^* 之间进行选择。为研究方便，在图 9－6 中同时作出交换的埃奇沃斯盒，盒中标出交换的契约线，显然，交换的契约线上任一点都满足交换的帕累托最优。图 9－6 中 SB 是通过 B 点的 PP' 的切线，因而其斜率的绝对值就是边际转换率。在交换的契约线上各点标出无差异曲线的切线，其斜率的绝对值等于边际替代率。我们来证明当无差异曲线的切线（图 9－6 中的 T）与 SB 平行时，即边际替代率与边际转换率相等时，满足生产和交换的帕累托最优。

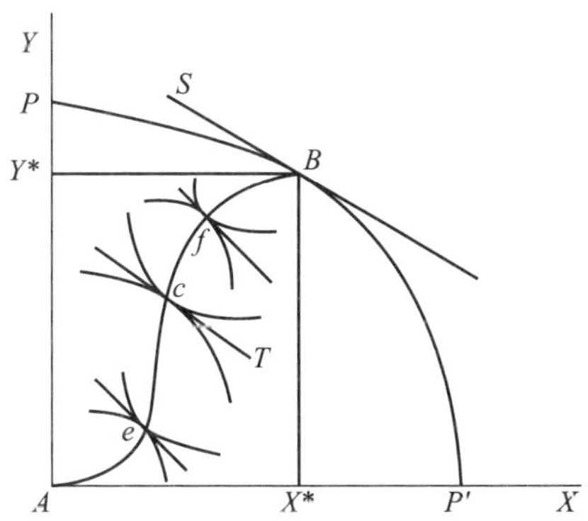

图 9－6　生产和交换的帕累托最优

假设 $MRT_{XY}=2$，$MRS_{XY}=1$，即 $MRT_{XY}>MRS_{XY}$。$MRT_{XY}=2$，意味着厂商减少一个单位 X 的产量，Y 的产量就可以增加 2 个单位。$MRS_{XY}=1$，表示消费者减少一个单位 X 的消费，

必须增加1个单位Y的消费，才能维持效用水平不变。所以，如果厂商在减少X的产量的同时增加Y的产量，那么消费者的效用水平可以提高，增加的效用水平可以看作是社会得到的净福利，这就说明存在帕累托改进的余地。反过来，如果$MRT_{XY}=1$，$MRS_{XY}=2$，即$MRT_{XY}<MRS_{XY}$，这时厂商增加1个单位X的产量，必须减少一个单位Y的产量，而消费者要维持效用水平不变，减少一个单位Y的消费，需同时增加0.5个单位X的消费，因此，厂商增加1个单位X的产量，减少1个单位Y的产量，将引起消费者效用水平的净增加，所以，仍然存在着帕累托改进的余地。总之，无论是$MRT_{XY}>MRS_{XY}$还是$MRT_{XY}<MRT_{XY}$的情况，都存在着帕累托改进的余地，即只有$MRT_{XY}=MRS_{XY}$的时候，才实现了帕累托最优。所以，生产和交换的帕累托最优的条件可以表述为：

$$MRS_{XY}=MRT_{XY} \tag{9.7}$$

需要说明的是，尽管以上生产的帕累托最优条件、交换的帕累托最优条件以及生产与交换的帕累托最优条件都是在两个生产者、两个消费者、两种产品、两种生产要素极其简化的条件下推出的，但它们也适用于多个消费者、多个生产者、多种商品、多种要素的一般情形。

9.3 一般均衡的效率

假如一般均衡存在，经济处于某种稳定状态，接下来的一个重要问题是，这样的稳定状态是否有效率地配置了有限的资源。或者说这样的经济制度是否穷尽了各种改善的可能性？有没有可能进一步提高社会每个成员的福利？一般均衡是否是帕累托最优？本节论述西方学者对这个问题的回答。西方经济学的基本结论是：任何竞争均衡都是帕累托最优状态，同时，任何帕累托最优状态也都可以由一套竞争价格来实现。这也称为福利经济学第一定理和福利经济学第二定理。

福利经济学第一定理以严密的证明褒扬了完全竞争市场在效率方面的优越性。在完全竞争的条件下，市场机制能通过价格有效地协调千头万绪的经济活动，配置有限的稀缺资源。

市场经济是以利己为基础的。如果每个人都追求自己的福利，每个企业都追求最大利润，那么整个社会会不会陷入你争我夺的旋涡之中呢？各自为政、各谋私利的经济活动对整个社会福利又会有什么影响呢？随着市场经济的发展，人们对竞争市场在资源配置中的协调作用有了较正确深入的认识。亚当·斯密在其1776年的《国富论》中将市场机制比喻为“看不见的手”。他写道，在市场经济中，任何个人在追求其自身利益的同时，常常被“一只看不见的手”引导着促进社会利益。这种对社会利益无意识的促进，往往比他有意这么做更有实效。当代西方经济学家将亚当·斯密的上述思想发展成一个更加精致的“原理”：给定一些理想条件，单个厂商在完全竞争经济中的最优化行为将导致帕累托最优。这就是所谓“看不见的手”的原理。

福利经济学第二定理认为，在所有消费者的偏好为凸形以及其他一些条件下，任何一个帕累托最优配置都可以从适当的初始配置出发，通过完全竞争来实现。

因此，一般均衡表明整个经济处于效率状态，所有的消费活动都是有效率的，所有的生产活动也都是有效率的。

9.4　社会福利函数

社会福利函数理论最先由伯格森提出，后由萨缪尔逊加以发展。该理论的基本精神是把社会福利（整个社会成员的总和）设想为依存于一些自变量的一种函数式。这些自变量包括每个社会成员购买的各种产品和各自提供的各种要素，以及其他影响社会福利的因素。从而找出社会福利最大化的均衡解。伯格森—萨缪尔逊社会福利函数可表达为：

$$W = W(u_1, u_2, u_3, \cdots, u_n) \tag{9.8}$$

该社会福利函数是个人效用函数的增函数，即满足$\frac{\partial W}{\partial u_i} > 0(i = 1, 2, 3, \cdots n)$。从交换和生产的一般均衡出发，一旦给出了社会福利函数的基本形式，就可以得到社会福利最大化的均衡解。下面通过效用可能性边界和社会福利曲线来寻找最大的社会福利。

9.4.1　效用可能性边界

根据图 9 - 2 中的交换契约曲线，可以得到一条凹向原点的效用可能性曲线。效用可能性曲线表示在产品结构既定时，消费者所能获得的最大可能的效用（帕累托标准）。如果产品结构改变，埃奇沃斯交易框图的形状就会改变，交易契约线也会改变，最后，效用可能性跟着改变，即又可得到一条效用可能性曲线。这就是说，实际上存在着多条效用可能性曲线。各条效用可能性曲线的外包络线，称为效用可能性边界，如图 9 - 7 所示。

图 9 - 7 中的效用可能性边界 ueu' 上的点表示在现有资源条件下所能达到的最大效用组合，边界外的点表示不能达到的效用组合，边界内的点表示在现有资源条件下某一产品结构使效用组合未达到最大，而改变产品结构就可以使效用组合进一步提高。

效用可能性边界显示出多个帕累托最优点。但是，它还不能揭示出对全社会而言，究竟哪一点是最好的。例如，对消费者 A 而言，希望效用组合尽可能在边界的下端，消费者 B 则希望效用组合尽可能在边界的上端。

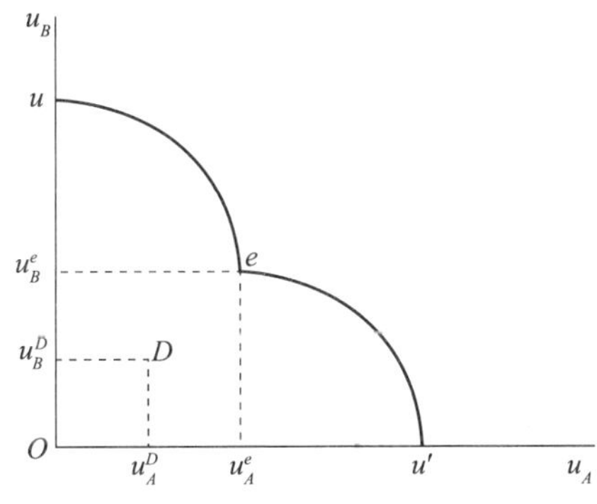

图 9 - 7　效用可能性曲线

9.4.2　社会福利最大化

社会福利最大化问题是一个有条件的最优化问题。目标函数是社会福利最大化。约束条件是，我们的资源是有限的，能够生产和分配的商品是有限的。忽略生产过程，给定商品的数量，这些商品在两个人之间按帕累托有效的方式分配，能够产生的福利也是有限的，即存在效用可能性曲线。

以两个人的社会为例。在两个人的社会中，u_A 为消费者 A 的效用，u_B 为消费者 B 的效用，则社会福利函数可简化成：

$$W = W(u_A,\ u_B) \tag{9.9}$$

而且存在：

$$\frac{\partial W}{\partial u_A} > 0 \quad , \frac{\partial W}{\partial u_B} > 0 \tag{9.10}$$

从 $W = W(u_A,\ u_B)$ 中，可以得到许多条社会福利曲线。如图 9－8 所示，社会福利曲线与无差异曲线类似，它凸向原点，互不相交，且离原点越远的曲线表示社会福利水平越高，即有 $W_3 > W_2 > W_1$。因此，社会福利曲线也称为社会无差异曲线。

每一条社会福利曲线包含多个不同的效用组合点。有的组合点消费者 A 的效用很大，而 B 的效用很小，有的组合点则相反。但是它们代表同一水平的社会福利。

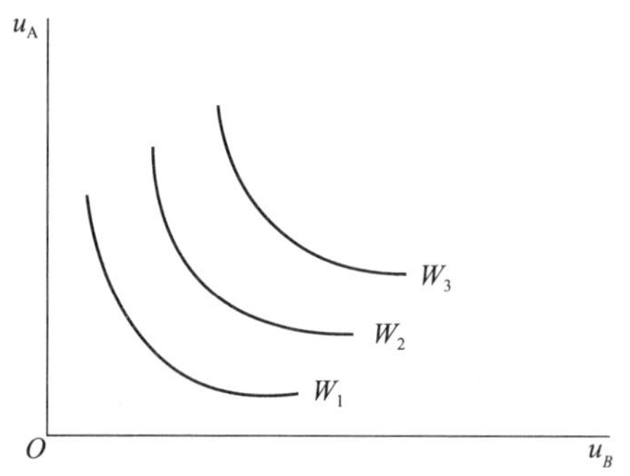

图 9－8　社会福利曲线

利用效用可能性边界和社会福利曲线可以确定社会福利极大化水平以及与此相对应的最佳生产和分配（即消费）状况。社会福利极大化点就是社会福利曲线与效用可能性边界相切的点，如图 9－9 中的 E 点所示。

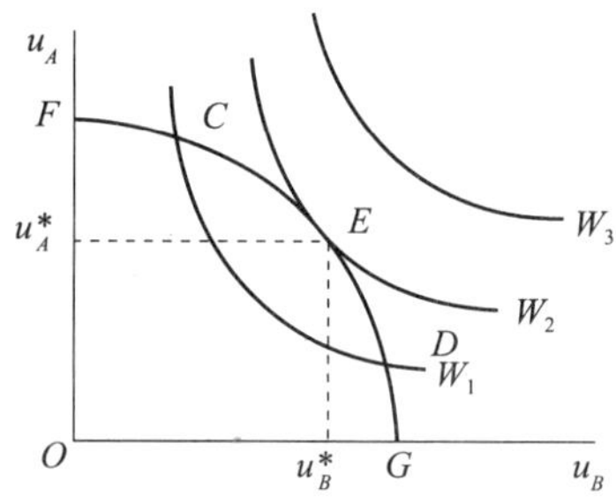

图 9－9　社会福利极大化

在图 9－9 中，FG 是效用可能性边界，边界上的点说明在资源、产品的产量给定的条件下，达到了最大的不同效用组合。在 FG 与 W_2 的切点 E 处，实现了社会福利最大化。此时，u_A^*、u_B^* 的效用组合最佳，即 $W^* = W(u_A^*、u_B^*)$。W_2 以外的点是不可能达到的，W_2 以内的点可以达到，但没有实现社会福利最大。图 9－9 中的 C 点虽然在可能性边界上，但没有达到社会福利最大化。该点意味着消费者 A 消费的产品太多，而 B 消费的产品又太少。应该减少 A 的消费，增加 B 的消费。由于消费取决于收入，因此，政府可以通过收入再分配政策增加 B 的收入，相应减少 A 的收入，来实现社会福利的最大化。图 9－9 中的 D 点情况则正好与 C 点相反。

总之，社会福利水平达到 W_2 的水平，说明生产效率在现有的条件下达到最高，分配和消费状况也是最佳的。如果社会福利没有达到最高水平，可以通过提高效率、改善分配的办法使社会福利水平进一步提高。

9.4.3　阿罗不可能性定理

一个社会关于不同资源配置状态的偏好（排序或效用函数）是个人偏好的综合。也就是说，如果知道了个人关于不同资源配置状态的排序，我们希望能够从中得出整个社会关于这些资源配置状态的排序，即社会偏好。不幸的是，在综合个人偏好时，我们会遇到一些困难。

形成社会福利函数，就是在已知社会所有成员的个人偏好次序的情况下，通过一定的程序，把各种各样的个人偏好次序归结为单一的社会偏好次序。那么，按照民主制度的多数票规则，能否做到这一点呢？

现在假设有 3 个人 a、b、c 参加，对 3 个备选方案 x、y、z 进行投票。比如说现在投票的议题是税收问题，x 代表高税率方案、y 代表中等税率方案、z 代表低税率方案。a、b、c3 个人的个人偏好如下：

a 的偏好：$x>y>z$；

b 的偏好：$y>z>x$；

c 的偏好：$z>x>y$。

这 3 个人投票的结果如表 9－1 所示。

从表 9－1 可以看出，如果只在两个备选方案中进行选择，其中一个必定能赢得多数票而获胜。但是如果是在 3 种方案中进行选择，投票的结果则是循环的。如果对 x 和 y 投票，结果是 $x>y$；如果对 y 和 z 投票，结果是 $y>z$；如果对 x 和 z 投票，则结果是 $z>x$。显然，投票的结果是不相容的。在随后的投票中，任何最初被决定的选择都有可能被另一种选择所击败，任何均衡都不能达成。这一现象称作投票悖论。投票悖论说明，在各个人的偏好不同时，任意加总或者总和这些偏好时，其结果可能是不相容的。

表 9－1　投票悖论

对 y 与 z 投票	对 x 与 z 投票	对 x 与 y 投票
a 投 y	a 投 x	a 投 x
b 投 y	b 投 z	b 投 y
c 投 z	c 投 z	c 投 x
$y>z$ 通过	$z>x$ 通过	$x>y$ 通过

需要指出的是，投票悖论只有在备选方案超过两个时才会发生，在只有一个或两个备选

方案时，多数票规则可以获得一个均衡的结果。这就是现实中多数票规则是最常用的规则的原因。

既然多数票规则往往导致投票循环，那么是否存在一种政治机制或社会决策规则，能够消除这种投票悖论现象呢？美国经济学家阿罗对此进行了研究，结论是：如果我们排除效用人际比较的可能性，各种各样的个人偏好次序都有定义，那么把个人偏好总和成为表达社会偏好的最理想的方法，要么是强加的，要么是独裁的。

阿罗的意思是说，不可能存在一种能够把个人对 N 种备选方案的偏好次序转换成社会的偏好次序，并且准确表达社会全体成员的各种各样的个人偏好的社会选择机制。阿罗的这个结论称为“阿罗不可能性定理”。

阿罗的结论是对福利经济学的一个重大打击，因为福利经济学的任务是使社会福利最大化，但现在社会福利函数都得不到，我们无法知晓社会需要什么，也就无法决定我们应该提供什么以及怎么提供。

小　结

1. 局部均衡是研究一种产品或一种要素供需平衡时的价格和数量。一般均衡是研究所有商品、服务以及生产要素之间都实现供需平衡时的价格和产量。

2. 当两种产品的产量和消费者偏好已定，可以得到第二个埃奇沃斯消费（交换）盒图。在图中符合条件 $MRS_{XY}^{A}=MRS_{XY}^{B}$ 的点的轨迹，就是交换契约曲线。

3. 当已知劳动、资本的数量和两种产品的生产函数时，可以得到一个埃奇沃斯生产盒状图。在图中符合条件 $MRTS_{LK}^{C}=MRTS_{LK}^{D}$ 的点的轨迹，就是生产的契约线。

4. 把交换的契约线从商品空间转换到效用空间，可以得到一条效用边界。所有的效用边界线的包络线称为最大可能效用边界。该边界的任何点都是实现了帕累托最优。最终确定哪一点是最优的，则需要对社会分配给出一系列价值判断。

5. 帕累托最优状态的标准是：如果至少有一个人认为 A 优于 B，而没有人认为 A 劣于 B，则认为从社会的观点看，亦有 A 优于 B。把以帕累托最优标准来衡量为“好”的状态改变，称为帕累托改进。如果对于某种既定的资源配置状态，所有的帕累托改进都不存在，则就达到了帕累托最优状态。帕累托最优状态被认为是经济最有效率的状态。

6. 福利经济学正是对经济体系的运行进行评价，以期改善社会福利。它是一种规范的经济学理论。

7. 阿罗不可能性定理指出，在个人效用基础上的社会排序和普遍接受的道德标准是不能完全兼容的。这一定理使社会福利函数理论大大失去了应用的价值。社会福利问题主要成为如何使各社会集团之间的利益得到合理的平衡。

思考题

一、简答题

1. 局部均衡分析与一般均衡分析的关键区别在哪里？

2. 什么是帕累托最优？满足帕累托最优需要具备什么样的条件？

3. 阿罗不可能性定理说明了什么问题？

4. 为什么说完全竞争的市场机制可以导致帕累托最优状态？

二、计算题

1. 如果对于生产者甲来说，以要素 L 替代要素 K 的边际技术替代率等于 3；对于生产者乙来说，以要素 L 替代要素 K 的边际技术替代率等于 2。那么有可能发生什么情况？

2. 设某经济的生产可能性曲线为 $y=1/2(100-x^2)^{1/2}$，

试说明：

（1）该经济可能生产的最大数量 x 和最大数量 y。

（2）生产可能性曲线向右下方倾斜。

（3）生产可能性曲线向右上方凸出。

（4）边际转换率递增。

（5）点"$x=6$，$y=3$"的性质。

3. 设 a、b 两个消费者消费 x、y 两种产品。两个消费者的效用函数均为 $u=xy$。消费者 a 消费的 x 和 y 的数量分别用 x_a 和 y_a 表示，消费者 b 消费的 x 和 y 的数量分别用 x_b 和 y_b 表示。$E(x_a=10,\ y_a=50,\ x_b=90,\ y_b=270)$ 是相应的埃奇沃斯盒图中的一点。

试证明：

（1）在 e 点处，消费者 a 的边际替代率。

（2）在 e 点处，消费者 b 的边际替代率。

（3）e 点满足交换的帕累托最优吗？

4. 利用埃奇沃斯盒图说明，在两个人的两种商品的交换关系中，如何提高效率的途径。

第 10 章

市场失灵和微观经济政策

本章将从更广阔的视野来认识资源配置问题。一旦市场处于无效率的时候，政府就成了替代的手段之一。即政府成了实施微观经济的主体，其目的就是促进市场更有效地运行，尽可能地避免市场失败所产生的不良后果。因此，本章的中心任务就是讨论市场失灵的几种情况，即不完全竞争、外部影响、公共物品、不完全信息以及相应的微观经济政策。

10.1 市场成功与市场失败

市场成功的主要含义是指在竞争性市场上市场机制能更有效地配置稀缺性资源。市场成功也称市场效率，其效率大致又表现为帕累托效率和信息效率。

帕累托效率是指在竞争性市场中，无论是生产领域还是消费领域，市场机制都能使产出和消费达到最优状况。这在上一章中已经得到了证明。市场制度有效运转的另一个方面是信息效率。信息效率是指在竞争性市场上，价格能有效地传递信息，人们根据价格信息作出买或卖的决定。世界上有成千上万种商品以及买者和卖者，他们之间又是相互联系的，每个人不可能也没有必要去了解商品如何生产、其他人的行为如何，只要能以自己愿付的价格得到或以自己愿得到的价格出售某种商品，经济就有可能有效地运行。

竞争性市场成功运行还离不开产权制度与合同制度。人们对自己要出售的产品或购买的产品拥有明确的产权。买卖双方交易的协定应得到保证，这些协定可以以非正式或正式的合同形式存在。若无产权制度和合同制度，市场经济就难以运行。

市场经济有市场成功的一面，也有市场失败的一面。市场失败是指市场不能带来有效的经济产出的各种情况。市场失败也称市场失灵，具体表现为分配不公、公共产品问题、外部性、信息不完全和垄断等问题。许多经济学家认为，市场失灵可以通过政府的经济职能进行市场干预来缓解。但事实上，政府对市场的干预未必有效，因为政府也会失灵。这也是本章要讨论的中心问题。

10.2 垄　断

我们知道，要使资源配置达到帕累托最优状态，必要条件之一是完全竞争。因此，在各种各样的不完全竞争（如寡头和垄断竞争）情况下，市场就会出现失灵。本节以垄断为例，说明不完全竞争是如何导致市场失灵以及政府如何通过微观经济政策来克服由不完全竞争导致的市场失灵。

10.2.1 垄断与低效率

首先来看某代表性的垄断厂商利润最大化的情况。如图10－1所示。

图10－1中横轴表示产量，纵轴表示价格。曲线D和MR分别为该厂商的需求曲线和边际收益曲线。此外，为简单起见，假定平均成本和边际成本相等且固定不变，它们由图10－1中的$AC=MC$表示。垄断厂商的利润最大化原则是边际收益等于边际成本。因此，垄断厂商的利润最大化产量为q_m，垄断价格为p_m，其获得的垄断利润为四边形$p_m bcp^*$表示的面积。显然，这个价格高于边际成本。这说明，上述垄断厂商的利润最大化状况并没有达到帕累托最优状态，而是存在福利损失，如图10－1中的阴影部分所示。因为在利润最大化产量q_m上，价格高于边际成本MC，表明消费者愿意为增加额外一单位产量所支付的价格超过了生产该单位产量所引起的成本，从而存在帕累托改进的余地。

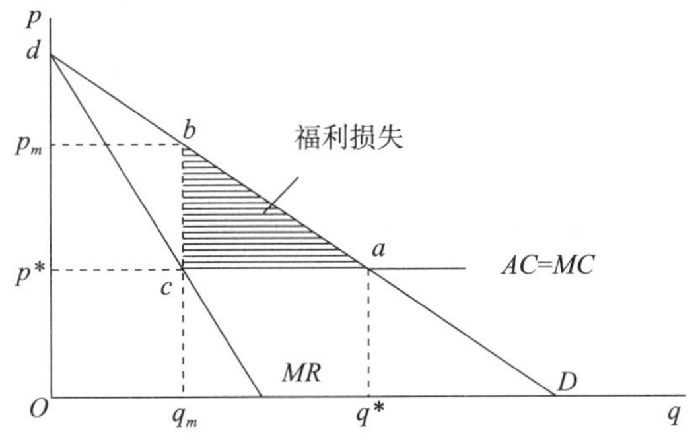

图10－1　垄断和低效率

比如，让垄断厂商再多生产一单位产量，让消费者以低于垄断价格但大于边际成本的某个价格购买该单位产量，则垄断厂商和消费者都能从中获得好处。垄断厂商的利润进一步提高，因为最后一单位产量给他带来的收益大于他支出的成本；而消费者的福利也进一步提高，因为他实际上对最后一单位产量支付的价格低于他本来愿意支付的价格（本来愿意支付的价格用需求曲线衡量，即它等于垄断价格）。

垄断产量和垄断价格不满足帕累托最优条件。那么，帕累托最优状态在什么地方达到呢？在q^*的产量水平上达到。在q^*的产量水平上，需求曲线与边际成本曲线相交，即消费者为额外一单位产量所愿意支付的价格等于额外产量的成本。此时，不再存在任何帕累托改进的余地。因此，q^*是帕累托意义上的最优产出。如果能够设法使垄断厂商把产量从垄断水平q_m扩大到最优水平q^*，那就实现了帕累托最优。一种可能的方法是：垄断厂商同意将

产量增加到 q^*，并以等于边际成本的价格 p^* 出售该产量；这样做的结果是垄断厂商的利润下降了 $(p_m - p^*) \cdot q_m$。为了弥补其损失，消费者自身之间达成一项协议，共同给予垄断厂商至少等于该损失的补偿。这样，在不损害垄断厂商利益的条件下，消费者的福利得以改善，因为垄断厂商将价格从 p_m 下降到 p^*，给消费者带来的全部好处是叫做消费者剩余的那一部分，即区域 $p_m bap^*$。这个部分超过了垄断厂商的利润损失，超过的部分为三角形区域 abc 的面积，即图 10－1 中阴影部分的面积。只要把区域 abc 的面积所代表的收益以适当的方式在垄断厂商和消费者之间进行分配，就能使双方都得到好处。

那么，在实际情况中，为什么均衡产量没有达到帕累托最优状态呢？原因在于，垄断厂商与消费者之间以及消费者自身之间难以达成相互满意的一致意见。比如，垄断厂商和消费者之间在如何分配增加产出所得到的收益问题上可能存在很大分歧，以至于无法达成一致意见；又比如，消费者在共同给予垄断厂商的补偿方面也很难达成一致；最后，还可能无法防止某些消费者不负担对垄断厂商的补偿而享受低价格的好处，即无法防止“搭便车者”。由于上述原因，实际上得到的通常便是无效率的垄断情况。

上述关于垄断情况的分析，也适用于垄断竞争或寡头垄断等其他非完全竞争的情况。实际上，只要市场是不完全竞争的，只要厂商面临的需求曲线是向右下方倾斜的，并且厂商是根据边际收益等于边际成本的利润最大化原则来进行生产和销售的，就会出现偏离帕累托最优的均衡状态。

10.2.2 寻租理论

根据传统的经济理论，垄断尽管会造成低效率，但这种低效率的经济损失从数量上来说却相对很小。比如，在图 10－1 中，相比于完全竞争的价格 p^* 和产量 q^*，垄断的价格提高了，垄断的产量下降了，从而使社会总经济福利减少了，但减少的数量较小，仅仅等于图 10－1 中三角形 abc 的面积。

然而，从 20 世纪 60 年代后期以来，西方一些经济学家开始认识到，上述传统的垄断理论可能大大低估了垄断的经济损失。通常，为了保证或保持垄断地位从而享受垄断的好处（相当于图 10－1 中四边形 $p_m bcp^*$ 表示的面积），厂商是需要付出一定的代价。例如，向政府官员行贿，或者雇佣律师向政府官员游说，等等。这种为获得和维持垄断地位而付出的代价是一种纯粹的浪费：它不是用于生产，没有创造任何有益的产出，完全是一种“非生产性的寻利活动”。这种非生产性的寻利活动被概括为所谓的“寻租”行为：为获得和维持垄断地位从而得到垄断利润（租金）的行为。

寻租行为的经济损失到底有多大？就单个的寻租者而言，他愿意花费在寻租活动上的成本不会超过垄断地位给他带来的收益，否则就不值得了。因此，从理论上讲，单个寻租者的寻租成本要小于图 10－1 中的垄断利润（租金）$p_m bcp^*$。但在很多情况下，由于争夺垄断地位的竞争非常激烈，寻租成本常常要接近甚至等于全部的垄断利润。我们进一步考虑整个寻租市场，由于在市场上寻租者往往不止一个，整个寻租活动的全部经济损失等于所有单个寻租者寻租成本的总和。而且，这个总和还将随着寻租市场竞争程度的不断加强而不断增大。可见，整个寻租活动的经济损失要远远超过传统垄断理论中的福利损失三角形 abc 的面积。

10.2.3　对垄断的公共管制

由于垄断会带来潜在的经济损失，同时相对于垄断的市场势力，消费者总是显得很脆弱，因此，有必要对垄断进行政府管制。政府对垄断的管制是多种多样的。这里主要讨论政府对垄断价格和垄断产量的管制。

图 10－2 反映的是一个成本递增情形的垄断厂商。如果政府不对垄断厂商进行管制，那么根据 $MR=MC$ 的利润最大化原则，垄断厂商将会把产量定在 q_m，把价格定在 P_m。显然，这一垄断均衡一方面缺乏效率，因为在垄断产量上，价格高于边际成本；另一方面缺乏“公平”，因为在 q_m 上，垄断厂商获得了超额垄断利润。现在来考虑政府的价格管制。政府应该把价格定在哪里比较合理？如果政府进行价格管制的目的是提高效率，那么政府就应该把价格定在 P_A 水平上，产量定在 q_A 水平上，此时，价格正好等于边际成本，因此实现了帕累托最优。

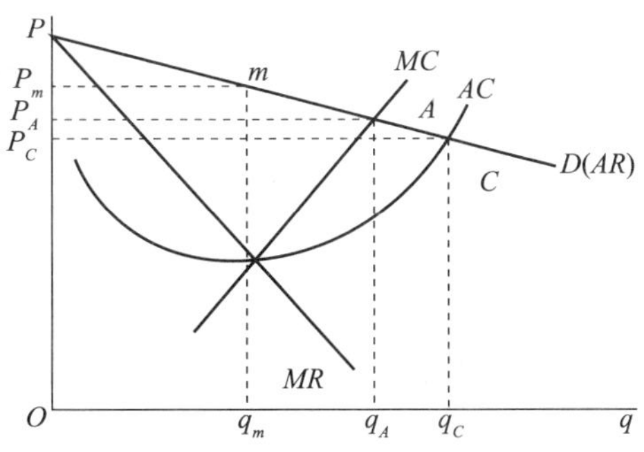

图 10－2　对垄断的管制：递增成本

显然，当政府将价格定在 P_A 水平上时，垄断厂商依然能获得大于零的经济利润。如果政府试图制定一个更低的“公平价格”来消除垄断厂商的经济利润，则应该把价格定在 P_C，产量定在 q_C。此时，价格正好等于平均成本，垄断厂商的经济利润变为零。但我们将很快发现，在零经济利润的价格水平上，帕累托最优的条件被违反了，此时价格低于边际成本。因此，在垄断情况下，如果按帕累托效率标准，则产量太低、价格太高，而按零经济利润标准，则价格太低、产量太高。

如果厂商是自然垄断的，则其平均成本和边际成本都会随着产出的增加连续地下降，并且边际成本曲线总是处于平均成本曲线的下方。如图 10－3 所示，如果政府不进行管制，那么根据 $MR=MC$ 的利润最大化原则，垄断厂商将会把产量定在 q_m，把价格定在 P_m，并获得超额利润。当管制的目的是实现经济效率，政府会将价格定为 P_B，产量为 q_B，从而达到帕累托最优效率。但是我们很快发现，这个价格 P_B 是低于平均成本的，意味着此时厂商是亏损的，因此，为了维持这个价格，政府必须对厂商进行补贴。为了避免政府的财政补贴，从长期看，大部分管制者会将价格定为 P_A，该价格等于需求曲线与平均成本曲线相交时的平均成本。在这一价格水平下，垄断厂商通过生产 q_A 产量可以达到投资的盈亏平衡。

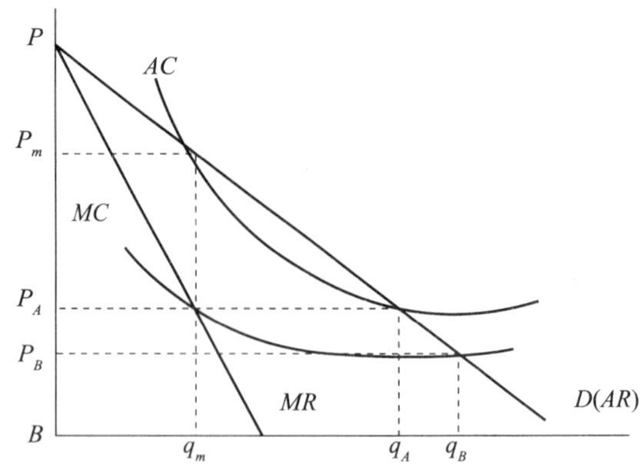

图 10－3　对垄断的管制：递减成本

10. 2. 4　反托拉斯法

政府对垄断更加强烈的反应是制定反垄断法或反托拉斯法。西方很多国家都不同程度地制定了反托拉斯法，其中，美国的反托拉斯法最具代表性。从 1890 年到 1950 年，美国国会通过了一系列法案反对垄断。主要包括《谢尔曼法》（1890）、《克莱顿法》（1914）、《联邦贸易委员会法》（1914）、《罗宾逊—帕特曼法》（1936）、《惠特—李法》（1938）和《塞勒—凯弗维尔法》（1950）等，统称反垄断法。

美国的这些反托拉斯法规定，限制贸易的协议或共谋、垄断或企图垄断市场、兼并、排他性规定、价格歧视、掠夺性定价、不正当的竞争或欺诈行为等，这些都是非法的。例如，《谢尔曼法》规定：任何以托拉斯或其他形式进行的兼并或共谋，任何限制州际或国际的贸易或商业活动的合同，均属非法；任何人垄断或企图垄断，或同其他个人或多人联合或共谋垄断州际或国际的一部分商业和贸易，均应认为是犯罪。《谢尔曼法》虽然取缔了托拉斯和合谋协议，但它也留下了许多纰漏。例如，它没有明确界定如果两家或者更多的厂商进行合并，建立一家具有巨大市场力量的大型企业是否为合法。一系列最高法院的判决对《谢尔曼法》只做了狭义解释，从而使 20 世纪之交产生了一股合并浪潮。另外，对于短期的即时合谋是否合法，《谢尔曼法》的界定也模糊不清。接下来的《克莱顿法》修正和加强了《谢尔曼法》，禁止不公平竞争，宣布导致削弱竞争或造成垄断的不正当做法为非法。这些不正当的做法包括价格歧视、排他性或限制性契约、公司相互持有股票和董事会成员相互兼任。《联邦贸易委员会法》规定：建立联邦贸易委员会作为独立的管理机构，授权防止不公平竞争以及商业欺骗行为，包括禁止虚假广告和商标等。《罗宾逊—帕特曼法》宣布卖主为消除竞争而实行的各种形式的不公平价格歧视为非法，以保护独立的零售商和批发商。《惠特—李法》修正和补充了《联邦贸易委员会法》，宣布损害消费者利益的不公平交易行为为非法，以保护消费者。《塞勒—凯弗维尔法》禁止一切形式的兼并，包括横向兼并、纵向兼并和混合兼并。这类兼并指大公司之间的兼并和大公司对小公司的兼并，而不包括小公司之间的兼并。

美国的反托拉斯法的执行机构是联邦贸易委员会和司法部反托拉斯局。前者主要反对不正当的贸易行为，后者主要反对垄断活动。

在我国，反垄断法的制定与实施都比较晚，直到2008年8月1日才开始实施《中华人民共和国反垄断法》。而且我国的行政执法是由三家机构来完成：国家工商总局、商务部和发改委。

10.3　公共产品与公共资源

公共产品问题比较广泛地存在于经济生活中，如果解决不好，会引起资源配置的低效益。而政府在解决此类问题时具有优势。

10.3.1　公共产品与搭便车问题

1. 公共产品

公共产品是指具有非排他性和非争夺性特点的产品和劳务。这两个特点很难引导私人企业来提供公共产品。

2. 非排他性

非排他性是指没有人能被阻止消费某种物品。比如，海上建立起灯塔后，很难阻止附近航行的船只看到它，并得到它的导航。而很多产品却是排他性的。比如，如果你不付费就想给你的爱车加油，加油站可以拒绝。

3. 非争夺性

非争夺性（有的教科书称为非竞争性）指的是这样一种情形，当一个人更多地消费一种产品时，并不减少他人对该物品的消费。例如，当一个人多吸了一点新鲜空气时，并不减少别人吸新鲜空气。与此相反，大多数物品具有争夺性的特点。比如，街上的某一个停车位，如果有一辆车先停在那，别人的车就无法再停进去。

这种具有争夺性和排他性的产品称为私人产品，而具有非争夺性和非排他性的产品称为公共产品。

公共产品的以上特点会带来“搭便车问题”，即人们享用某些产品或服务时并不减少他人享用，即使后者不付钱。比如政府提供的国防，即使人们不花钱，也能得到它的服务，并且不排除他人得到这种服务。很显然，私人企业不会给一国的人民生产和出售国防产品及服务。因此，只有靠作为集体行为者的政府通过向人们征税来提供国防产品和服务。许多其他公共产品，如警察、消防、司法、天气信息、地震信息、国民经济运行信息等都是由政府提供的。

当然，并非所有的公共产品都是由政府提供的。如果能解决搭便车问题，有些公共产品就不需要由政府提供。制度的变更和技术的进步能避免某些搭便车现象。灯塔是一种很典型的公共产品，它既有非争夺性又有非排他性。因为一般船只受益于灯塔的引航时，既不影响也无法排除其他船只接受灯塔引航。然而，灯塔并非总由政府提供。早期灯塔就是船东协会通过向停泊在附近港口的船只收费建造的。这种收费制度运行得很有效，因为向停泊在附近港口的船主收费并不困难。解决了搭便车问题，那么，通过政府征税来修建灯塔就没有必要了。

技术进步同样能解决某些公共产品的搭便车问题，避免这些产品的非争夺性和非排他性。例如，广播、电视播放的节目，每个人都可能收听或收看，此项服务具有公共产品的两个特征。而美国的广播电视节目服务都是由私人企业提供的。向接收节目的人直接收费是不可能的，其中搭便车问题可以通过广告收入部分得以解决。但技术进步发明了有线电视，改变了电视服务公共产品的特征。你若不付费，这项服务就会被关掉。在解决了搭便车问题后，公共产品由私人提供就成为可能。

现在，人们还在公共产品中分解出三种：纯公共产品、准公共产品和公共资源。所谓纯公共产品，就是同时满足非争夺性和非排他性的产品。它只能由政府通过征税来提供。准公共产品是指有非争夺性，但是没有非排他性的产品，即排他性成为可能。准公共物品不一定非要政府提供，也可以由私人企业提供。比如高速公路，在没有解决搭便车之前，它是纯公共物品，一旦收费成为可能，就可以由私人企业来提供。公共资源是指那些具有争夺性但不具有排他性的产品。比如说公海里的海鱼，我们很难阻止渔民自由地在公海上捕捞海鱼，但当某个人捕捞到一些海鱼时，其他人所能捕捞到的海鱼数量就减少了。

10.3.2 公共产品的最优供给

之前的市场结构理论告诉我们，竞争市场能提供私人产品的最优产量，该产量确定于需求曲线和供给曲线的交叉点处。而实际上，该需求曲线代表边际社会利益（*MSB*），供给曲线则反映了边际社会成本（*MSC*）。为方便理解，假设只有 *A*、*B* 两个消费者，如图 10－4 所示，MB_A 是代表公共产品对消费者 *A* 的边际利益曲线，也是 *A* 对该产品的需求曲线。MB_B 是代表公共产品对消费者 *B* 的边际利益曲线和需求曲线。因为公共产品具有消费的非争夺性，所以，个人的边际利益曲线垂直相加就是边际社会利益（*MSB*）曲线。在 Q_E 上，消费者 *A* 的边际利益为 Q_ED，消费者 *B* 的边际利益为 Q_EE，对应的边际社会利益 $MSB = Q_EF = Q_ED + Q_EE$。因此，该公共产品的最优产出就在 *MSB* 与 *MSC* 的交叉之处 *F* 点上，对应的最优供给量为 Q_E。

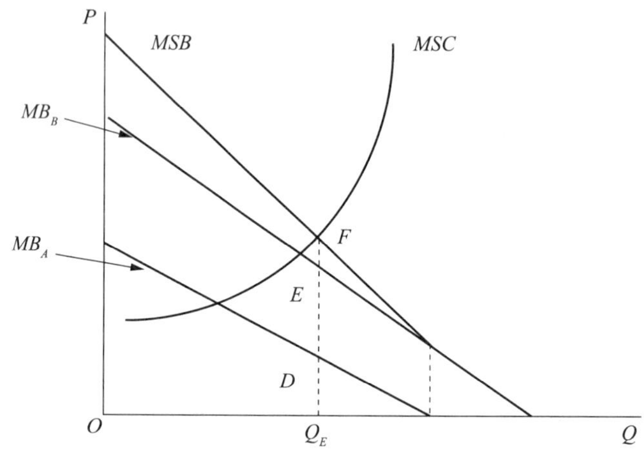

图 10－4　公共产品的最优供给

在理论上，政府可以依据边际社会收益曲线与边际社会成本曲线的交点所决定的量来提供公共产品的最优供给量，但现实中，要了解和得到众多个人的边际利益并非易事。往往由政府有关部门的官僚来估计边际社会利益和边际社会成本。如果官僚高估了边际社会利益或低估了边际社会成本，就会导致公共产品的过度供给；反之，则会导致供给不足。这都会导致社会福利的损失。因此，许多经济学家主张，除了像国防、法律与社会秩序等这样的纯公共产品由政府提供外，许多公共产品应尽量由竞争市场上的私人企业去提供。

10.3.3　公共资源

1. 公地悲剧

在中世纪的英格兰，每个村庄都有一片作为公共品的牧地，每户家庭都可以不用支付费用而在牧地上放牛或放羊。当然草被一户人家的牛吃掉后，其他人家的牛就吃不到了，因此消费是争夺性的。但是村庄里每户人家都有权利使用这个公共品，所以它不是排他性的。这片公地是典型的公共资源。如果没有使用限制，这片公地最终将被过度放牧。因为对于每户家庭来说，增加一头牛的放牧可以增加他的收益，所以他会增加牛去放牧。但增加一头牛到公地上，会减少其他家庭的牛吃到的草，从而产生负的外部性（对于外部性的有关讨论详见下一节）。因为这户家庭以及村庄里的其他家庭在决定是否要增加一头牛到公地上时，是不会把这种负的外部性考虑进去的，因此将会过多地增加牛的数量。最终这片公地上的草将被耗尽。这称为“公地悲剧”。

2. 有没有可能消除公地悲剧

公地悲剧的根源主要来自产权不明晰。如果能够明晰产权并强制实行，公地悲剧就不会发生。例如，假设一片牧场为某私人所有，而不是集体资源。那么这个人在增加牛的数量时就会根据边际收益等于边际成本的原则达到最佳水平。多年来，英格兰的大多数公地都已转变为私人财产。解决公地悲剧的另一种方案主要是靠政府对公共品的使用施加限制。这些限制可以是不同的方式，其中常见的有税收、配额及可交易许可。通过设置一个等于外部性成本的税，政府可以确保资源的使用达到有效水平。或者在总量控制下给定一个可以交易的配额，人们可以根据自己的成本收益使用或交易这些配额。这些措施曾在加拿大、新西兰和冰岛等国家使用，目的在于限制海洋捕鱼。

10.4　外部性与环境问题

完全竞争型市场经济的一般均衡状态是帕累托最优状态。但达到这样的帕累托最优的条件之一是不考虑经济活动的外部性，或者说假设外部性不存在，即假设所有的生产者和消费者的经济活动都是通过市场上的销售与购买而相互联系的，在市场以外，不存在成本和收益的关联性。事实证明，情况并非如此。市场经济中的外部性使私人生产或消费成本与社会生产或消费成本之间产生差额，这个差额可能会导致社会利益的损失。市场失灵理论认为，自由市场制度一方面是资源配置的有效机制，但另一方面靠自身的力量却不能消除外部性这个缺陷，因此，要借助市场机制以外的力量予以校正和弥补。所谓外部性，是指人们的经济活动对他人造成的影响而又未将这些影响计入市场交易的成本与价格之中。在有关外部性问题的讨论中，最常见的是与环境问题联系在一起，本节就这个问题进行分析。

10.4.1 外部性的分类

在很多时候，某个人（生产者或消费者）的一项经济活动会给社会上其他成员带来好处，但他自己却不能由此得到补偿。此时，这个人从其活动中得到的收益（私人收益）就小于该经济活动所带来的全部收益（社会收益）。这种性质的外部性称为正外部性（或外部经济）。根据经济活动的主体是生产者还是消费者，正外部性可以分为生产的正外部性和消费的正外部性。例如，养蜂人通过养蜂生产蜂蜜追求自己的利益时，附近农民种植的水果会因蜜蜂传授花粉而大量增产，降低了农民种植水果的成本，这就是典型的生产的正外部性；又比如，你居住的环境因邻居在他的花园里种满了美丽的鲜花而得到改善，从而增加了你的福利，这就是消费的正外部性。

另外，如果某个人（生产者或消费者）的一项经济活动给社会上其他成员带来危害，但他自己却并不为此支付足够抵偿这种危害的成本，此时，这个人为其活动所付出的成本（私人成本）就小于该活动所造成的全部成本（社会成本）。这种性质的外部影响称为负外部性（或外部不经济）。负外部性也可根据经济活动的主体不同而分为生产的负外部性和消费的负外部性。比如，造纸厂向河流中排放大量废水污染河流，造成鱼类减少，提高了渔民的成本。这就是生产的负外部性。又比如，你居住的小区旁边天天有一群大妈在跳广场舞，影响到你的休息，这就是消费的负外部性。

10.4.2 外部性的影响

1. 外部性影响了均衡市场中的经济效率

外部性使生产或消费的私人成本和社会成本不相等，或者使私人收益和社会收益不相等。私人成本是指私人在其经济活动中所应承担的成本；社会成本是指私人成本加上私人经济活动所产生的外部成本，例如污染的成本。私人收益是指私人从经济活动中所获得的收益，社会收益是指私人收益加上外部收益，例如其他人从你的大学教育中所获得的收益。只要存在外部性，私人收益就不会等于社会收益。

2. 负的外部性对经济效益的影响

在前面章节的分析中，都假设产品或服务的生产者必须承担所有的生产成本。现在我们知道并不是所有的情况都是这样的。以火力发电为例，在发电过程中，有些私人成本是由电厂承担的，但是一些外部性成本如酸雨污染却是由公众来承担的，他们并非效用的消费者。因此，发电的社会成本是私人成本与外部性成本之和。图 10－5 描述了发电过程中负的外部性对市场的影响。

S_1 是市场供给曲线，它只代表在发电的过程中电厂需要承担的私人成本，即电厂发电的私人边际成本。但发电过程中电厂会产生污染，这样，电厂发电的社会成本曲线应该是 S_2，即电厂发电的社会边际成本。因此，价格 $P_{有效}$ 和产量 $Q_{有效}$ 对应的 E_2 才是真正有效的均衡点，而不是价格 $P_{市场}$ 和产量 $Q_{市场}$ 对应的 E_1。为什么呢？因为在产量 $Q_{市场}$ 上，对应的社会成本曲线在需求曲线的上方，也就是说，生产这些产品的额外成本（包括外部成本）大于它们能给消费者带来的边际收益。从而会产生相当于阴影部分三角形 EE_1E_2 面积的无谓损失，反而使社会总经济福利减少了。

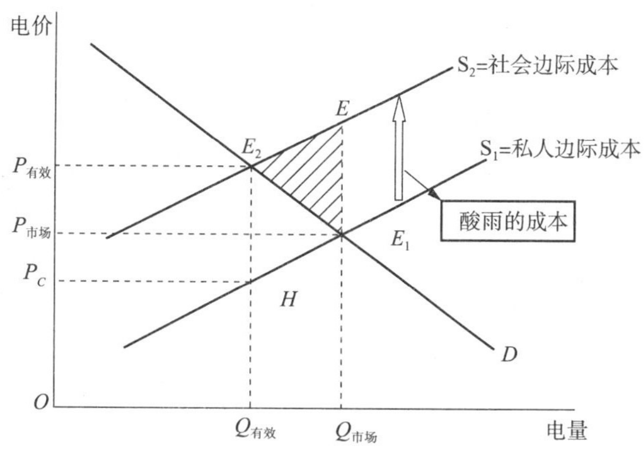

图 10－5　负的外部性对经济效益的影响

我们可以得出如下结论．当存在负的外部性的时候，在市场达到均衡时，产品供给是过量的。

对于这种负的外部性，政府应对生产者生产的每件产品征税（$P_{有效}-P_c$），从而提高私人边际成本至 $P_{有效}$ 处，产量便由 $Q_{市场}$ 减少到 $Q_{有效}$。消费者支付的价格为 $P_{有效}$，等于社会边际成本。因为产量为 $OQ_{有效}$，单位产品的税收为 $P_cP_{有效}$，则政府的总税收为 $OQ_{有效}\times P_cP_{有效}$，即四边形 $P_cP_{有效}E_2H$ 的面积。这些收入可用于治理该生产带来的外部损害。在上例中，向发电厂征税，用于治理由它们引起的酸雨，解决由发电厂发电引起的负外部性。

政府对产生负的外部性企业应征税，而对正的外部性生产则应补贴，请同学们自己对正的外部性进行推导。

3. 正的外部性对经济效益的影响

上面已经看到了负的外部性会妨碍经济效益的实现，正的外部性同样如此。在前面章节的分析中，我们假设需求曲线反映了从消费产品中所得到的所有收益。但是我们已经看到大学教育所产生的收益并没有被接受教育的学生全部获得，因此它并没有在需求曲线中反映出来。图 10－6 描述了在大学教育消费市场上正的外部性对经济效益的影响。

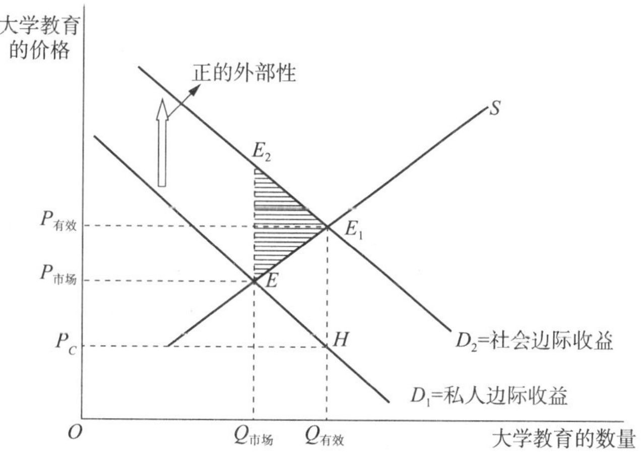

图 10－6　正的外部性对经济效益的影响

图 10－6 中的市场需求曲线是 D_1，它只代表了学生得到的私人边际收益。但是没有消费大学教育的人也可以从中获益，因此大学教育的社会边际收益大于学生的私人边际收益。如果接受教育的学生能获得大学教育的所有收益，那么需求曲线就应该是 D_2，该曲线包含了社会边际收益。因此，经济的有效均衡应该在价格 $P_{有效}$ 和数量 $Q_{有效}$ 所对应的 E_1 点。在这个点上，社会总经济福利最大。但是市场的均衡点在价格 $P_{市场}$ 和数量 $Q_{市场}$ 所对应的 E 点，这个点不是有效的，因为在数量 $Q_{市场}$ 上对应的社会边际收益曲线（即接受教育的学生能获得大学教育的所有收益的曲线）处在供给曲线之上，也就是说，生产这些数量产品的额外收益（包括外部性收益）要超过其边际成本。结果造成了图 10－6 中阴影部分三角形 EE_2E_1 面积的无谓损失。因为是正的外部性，提供更多的大学教育将提高经济效益。我们也可以得出如下结论：当存在正的外部性时，在市场达到均衡时，产品供给是过少的。

对于这种正的外部性，政府应对消费者消费的每件产品进行补贴（$P_{有效}-P_c$），从而使消费者的私人边际收益加上补贴后等于社会边际收益（生产者可接受的价格），私人消费者的价格便下降为 P_c，产品数量由 $Q_{市场}$ 增加至 $Q_{有效}$，从而达到有效率的均衡。在上例中，对每个大学生进行补贴，用于补偿由他们接受大学教育带来的正外部性。

政府对产生正的外部性的产品消费应进行补贴，而对负的外部性的产品消费则应征税，请同学们自己对负的外部性进行推导。

总之，考虑到生产和消费的外部性，为达到社会最优产出，政府应通过征税或补贴对经济进行干预。

10.4.3　科斯定理与外部性

上面对外部性的讨论源自 20 世纪初英国经济学家 A·C·庇古的理论，其主旨是政府介入来解决外部性问题。到了 20 世纪 60 年代，美国经济学家科斯对外部性问题提出了新的见解。

科斯认为，政府通过税收或补贴解决生产和消费的外部性，会导致成本增加、社会福利减少。而由私人解决外部性问题与政府征税或补贴同样有效。例如，造纸厂排放废水，影响渔业生产，使渔民受损。这个矛盾可以通过明确产权来解决。如果河流的产权属于渔民，渔民可向造纸厂收费以补偿损失。若这笔费用太高，造纸厂可建造治污设施，使排出的废水水质提高到不损害渔民利益的程度。如果产权属于造纸厂，它有权排放未经处理的废水，则渔民可要求造纸厂治理污水。不管产权归属谁，都能使外部效应内部化，内部化的成本由不拥有产权的一方承担。这个例子符合科斯定理：如果交易成本很低，只要产权是明晰的，自主谈判可以给外部性问题提供一个有效的解决方案，即有关当事人会自动达成协议，使某产品达到社会最优产出。与生产成本不同，交易成本是指交易各方在达成协议及在进行产品或服务的交换过程中花费在时间和其他资源上的成本，它包括搜寻买者或卖者、谈判、签订和履行合同等行为所作的努力和花费的时间。不幸的是，当有很多人进行这项交易时，交易成本经常高于从减少外部性中得到的收益。在上例中，如果河流很大，沿岸有很多家排污企业并居住了成千上万的居民，这些居民的生活用水来自这条河流。那么，很难确定将此河流的产权分配给谁，并且不可能把所有人召集起来制定协议。在这种情况下，解决外部性的私有方案是不可行的。此外，在实践中，除了要求很低的交易成本外，协议的各方还必须拥有与外部性相关的成本和收益的全部信息，而且各方都愿意接受一个合理的协议，只有这些条件都满足，解决外部性的私有方案才是有效的。

10.4.4 政府对控制污染的作用

当解决外部性问题的私有方案不可行的时候，就要通过政府来发挥作用。尽管政府有时候使用税收和补贴来处理外部性问题，但在处理污染问题时，对制造污染的公司采取的却是传统的命令和控制方式。在减少污染时，命令和控制方式包括政府限制企业可以制造的污染量，或要求企业安装特殊的污染控制设备。比如，为了达到 2010 年二氧化硫排放量每年减少 850 万吨的目标，美国国会可能会要求每个发电厂减少相同数量的排放量。又比如在 1983 年，美国联邦政府要求新的汽车必须安装催化式排气净化器，以减少尾气排放量。

尽管政府通常使用命令和控制的方式来解决污染问题，但这种方式并不是解决这个问题的最经济有效的方法。因为不同的企业可能减少排污的成本并不一致。于是，一种基于市场的排污权交易制度被政府加以利用。政府通过设定可交易排放许可的总量，并按一定方式分配给各排污企业，然后各排污企业之间可以自由买卖这些许可的排污权。减排成本低的企业可以通过多减排，然后把多余的排放权出售给减排成本高的企业获取利益。当然，这一方式也存在一些问题，比如排污权的初始分配问题、排污量的事后监察问题等。

10.5 信息的不完全和不对称

在本书的其他章节，我们假设消费者和生产者具有与他们的选择行为有关的所有经济变量的完全信息。但这是一个很强的假设，事实上，信息通常是不完全和不对称的。比如，一种产品的卖者比买者更了解产品的质量；工人比雇主更了解自己的技能和能力；公司的经理比公司的所有者更了解公司的成本、竞争地位以及投资机会。我们将看到，在一些市场上的信息不完全和不对称，通常会引发所谓的逆向选择和道德风险问题。本节讨论这一问题。

10.5.1 逆向选择和“柠檬”市场

对信息不对称的研究是从加州大学伯克利分校的经济学家 George Akerlof 对二手车市场的分析开始的。George Akerlof 指出，在二手车市场上，旧车的车主对车子真实状况的了解总是多于潜在的购买者。一辆不怎么保养的车子，比如说，不经常更换机油，会有一些甚至连训练有素的修理工也未必能够检测出来的毛病。

假设二手车潜在的买方明白很难把好的二手车与差的二手车（或者叫“柠檬”）区别开来的话，他们就会在出价时考虑这个问题。假如可供出售的二手 2006 款大众汽车里面，有一半是精心保养的和令人放心的（好车），另一半是缺乏充分保养的，是不能信赖的“柠檬”。再假设买主愿意为好车支付 10 000 美元，但只愿意为“柠檬”支付 5 000 美元。车主知道自己是如何保养车子的，他们的车子是否可以让人放心，但是买方并没有这些信息，所以他们无法区别这些车子是否让人放心。

在这种情况下，买方一般会出一个介于他们愿意为好车支付的价钱和为“柠檬”支付的价钱之间的价格。就这个情形而言，买到好车和“柠檬”的概率相等，买方可能出 7 500

美元，这是一个中间价，它介于买方愿意为好车出的价和为“柠檬”出的价之间。

不幸的是，对于二手车的买主而言，问题也就出在这一点上。对于买方来说，由于他不知道出售的车子是好车还是“柠檬”，出价 7 500 美元似乎是合理的。但是卖方知道他自己是车子是好车还是“柠檬”。对于好车的车主而言，7 500 美元的价格比真实价值少了 2 500 美元，因此，卖主就不愿意卖了。但对于“柠檬”车主而言，7 500 美元比真实价值多了 2 500美元，他当然乐意卖了。因为“柠檬”的卖主利用了比买主更了解所卖车子的信息，因此，二手车市场就会成为逆向选择（Adverse Selection）的牺牲品：大多数待售二手车都是“柠檬”。换句话说，由于信息不对称，二手车市场上不再是优胜劣汰，而是劣品驱逐良品了。从这个例子中我们可以发现：信息问题降低了市场的经济效率。

如何减轻汽车市场的逆向选择问题呢？在二手车市场上有很多办法来减轻逆向选择问题。出售新车时，汽车制造商提供保修服务。这些保修服务承担了汽车主要的维修费用，并且在车子转手再卖时，这些保修服务可以转让给新的车主。保修服务给了二手车的买主某些保障，使他们不必承担全部的维修费用。另外，二手车的车行也有一些措施来确保买主买到的车子不是“柠檬”。这些措施包括车行要培育信得过的信誉，车行也可以在汽车制造商的保修服务过期或不能转让的情况下提供他们自己的保修服务。如果二手车的车行使买主相信他们是可信赖的，那么用前面的例子来说，买主就会愿意为好的大众二手车出价 10 000 美元，而不是 7 500 美元。

10.5.2 保险市场上的信息不对称

在保险市场上，信息不对称问题尤为严重。保险品种的买方总是比保险公司对自己投保的事件发生险情的可能性知道得更多。例如，医疗保险的买方对自己的健康状况以及因此向保险公司购买保险的频率总是比保险公司知道得多。类似地，驾驶员对自己是否麻痹大意、房主对自己房屋发生的火灾可能性总是比保险公司知道得多。保险公司只有在其保险品种的定价（费率）能够准确地反映可能有多少保户索赔的情况下，才能弥补其成本，包括保险公司的资金用于投资的机会成本。

1. 如何减轻保险市场上的逆向选择问题

出现逆向选择问题是因为生病的人总是比健康的人更可能需要医疗保险，麻痹大意的驾驶员总是会比谨小慎微的驾驶员更可能去购买车险，住在有火灾风险的房屋里的人总是会比住在有安全保障的房屋里的人更愿意购买火灾保险。如果保险公司难以识别谁健康、谁有病，或者什么样的驾驶员麻痹大意、什么样的驾驶员谨小慎微，那么保险公司就可能把保险费率定得过低，从而无法收回其成本支出。为了减轻这个逆向选择问题的严重性，保险公司就需要尽可能地收集投保人的信息。例如，那些希望购买个人医疗保险或者人寿保险的人通常要向保险公司提交他们的医疗档案。保险公司也要经常进行自己的医疗检查。申请车险的人也要把自己的驾驶记录拿给保险公司来审查。保险公司会向那些有过交通事故或者吃过超速罚单的驾驶员收取更高的保险费率。

有时候，逆向选择问题会让保险公司拒绝在任何费率下向某些人提供保险。比如，一些有不治之症或者慢性病的人会发现很难从保险公司那里买到个人的医疗保险或者人寿保险。一个地方如果特别容易发生火灾，那么这个地方的房主往往很难买到火险。保险公司也可能不拒绝出售保险，但会向这些人收取特别高的保险费率。然而，保险公司这样做会让逆向选择问题变得更加严重。一旦保险费率提得特别高，那么只有那些最有可能出事和索赔的人才会购买保险。

如果人们会自动得到保险的保障，也能减轻逆向选择问题。比如，我国车辆险中的强制险，要求每辆车都必须购买，这就避免了只有糟糕的驾驶员才购买保险的问题。保险公司还可以向大的企业（包括学校）出售集体保险来减轻在出售医疗保险和人寿保险中的逆向选择问题。有了集体保险，企业的每个员工都自动得到保障。只要集体的规模足够大，就可能发现在全部人群中健康的人和不健康的人的比例。这样一来，保险公司就比在个人投保医疗保险和人寿保险情况下估计平均的索赔数量容易多了。因为集体保险中的每个人都必须支付费率，因此，仅有生病的人才会购买保险的问题就不存在了。

2. 如何防止保险市场的道德风险

保险市场同时还会遭受非对称信息所导致的道德风险问题。道德风险（Moral Risk）指的是进行交易的一方在交易发生后采取的行为使交易的另一方福利降低。当人们购买保险后的行为发生改变时，就会出现保险市场的道德风险。例如，一旦某企业为仓库购买了火险，那么其在避免火灾方面可能就不会再那么用心。同样，一个拥有医疗保险的人可能会因为感冒或另一些小病而去看医生，但他没有保险时可能不会这么做。

保险公司可以采取措施来减少道德风险。例如，火灾保险公司也许可以要求企业在购买了保险之后要在仓库安装火灾报警系统，或者保险公司要求保留定期去企业的仓库检查火灾风险的权利。保险公司也可以使用减扣或者合付的方式来减少道德风险。减扣是指要求投保人对自己的索赔承担一定数额的赔付；合付（共同保险）是保险公司仅为索赔承担一个百分比。假设你购买了一份医疗保险，其中有 200 美元的减扣和 20% 的合付，而你有 1 000 美元的医疗账单，那么你就必须先为你的账单支付头 200 美元以及剩余 800 美元里的 20%。减扣和合付使投保人有了避免过度索赔的激励。

10.5.3　金融市场的逆向选择和道德风险

逆向选择和道德风险给证券市场上的企业和投资者提出了问题。信息不对称意味着，只有大的公司才能发行股票和债券筹措资金。每个企业都比任何潜在的投资者更了解自己的财务状况。因为投资者难以把经营有方的企业与经营不佳的企业相区分，所以，除非存在大量的有关企业的公共信息，否则，投资者是不太愿意去购买企业的股票和债券的。这意味着只有那些券商和投资公司的分析师跟踪研究过的企业才能成功地发行公司的股票和债券。

投资者对道德风险也忧心忡忡。企业发行了股票和债券募集到了资金，投资者当然希望企业把这些资金用到最赚钱的地方去。但是企业有可能对这些资金使用不当，实际上减少了企业的利润，这当然不是投资者所希望看到的。

1929 年的股市大崩盘与 2007—2009 年所出现的很多大的金融机构倒闭以及股票价格的直线下降，都说明信息问题存在于金融市场之中。

对于金融市场上的逆向选择和道德风险问题，政府的金融监管机构通常要求企业加强他们的信息披露，以尽可能减轻这一问题。

10.5.4 劳动力市场上的道德风险

经济学家把股东与企业高管层之间的利益冲突叫做委托代理问题。一旦代理人（这里指企业的高管层）追逐个人利益而不是委托人（这里指公司股东）的利益，这个问题就出现了。企业管理层与员工之间也存在着潜在的委托代理问题。这一委托代理问题背后的道德风险是，员工被雇佣后可能会偷懒，工作不努力。

企业解决委托代理问题的办法通常有以下几点：

1. 效率工资

在劳动力市场上，企业对劳动力的需求是由工人可以为企业生产多少产品以及这些产品可以卖出的价格来决定的。而劳动力的供给是由在一定的工资水平下工人提供多少劳动的意愿来决定的。均衡工资让企业所需要的劳动力数量与工人愿意提供的劳动力数量相等。如果一家企业给工人支付的工资高于均衡工资的水平，工人就会认为其岗位有价值，从而会努力工作，因为不努力工作，会面临解雇的风险。而一旦被解雇，就不可能有比这更好的就业机会。所以，效率工资是企业激励工人卖力工作的方式。

2. 资历制度

很多企业使用资历制度。资历制度给予在企业工作时间较长的员工更高的薪水和其他福利待遇。一个员工如果在职业生涯的开始阶段因为偷懒而被开除的话，那么他就失去了享受资历待遇的可能性。

3. 利润分成

在利润分成的计划下，员工分享到企业利润的一部分。员工越努力，企业赚的利润越多，员工的收入也就越高。利润分成提高了员工努力工作的积极性。

4. 股票期权计划

对于股东与企业的高管层之间，也可以采用股票期权计划。所谓股票期权计划，就是公司给予他的经营者在一定时间期限内按照某个既定的价格购买一定数量的本公司股票的权利。股票期权计划给予企业经营者的实际上只是一种获利的可能性。要使这种可能性变为现实性，还需要这些经营者积极工作，通过不断地改善经营管理来实现公司资产的不断增值，实现股票价格的不断上涨。这样一来，股票期权计划就通过“报酬激励”机制把经营者的行为引导到与公司所有者的利益相一致的轨道上来。而且，一旦经营者购买了公司的股票，则他们也处于和普通股东同样的地位，即他们也成了企业的所有者。于是，股票期权计划又通过“所有权激励”机制保证了经营者的行为与所有者的利益相一致。

10.5.5 劳动力市场上的逆向选择

劳动力市场的信息不对称还表现出逆向选择问题。比如，假设公司考虑雇佣一些新人，新工人（劳动力的卖者）比公司（劳动力的买者）更清楚他们能提供的劳动力的质量，也就是说，只有工人才知道他们工作会有多努力、有多少责任心、技能怎样等，公司只有雇佣工人并工作一段时间之后才能知道这些情况，在公司当时雇佣他们时，极少知道工人们的生产能力如何。

那么，在雇佣工人之前，公司考察哪些特征能获得有关工人生产能力的信息呢？雇员能传递有关他们生产能力的信息吗？作为一个强信号，必须是高生产能力的人比低生产能力的人更易获得的东西。比如，教育在劳动力市场上是一种强信号，一个人的教育水平可通过几个方面来衡量——在校的年限、所获得的学位、授学位的大学和研究生院的信誉、平均成绩等。当然，教育本身也能够直接或间接地改进一个人的生产能力，然而，即使教育不能够改进一个人的生产能力，它依然是生产能力的一个有用信号，原因在于，生产能力强的人更容易达到高的教育水平（生产能力强的人一般智力高、目的性强、精力充沛和能吃苦耐劳，这些特征在学校受教育是很有帮助的）。因此，生产能力强的人更倾向于接受高水平教育以及向公司标明他们的生产能力，由此获得报酬更好的工作。所以公司考虑把教育作为生产能力水平的一种信号是正确的。也就是说，在劳动力市场上可以使用教育作为一种信号来解决逆向选择问题。

10.6　政府的作用：公平分配

尽管存在外部性和信息不确定的情况，市场经济总的来说还是有效率的。但市场经济也会引起分配的不公平，且对此无能为力。在实现公平分配方面，政府的主要责任就是减轻和消除贫困。

10.6.1　洛伦兹曲线和基尼系数

在市场经济中，因资源禀赋的差异造成不同家庭和个人的收入差异。若差异很大，则导致贫富悬殊和分配不公。经济学家和统计学家一般用洛伦兹曲线（Lorenz Curve）和基尼系数（Gini Coefficient）来衡量一国不同家庭的收入状况。图 10－7 给出的洛伦兹曲线表示的

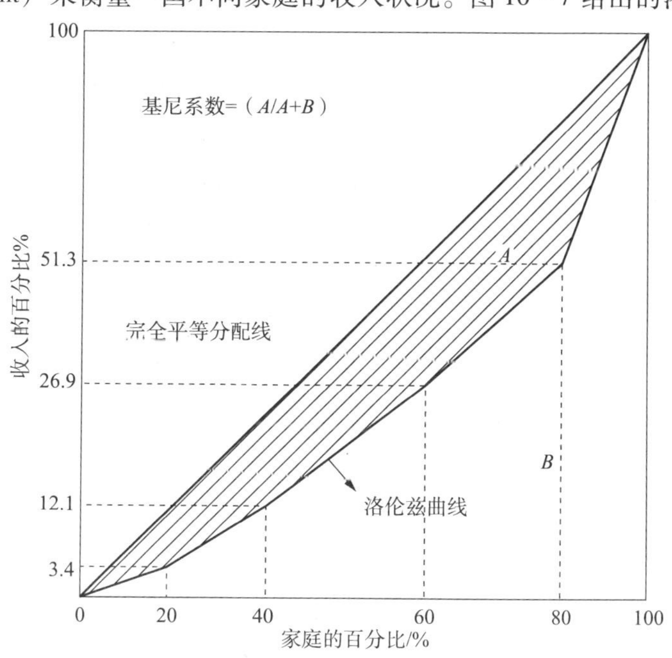

图 10－7　美国的洛伦兹曲线（2007 年）

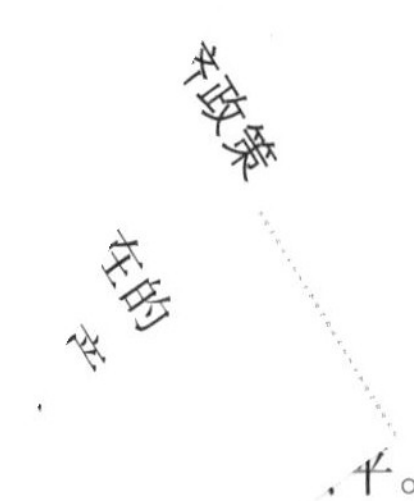

配。洛伦兹曲线是一条表明收入分配状况的曲线。在图 10－7 中，曲线，它离45°线越近，即阴影面积越小，分配越公平；若与45°公平，即每个家庭收入均等。反之，若离45°线越远，即阴影面积越平。

总结洛伦兹曲线所提供的信息，1943 年美国经济学家阿尔伯特·赫希曼提出尼系数的指标。在图 10－7 中，*A* 的面积除以 *A* 加 *B* 的面积得到的数值为基尼系数。基尼系数的取值范围在 0～1。若基尼系数等于 0，即洛伦兹曲线与 45°线重合，分配绝对公平；基尼系数等于 1，分配绝对不公平。因此，收入不平等程度越高，基尼系数的值越高。同一国家在不同时期的基尼系数不同，同一时期不同国家的基尼系数也不同。

10.6.2　政府的再分配政策

政府的再分配政策主要是帮助穷人、消除贫困、减轻收入分配的不公平等。通过税收和转移支出可减轻收入分配的不公平等问题。

征收个人所得税时采用累进制的方法，收入越高的居民缴纳的税款占其收入的百分比越高，即税率越高。转移支出则是对贫困的居民实行各类补贴，如社会保障津贴、失业补助和福利支付等。政府的再分配政策对收入再分配能起到一定作用。以美国为例，1991 年生活在贫困线以下的人口占总人口的 14.2%，若无税收和转移支出政策，则可高达 22%。

表 10－1 和表 10－2 反映了美国税收和转移支出的再分配政策效应。

表 10－1　收入再分配效应（一）

家庭	占比/%	每个家庭平均收入变化/千美元 1991 年
最低层	20	+9
第二层	20	+4
第三层	20	−2
第四层	20	−7
最高层	20	−22

表 10－2　收入再分配效应（二）

家庭	占比/%	没有税收和转移支出	有税收和转移支出
最低层	20	1	5
第二层	20	8	11
第三层	20	16	17
第四层	20	25	24
最高层	20	50	43

10.7　政府介入市场：政府管制

政府通过政府管制（Government Regulation，又译作“政府规制”）介入市场。政府管制是指政府对私人经济部门的活动进行某些限制或管理。它不同于政府运用宏观经济政策对经济运行所进行的调控和调节，即不同于政府运用货币政策和财政政策影响私人经济部门运行的调控。

政府为什么要介入市场呢？公共利益理论认为，市场机制在有效地配置资源中起主要作用，但市场也有失败的时候，如垄断、外部性和公共产品问题等。这时就要由政府代表公众利益介入市场，以比较低的成本纠正市场配置资源的非效率。

在现代市场经济中，存在大量的政府介入市场的行为。如制定反垄断法、最低工资法、农产品价格支持政策、控制污染法、保护消费者规定、职业许可证制度，等等。其中有些政府行为在本书前面已经进行过讨论，这里仅讨论保护消费者规定和职业许可证制度。

10.7.1　保护消费者规定

常常听到人们说“买的没有卖的精”，其实质是说消费者缺乏信息而受到侵害。为使消费者免受生产者或特别利益集团的侵害和剥削，政府制定了一些规定以保护消费者。这些规定主要包括以下几个方面：

① 消费某些商品可能引起的副作用应告示消费者。例如，要求香烟生产者在烟盒上印上“吸烟有害健康”的标识。

② 规定某些产品应达到政府规定的最低标准，如牛奶、肉类、药品、汽车等。

③ 禁止销售毒品、枪支等产品。

④ 对某些产品制定最高限制。例如，制定最高利息率，以免人们受到银行虚开高价的侵害。

⑤ 儿童义务教育。教育消费的正外部性导致政府立法强制学龄儿童接受一定年限的初等教育。

政府保护消费者的政策还有很多，这里不再一一列举。

10.7.2　职业许可证制度

这是指某些行业的从业人员应持有权威机构发放的职业许可证方能开业。例如，在美国，医生须持有美国医疗协会发放的行医许可证，律师应持有美国律师协会发放的律师资格证。若无许可证，行医或帮人打官司，将承担民事或刑事责任，受到法律的惩罚。

职业许可证制度的建立，主要出于以下考虑：

1. 消费者很难得到和评价信息

消费者不知道谁是合格的医生、律师或会计师等。职业许可证制度可以减少消费者得到这些信息的成本。

2. 失误可能带来巨大的风险

没有资格的医生可能使病人致残甚至死亡，没有资格的律师可能输掉明显能赢的官司。

10.8 政府失灵

……场，行使经济职能，旨在纠正市场失灵，使资源得到更有效的配置。政府的……也确实卓有成效，但政府并非万能，政府也会存在失灵的情况，有时甚至政府的介……放手市场更糟糕。政府的失灵主要表现在以下几个方面：

1. 公共政策的失效

公共政策的制定主体是国家，所关注的对象是社会公共问题，执行政策的工具是法律、条例、规划、计划、方案、措施、项目等，其目的是增进社会福利和促进社会公平、公正。公共政策是由国家制定的，并通过政治秩序来实现。公共政策牵涉面广、制约因素多。在制定和实施公共政策的过程中存在多重委托代理关系，因此，政府有可能会偏离公众目标，造成政府失灵。

2. 公共物品供给的低效率

公共选择理论认为，政治家及官僚追求自身利益的行为会导致公共物品供给的低效率：一是公共物品供给数量不足或者过剩；二是无法避免“免费搭车”的现象。

3. 寻租

政府对垄断产业的管制能够把垄断产业的垄断利润转化为政府的财政收入，然后进行再分配。但是，如果规制是对竞争产业进行的，则会为私人企业带来垄断利润。能够带来超额垄断利润的权力本身可以被视作一种稀缺的、排他性的资产，而这一资产所能带来的垄断利润，事实上构成了一种租金。它同其他任何资产，如土地能为其所有者带来租金一样。因此，对垄断权力的追求，特别是对政府规制的需求，实际上就是一种对租金的需求。所以，为求得政府规制的种种保护就称为寻租活动。寻租活动包括院外游说、广告宣传、资助政治家竞选、贿赂政府官员，等等。

寻租活动显然是要花费成本的，竞选资助费、广告宣传费、贿赂金以及其他时间、金钱上的支出，都属于这种寻租成本。尽管对于私人企业来讲，只要垄断利润大于寻租成本就是值得的，但寻租成本是非生产性的支出，因此，从整个社会来讲，是一种纯粹的浪费。

小 结

1. 市场机制一般只能保证资源配置的私人边际收益和私人边际成本相等，而无法保证社会边际收益和社会边际成本相等。当社会边际收益和社会边际成本不相等时，对整个社会而言，资源配置就没有达到最有效率的状态。这就是市场失灵。

2. 垄断是市场失灵的一个重要原因。垄断超额利润的存在说明在该行业中资源配置太少。为了追求和维护垄断地位而花费的代价是一种纯粹的浪费，是社会的净损失。这种非生产性的寻利活动称为“寻租”。政府对付垄断的办法包括限制垄断价格和反垄断法等。

3. 外部影响是造成市场机制低效率的又一个重要原因。从社会的角度看，私人活动的水平在存在正外部性时往往太低，而在存在负外部性时又往往过高。对付外部性影响通常有两个办法：一是税收和补贴；二是明确产权。明确产权的办法主要是依据科斯定理：产权是明晰的，而且交易成本为零或很小，则无论把产权赋予谁，市场都是有效率的。

4. 市场机制主要在私人物品的场合起作用，而不适用于公共物品。由于在公共物品合存在着"搭便车"之类的现象，市场机制提供的产品数量往往太少。因此，政府有必要承担起提供公共物品的任务。

5. 在现实的经济生活中，常常存在着信息的不完全和不对称现象。非对称信息可能导致逆向选择，即交易的一方利用其比另一方了解得更多的信息占另一方的便宜。信息不对称也可能导致道德风险，即进行交易的一方在交易发生后采取的行为使交易的另一方福利降低。

6. 可以用洛伦兹曲线离开45°线的程度来衡量收入分配，也可以直接计算基尼系数来表达，其数值越是大于0而接近1，这个社会的分配越是不公平。

思考题

一、简答题

1. 什么是市场失灵？有哪几种情况会导致市场失灵？

2. 垄断是如何造成市场失灵的？

3. 路灯为什么应该由政府来提供？自来水公司为什么需要政府的津贴？

4. 大学教育应该按高于生产费用，还是低于生产费用定价？如果应该低些，低多少？为什么？

5. 当政府对竞争性产业干预过多时，为什么容易出现腐败现象？

6. 逆向选择和道德风险是如何影响劳动力市场的？企业可以采取哪些措施来解决这些问题？

7. 公共物品为什么不能靠市场来提供？

8. 市场的交易成本具体包括哪些组成部分？

二、计算或作图题

1. 假设有10个人住在一条街上，每个人愿意为增加一盏路灯支付4美元，而不管已提供的路灯数量是多少。若提供 x 盏路灯的成本函数为 $C(x)=x^2$，试求最优路灯安装数是多少？

2. 作图并说明公共物品的最优供给。

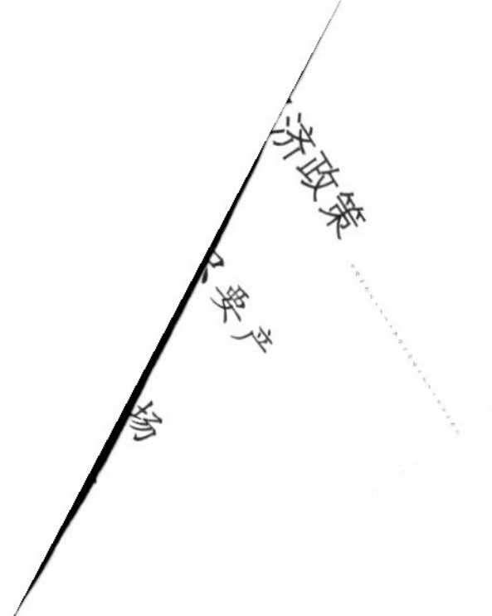

参考文献

[1] 高鸿业．西方经济学(微观部分，第6版)[M]．北京：中国人民大学出版社，2014.

[2] [美] 曼昆．经济学原理(微观分册第6版)[M]．梁小民．译．北京：北京大学出版社，2012.

[3] 胡东华．微观经济学[M]．武汉：武汉大学出版社，2013.

[4] [美] E·雷·坎特伯里．经济学[M]．北京：中国人民大学出版社，2011.

[5] 王秋石．微观经济学原理[M]．北京：经济管理出版社，2004.

[6] 喻德坚，等．微观经济学[M]．武汉：华中科技大学出版社，2012.

[7] [美] R·S·平狄克．微观经济学(第3版)[M]．北京：中国人民大学出版社，2011.

[8] [美] 萨缪尔森，诺德豪斯．微观经济学[M]．萧琛，等．译．北京：华夏出版社，2011.